智慧养生与禅

刘战魁　著

中医古籍出版社

图书在版编目（CIP）数据

智慧养生与禅/刘战魁著．-北京：中医古籍出版社，2012.7

ISBN 978-7-5152-0195-5

Ⅰ.①智… Ⅱ.①刘… Ⅲ.①禅宗-养生（中医）-通俗读物

Ⅳ.①B946.5-49②R212-49

中国版本图书馆CIP数据核字（2012）第084914号

智慧养生与禅

刘战魁 著

责任编辑 刘 婷

封面设计 韩博玥

出版发行 中医古籍出版社

社 址 北京东直门内南小街16号（100700）

印 刷 三河市华东印刷有限公司

开 本 710mm×1000mm 1/16

印 张 22.875

字 数 310千字

版 次 2012年7月第1版 2012年7月第1次印刷

印 数 0001~3000册

书 号 ISBN 978-7-5152-0195-5

定 价 36.80元

序

力拓智慧传承教育文化之路

大任于肩：有志者当仁不让

现今国人大多把中华传统文化——儒、释、道、医、易、史等等称之为国学，但是“国学”为何？怕是很少有人说出一二，于是便成为了“中国传统文化知识”的代名词。

中华文化为什么能够历传数万年而不绝？就是因为先圣对于宇宙自然与人自身生命的践证和总结——这些超越古今的智慧文化的本质内涵，经得起任何时代、任何民族的实践验证。智慧传承教育文化是中华传统文化的精髓，因此她绝不是历史、哲学等范畴所能涵盖的，而是真真正正的树国魂、开万世的立命之学、智慧之学。

可是如今一些搞传统文化研究的人们始终跳不出经史、学术的圈子，这样就使得智慧教育文化离我们现实的生活越来越远了。孔子两千多年前就说过：道是“百姓日用而不知”的。只是没有人真正去践证道——践证无所不在的兼容遍透于日常生活中的智慧真理，所以这个“日用”被千百年来的知识分子们给一笔抹杀了，而将其束之于学术、礼教、仕学的殿堂，对老百姓的身心和谐、行住坐卧的生活内容没有起到实质的作用。这样的“传统”谁愿意接受？谁还愿意践证而“知之”？中华传统文化的方方面面都面临这样的问题，就是后人未见证其智慧真义，而使其在实际应用中发挥不了作用，最后来个“传统无用论”就把责任推给祖先了。

举个最形象的例子，现在不少学医者都认为西医是先进、是高端的，而中医过时了。可是有哪个从医者真正践证到扁鹊、华佗“望而知之”的境界？如张仲景直断二十年后发作之病的“上工治未病”之学，于时下西医诊断中可能找到？中医与其他中华传统文化一样，都强调人与宇宙自然共生共存的整体关系、人的身心整体生命运化的和谐性，这些古医家哪个不是生命科学的实修者呢?！而现在很多中医者都流于下下工了，没有把祖宗的瑰宝继承下来。老百姓就看实际疗效，你没这个本事，就使得人们越来越质疑中医，很多从医者自己也对传统医学越来越没信心。归根结底，无用的不是“传统”，而是阉割传统教育文化的后学们！

文化、科技的发展，应该是以人为本的。可是现代人制造的各种环境的污染、思想的污染却在不断地侵蚀并伤害着人们的身心，破坏自然的生态环境，影响社会关系的和谐发展与生活秩序，人们在不知不觉间，在无知无明的状态下，亲手把自己和子孙后代往坟墓里送。面对这样的现实，我的老师——刘战魁先生的一席话，让笔者深有感触。

先生说：人类文明的发展，必须能够为我们达成身心整体的健康服务，为开发人的根本智慧服务，为繁荣社会、和谐自然服务。如今西方式的科学技术越来越发达，但是在某些方面却给人类自身的生命活动和生存环境造成了越来越大的危害。为什么会造成危害？因为现在的西方科学工作者，基本上不了解人的生命活动与天地间这个自然环境是处在一个整体之中的，不懂得人的生命活动有个总运化法则，不懂得宇宙间存在一个总自然运化规律，不懂得人类社会同样存在发展规律，不懂得是道孕生演化了这一切。因此，他们无法知道在人的生命运化法则与自然规律、社会发展规律及道之间存在同一性与统一体的关系。正是在这样的情况下，社会上才出现了盲目按照商业模式来发展社会文化与科学技术的现象。而发展人类文明所需要的智慧教育文化则藏在东方，数万年传承未绝的智慧之根在中国！

东方的智慧经典《道德经》、《南华经》、《金刚经》、《薄伽梵歌》

……都是永不熄灭的智慧明灯。“智慧教育文化”并不是崭新的内容，因为她是五千年世代相传的智慧命脉；同时她又要以全新的面貌出现，要立足于今天的社会现实而赋予其新的内涵，真正为现代人完善身心、和谐生活起到实际作用。并不是我们老祖宗几千年前的文明文化不管用了，而是后人缺乏亲身实证，所以因读不懂其智慧内涵而导致无法运用，这就等于是站在了巨人的身旁而无视其存在一样。我们就是要站在巨人的肩膀上，用生命实证做基础，将智慧教育文化传承下去、发扬开来，这是每个炎黄子孙义不容辞的责任和义务，更是智慧见证者、生命科学实践者、社会教育工作者责无旁贷的使命。

平实又意味深长的话语，却有着振聋发聩的力量，让人感觉到的是先生“匹夫有责”的魄力与担当。

诚然，从唐装汉服的流行，到成年加冠礼、民间国学热的兴起，国人对于振兴传统文化的呼声不能说不强烈，热情不能说不高涨。在躁动空虚的普遍社会心理的影响下，人们向传统文化寻根是有其必然性的，但同时也不可避免地存在厚古薄今或停留于虚浮表象的盲目性，使之仅仅成为一种社会文化现象，而没有从根本上走向自我身心净化的实证之路、智慧教育传承之路。

现今社会流行着“崇古”和“非古”两种对立的极端风气，其中的本质问题，正是人们缺乏对于传统经典智慧内涵的生命实证。崇古者高喊“取其精华”，却没有践证到其智慧性，没有展现出其社会实用性，如此肤浅的认知很容易被人推翻，相互对立地在理论圈中打笔头仗，这样能拿出什么“精华”来为现实生活服务？非古者则高喊“落后”、“糟粕”，可是实践是检验真理的唯一标准，对于这些传统经典的智慧之理学明白了没有？脚踏实地地实践了没有？绝大多数人对传统经典读都读不懂，更别说去认识其“智慧教育”的涵义了。我们必须真正学有所知、行有所得才有资格说“取其精华，去其糟粕”，否则能够知道“取”什么、“去”什么吗？能够知道怎样“取”、怎样“用”吗？

我们不得不面对今天人类正处在智慧教育断层时代的现实，智慧教育文化传承的开拓之路也必然充满艰辛，甚至要面对众多的不理解和非议。

但是“知难而退”绝不是借口，“当仁不让”才是智者的风范。我们需要更多像先生一样能够以身心活动的实证为依据、以智慧传承为己任并敢于奉献和担当的人，需要几代人坚持不懈的共同努力。这不正是《金刚经》中所言“荷担如来”的真实涵义吗？“如此乾坤须整顿，应有异人间起，君与我安知非是！”

教育误区：对古智慧经典现代译本的反思

一位老教育家曾经万分感叹地说：“我们小时候启蒙教育学的是‘人之初，性本善’，而现在小孩子们学的却是‘小猫叫，小狗跳’。”于是，我们不得不重新思考“教育”的本质是什么，目的又是什么？

“师者，所以传道授业解惑也。”传道，是人立命修心的最根本的内容，也就是说要先学做人，然后才能学习各种知识和技能。人于孩提时进行正性端身的启蒙教育，如同在新垦的土地种下智慧的种子，否则长大后就会像没有根基只能在水面蔓延的浮萍了。因此，现在间接或直接喝洋墨水成长起来的青年一代，最大的困惑就是如何摆脱内心的空虚和浮躁，而少年一代则越来越沉迷于骄奢放纵的生活状态。这种表面无限风光的“浮萍现象”，最终不得不在自我困惑的疑问中回到对生命之根、教育之根、成长之根、做人之根、文明之根、科学之根的反思中，但反思的结果往往使自己更加迷茫。

正是基于这样的原因，人们开始把目光重新投向经过千百年实践验证的中华传统文化中，以期寻找到人的自我本性之根、智慧之根、生命之根。但是，在如今物质利益高于社会责任与义务的利欲横行之风的影响下，“重译经典”可谓粗制滥造，泛滥成灾。我们要知道，《道德经》、《南华经》、《金刚经》等经典，都是古智者圣人智慧实证的结晶，是智慧传承教育文化的重要内容，其言外之意必须以生命活动的实证来契合，绝不是文字工作者的案头文学，更不是懂一点文言文就能够翻译的，否则那些皓首穷经仍感叹力不从心的古人们就未免太过冤枉了。

在先生的指导下，笔者翻阅了众多智慧经典的古今译解版本，其中不乏为后人推崇的名师大家。我们最先关注的是受众最多、对青少年影响最广的现代普及本，面对这些快餐文化生产出来的速成品，别说智慧内涵的阐释，就是连“治学严谨”四个字也已荡然无存了。

比方说在《道德经》的诸多普及译本中，对于“虚其心，实其腹……常使民无知无欲”是这样来翻译的：“减少百姓的思虑而填饱他们的肚皮……永远使百姓没有知识、没有欲望。”对于《金刚经》中“随说是经”是这样翻译的：“所到的地方随便讲讲这本经”。想想看，现代的青年人读到这样被歪曲了智慧真实义的译本，还会愿意进入传统智慧文化的修习中吗？那些早就把古智慧经典当成落后思想的知识分子们，更会将其视为宣扬愚昧的证明而厌弃嘲笑。

商家打着“经典”的幌子来谋利，而众多读者没有分辨的能力，也就只能跟着这样的商业文化导向转，像这样妄想以浮躁的心性来摆脱浮躁，怎么可能不失望而返呢？

对于智慧经典的译解，如果失去其智慧性的根本内涵，就不可能展现其对后人生命活动实践的指导意义，不能起到帮助人们启智明慧的的作用，不能符合智慧文化之教育性、传承性、社会性和实用性的要求。其实早在千年前，在文人墨客的手上，就已将其桎梏于门派纷争和学术理论中了，以至流弊于今，并且愈演愈烈。从春秋战国时期皆以人为本、以天道之自然为根、以社会现实为基的百家争鸣，到秦汉以后分门别教、互相批驳，再到后世重理轻行的舍本逐末，于是就出现了时人对明末儒家“圣人满街走，贤人多如狗”的讽言。印度的释伽牟尼也早在两千多年前就留下了“正法时期、象法时期、末法时期”的预言。

为什么智慧教育文化不能像一般的文化知识和科学技术一样越来越向前发展，反而渐趋没落稀罕呢？因为，见证智慧的过程是通过内向性运用意识的活动来完成的，是于提高人的身心健康水平的同时来跃升其智慧境界的生命活动实证的过程；而人们却越来越依赖于外求性的论证方式和逻辑推理，执著于从事物的形式、现象来认知和证明。直到今天，专门做古经典研究的哲学、文学、宗教界人士也仍然盲目地钻进理论学术中，进行艰深繁难的推论。

这样也就不难理解，为什么对《道德经》自古以来就颇多争议，有主张其为消极倒退论的，有主张其为权谋论的……针锋相对，众说纷纭；为什么像《金刚经》这样的超越宗教性的智慧经典，被拘禁在宗教领域，甚至成为玄学、神学的代名词。即便是古代名家也往往因缺少实证功夫、见地不透而妄自穿凿，失其智慧整体性之根本；食古不化而死在前人笔下者也甚多。

比方说对于《道德经》的解读，如王弼、董思靖、憨山等名家也不免将“王公”、“侯王”——人所呈现自觉自由的圣人之智慧境界，曲解为对封建统治者的教导。这样就违背了以人为本的智慧教育意义，与我们每个平常人本所具有的自然质朴之性、所需践证的觉悟智慧无关了。

没有真知灼见就不能够明了智慧经典的真义，反而自以为是地曲解，然后轻易地就为经典扣上“糟粕”的帽子。作为教育工作者，作为想发扬传统智慧文化的社会各界人士，这样来进行智慧教育文化的研究和传播必然会适得其反。

我们对于古智慧经典的学习和解读，一定要结合现实，为现代人的智慧教育服务，不能盲目地厚古薄今、食古不化；同时，即便是普及性的简析版本，也绝对不能流于庸俗粗浅，尤其是青少年教育读本，表达要深入浅出，但于智慧真实义不能有丝毫违背，否则读者必然在误导中反受其害。

“执古之道以御今之有”，能够站在智慧整体观的高度，并做到解析的深入浅出，展现出其教育实用性，归根结底还是需要真正的智慧见证者才能为之。因此不可凭一己之私愿来妄解经典。师道尊严，希望我们的教育工作者、文化传播者们慎之又慎。

师传实录：脚踏实地的践证“手把手”的智慧传承

笔者的朋友圈中也有不少喜好经史者，甚至几十年专研的也不乏其人，往往出言引经据典，似有所得。但是大家却都面临着同样的困惑，就是除了通过博闻强记、理论上似懂非懂的理解，将其用在文学写作或与人论辩上，对于这些传统经典的学习，在我们现实生活中为什么没有为自己起到启智明慧、修身养性的作用？为什么社会关系依然是疑虑而淡漠的，没有起到促进和谐交往的作用？难道真的有所谓的“历史局限”，传统就意味着“过时”吗？

现如今市面上所谓“养生智慧”、“处世智慧”、“经商智慧”等等以“智慧”为标牌的流行文化，对普通老百姓来说，为什么看着是那么回事，而到现实应用中却无法下手了呢？

就这样极具普遍性的问题，笔者曾经请教过先生。先生认为：不是古智慧经典过时了，而是千百年来见证到其智慧真实义的人太稀罕了。智慧教育文化是无古今、无国界的，其内涵具有智慧性、教育性、传承性、科学性、社会性和实用性。智慧教育实用的作用之所以在人们日常生活中没有被体现出来，甚至形成了如今智慧文化传承的断代现象，最根本的原因就是——缺乏智慧功夫的实证！

传统的智慧教育文化讲究“修身养性”，这是我们每个人呈现身心整体生命活动的根本。身因“修”而正，性因“养”而和，这是处处不离生命实证功夫的。老子讲“虚心弱志、专气致柔、涤除玄览”，释家讲“四果罗汉、智慧五眼”，无不重于理行并进的践行实证。儒家文化在中国千百年来对社会教育影响巨大，历朝历代无以计数的知识分子皆以“儒生”身份为荣，可其中有几人真正注重“止、定、静、安、虑、得”身心修证的功夫内涵？又有几人真正践证到“喜怒哀乐之未发谓之中，发而皆中节谓之和”的智慧修养境界？

就像《南华经》中的故事一样：庄子说鲁国儒者太少了，鲁哀公则认为举国上下的人皆着儒服，怎么能说少呢？庄子答说：“儒者戴圆帽，即知天时；穿方鞋，即知地理；佩彩带玉玦，即达人事而至断。明其道者未必如此穿着，这样装扮的人未必真知其道。如果您不相信，可以下令‘未达真儒修养境界的人，擅着儒装则处死罪’。”果然，令下五天，鲁国就只剩下一位有真才实学的人敢着儒服。

少真知、欠实证的“口头禅”之风非释家独弊，儒道后学皆从其害。“天命之谓性，率性之谓道，修道之谓教”，智慧教育文化的学习者与为人师者，皆当以此为纲纪。三家之言根本皆不离“道”之生命实证！一旦沦为知识、学术的“记问之学”，就必然失其智慧性，无法指导我们成就身心整体的健康与生活应对的自觉自由之智，那么教育的社会性和实用性作用又从哪里来呢？智慧传承又怎么可能不断绝？先圣言此“不足以为人师”，嘱后世为人师者切莫“毁”人不倦啊！

如此想来，先生在如今重西学而轻国学的普遍观念下，仍然致力于智慧教育文化的传承，并潜心深研传统中医，以继往圣之绝学为己任；在如今趋利浮躁的社会风气下，仍然能够真正俯下身来，用自己的生命实践，一步一个脚印地为后来人踏出一条更为平坦广阔的健康与智慧的践证之路，实在令人肃然起敬。

对于我们平常人来说，大多研读经典却不能解其真实义，想实证智慧却无法下手；书读了不少却不会实际应用，健康没有达成，烦恼没有减少，社会关系没有和谐，自然生存环境日渐破坏。面对这样的问题，先生认为：智慧教育的目的就在于获得身心整体的健康和根本智慧的开发，最终达成人与自然及社会关系的整体和谐性。健康的身心整体是成就智慧的基础，意识修养是达成真正健康的根本，而思想意识必须于日常生活之方方面面的点滴小事中修正，克除自我的偏执性要从产生意识的源头做功夫，从提高事物应对的警觉性入手。

在人的警觉意识没有初步建立起来的时候，不能够自觉修正，那么再多的理论也没有办法付诸实际了。这不是通过知识讲座的教育方式和书本的阅读所能够获得的，必须在实际生活中，由真正明理实证之师进行“手把手、传帮带”式的教育传承，随时随地进行解惑纠偏；而且其中还有一点最重要的内容，就是师者的“言传身教”。

确实，古时候的师徒传承方式有着现代教育模式难以取代的深意和作用。但是，能够跟在明师身边学习的机遇可谓是千载难逢，而现代人们想在紧张忙碌的工作和生活中抽出一定的时间和精力去寻师问道，也是十分困难的。怎样才能让更多的人如临其境地接受明师的教诲呢？因此我们想到，可以将先生的讲课和生活教学内容进行原汁原味的、全方位的实况记录，让更多的人从中受益，这也是我们出版本书的初衷。

“古今中外的一切文化都是为人服务的，而不是人成为文化的附庸”，这是笔者初闻先生《金刚经》的讲课内容时发自内心的感叹。以前很难想象佛经的文化原来可以这样贯穿到最实际的柴米油盐的生活过程中，真正成为生活的智慧、智慧的生活。有惑能解、拿来能用，这不正是我们接受教育、学习文化的目的吗？

先生于日常生活中亲传亲授的关于如何学做人的讲课内容也已整理成书，这是现代版的修身立命之书、人生智慧之书，相信每一位读者都能从中感受到属于真正生命践证者的广阔胸怀和博大智慧。书中针对人们现实生活所存在的健康问题与不符合生命法则的各种生活习惯、偏执习性，从饮食起居、生理心理各方面进行了全方位的养生指导，包括疾病的防治和最方便有效的健身方法，以及开智法等“不传之密”，适合社会各层面人士的养生需求；同时，此书从智慧整体观的高度，将开发人的根本智慧、和谐社会、完满人生作为指导我们生命实践的根本内容。尤其先生对学生们在修身养性的践行过程中所遇到的各种问题，用最平易的生活语言答疑解惑——家庭关系、子女教育，生活和工作的点滴小事，以及疾病康复、心性修养无所不包——从中我们都可以看到自己的影子，困惑疑问就这样随之而解了。

为了能够将先生及其与学生间交流互动的教育内容、将智慧者生活中的一举一动——身体力行的带动与影响如实地呈现在广大读者面前，我们以近几年的讲话录音为依据，力求做到“真实再现”。为了在生活化的辩证施教的内容中突出理论整体的智慧性和教育性，因此以录音资料为基础，由先生亲自对其内容进行了补充和整理，更利于指导广大读者理行并入地进行身心实践，而在书的编校过程中不做任何雕琢，没有任何粉饰；大体保留生活化、口语化的语言风格，直接展现其亲切平易、幽默睿智的生活对话，让读者学习此书就如同先生时刻在身边耳提面命、手把手地教导一般，这样才能够真真正正地对我们修正意识、完美身心做出最切合实际的指导，因此值得每一位想获得健康、完满人生的朋友学习和践行。

就像一些接触过本书内容的朋友所反馈的那样：“书中内容怎么好像是特意为我讲的，每句话都直指我内心最不愿碰触的困惑、矛盾与不安，让我看到了身心解放的希望。”

师者的“传道授业解惑”正当如此，直指根本！我们愿为智慧教育师承之路的开拓尽最大的力量。

薪火相传：你就是智慧之火的传播者

“为中华之崛起而读书”，这是周恩来总理少年时期所立下的志愿，言犹在耳。究竟从何时起，我们已经失去了这种主人翁的社会责任感呢?

一个没有传统的民族，是无土之花；一个没有智慧教育传承的民族，是无根之树；一个没有继往开来气魄的民族，是无志之邦；一个没有社会责任感的人，是无德之人。前人经过数千年对自然、社会与人生的实践和总结，将智慧教育文化传承至今；“为天地立心，为生民立命，为往圣继绝学，为万世开太平”，则是我们每一位来者对自我生命的回报与义不容辞的责任。

五千年的智慧文明薪火相传，智慧生命的践证当下即始，智慧教育文化的传承有你我同行，人类社会就会有和谐发展的明天！

最后，感谢田静、周彬、罗钰萍、高琼为本书录入和校对工作所付出的努力。

杨　明

二零零九年四月六日

引言

禅修是人净化自我意识的践行内容，是内求诸己而涤除玄览的修养过程。棒喝也是禅修的一种方法，即在当下透现真我，于顿然了悟之际起觉，从而呈现根本实相的净寂明慧，并豁然开朗——哦，原来顿现实相智慧的境界是那样的至简至易……

◆本书概要

《智慧养生与禅》分为智慧棒喝篇和智慧功夫篇。

『智慧棒喝篇』——觉悟智慧，是整个人类的共同追求，可是千百年来，人们不是陷于以识为智的误区，就是落入神玄奇幻的泥沼。那么对于人的根本智慧，如何明其理、证其本？千年前的开智法——当头棒喝，又是怎样在今天重现其神奇魅力的呢？

『智慧功夫篇』——其实要践行见证觉悟智慧，需要于社会生活中学习如何做人，需要于行住坐卧的过程中应对好不同人、事、物之间的相互关系，即于点滴细行的每个当下做到合理合度地处事应物。只有这样才能符合做一个身心健康的人、做一个与自然及社会和谐共存的人、做一个自觉觉他而利人利己的人的基本要求。这样的智慧人生，需要脚踏实地的生命活动实践与实证，需要明师通过以心印心、手把手的传承教育方式来达成。当头棒喝的开智顿悟之法，不仅仅只是展现轰然中开的生理聚变，更有直指人心的智慧力量！

◆ 如何学习本书

1. 整体与辩证　首先需要明确，智慧传承教育文化的属性特征：无始无终，无内无外，形式就是内容，现象即是本质，过程即是结果。因此要将本套书作为一个整体来学习。因此本套书六辑为一、一分六辑，篇目、文章亦无主次，要将六辑作为一个整体来学习。

2. 泛读与浏览　要打破平时惯性的思维参照模式，建立起智慧性的整体辩证的思维参照模式，那么在学习智慧传承教育文化的过程中，就不能仅凭理解文化知识和逻辑推理的方式来认知，必须先通过"泛读"来奠定智慧传承教育文化的理论基础。因此在泛读或浏览的时候，切莫执思，切莫强辨。"浏览"式地阅读，可以帮助大家形成记忆中的印象本底，为日后能够与具体的人、事、物形成应对关系、与现实的生活内容相结合奠定基础。

3. 重复与圆熟　反复习读，不要在文字上找任何规律与关系。直至反复阅读到圆熟，如烙印一样印于脑中，为形成智慧性的一触即发的灵感思维而夯实基础。

4. 运用与自然　在重复研读与反复温习本套书的过程中，循书中所讲之理法在生活中展开运用。以理导行，以行证理，理行并进地为帮助自己修炼行神合一的智慧功夫建立基础。像这样学习智慧传承教育文化，则会帮助自身逐渐提升警觉意识，终达熟能生巧的智慧教育之目的，为读者成就智慧人生服务，为顿现自觉自性、自然无为的整体映现功能与辩证应对的觉悟智慧服务。

目录

智慧棒喝篇

智慧功夫篇

附 图

智慧棒喝篇

智慧的规律

人脑结构与功能

常态偏执思维与智慧整体思维

思维运动的智能效应功能

实相智慧的整体映现功能

平常人的思维运动模式

智慧者的思维运动规律

开悟与智慧整体性

智慧的整体性和独立性

我们讲一讲人脑的思维规律性，及其映相空间的涵义是什么。

人脑结构与功能

人脑的实体组织结构是由大脑、小脑和丘脑等脑组织构成的，人的第三脑室与丘脑都同属脑中心的区域，也都在脑中心这一带。（见脑结构图）

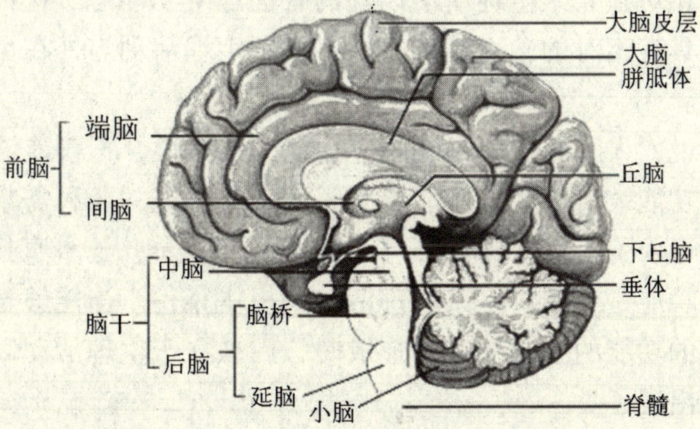

脑结构图

平常人的思维活动、思想意识活动都是很浅的，主要在大脑皮层的各反射区域进行。

大脑皮质分六层结构：第一个层面为分子层结构，以神经纤维为主，细胞较少；第二个层面的结构为外粒层，主要由小锥体细胞组成；第三个层面为体细胞层，是由中、小型锥体细胞组成；第四个层面则是内粒层，是由比较密集的小锥体细胞构成；第五个层面是节细胞层，为内锥体细胞结构；第六个层面是以梭型细胞为主的形细胞层。（参见附录“大脑皮质六层结构图”）

在皮质的结构中不同的部位，皮质各层的厚薄不同，各神经细胞的分布不同，其纤维的疏密程度都各有差异，这样也就形成了人脑对其机体的管理分工有所不同。这些功能性的区域被大致划分为52个分区，而且各反射区域都是你中有我、我中有你的相对的功能区域，并且越靠近脑中心其功能机制越精微、越复杂。（参见附录“大脑皮质细胞构筑分区图”）

正是由于这种相对的反射区域的功能作用，为形成人脑更高级的综合性思维运动功能的智能态提供了生理方面的条件。这种反射中枢的反射效应功能与人的感官功能进行相互作用的结果，就自然地形成了相对独立于生理活动以外的智能思维功能态。这种智能思维功能态具有相对的独立性，并具有识别生理活动与外在运动的独立性功能。

所以说，人脑的这种智能效应功能的独立性，不仅能够拣择人脑的反射功能效应，而且还能识别人的感官功能的各种需求，进而逐渐发展形成了人直接反映①自身生理活动的功能。这种直接反映生理活动的功能是逐步产生人心理活动的根本条件。当能够直接反映生理活动的功能的独立性完全形成时，人独立于生理活动以外的心理活动就出现了。

人独立性的心理活动的出现，与各感官功能需求活动的具体内

① “反映”是人脑功能直接映现事物整体的智能态；“反应”是人通过感官功能与事物发生关系所起的应对功能。于智慧境界中，人在与事物发生关系产生觉受、认知时，映与应是同时、整体地起作用。二者既是互融之整体，又呈现意义各有侧重的辩证性。

容进一步混化并逐步内化，从而形成了人的智能反应兴奋区——各具职能的皮质中枢。这样在人与自然及社会的交往和应对中，人的智能态逐步内化衍生出了习惯性的反应思维活动。这样习惯性的思维反应活动逐渐地内化沉淀，形成了人脑皮质中枢的52个智能效应区域和六层皮质结构。

这种大脑与小脑、丘脑等人脑综合的智能效应功能，在人生命的演化过程中始终都是与人的各种生命活动内容密不可分的。人的自然活动与社会活动是促进智能进化的必然条件。而且这种独立性的反应思维运动，形成了概念性的思维活动和复合概念性的思维参照模式，这种概念性的复合内容是形成人的思想意识的必然条件。

这样人的思维功能，已经由原来单纯的生理活动思维模式，逐渐衍生演化为非常复杂的复合生命活动内容，这些内容包括生理活动方面的反应和心理活动方面的反应，情志活动方面的反应和智能效应功能方面的反应（或映现）。这样人就从低等的动物智能状态，逐步进化到带有偏执性的高级意识反映性体的智能层面。

不过值得我们注意的是；人脑的智能效应功能，只是五藏之生命运化规律中的一部分属性特征呈现的功能而已。为什么这样讲？因为五藏之神性——精神魂魄意在大脑、小脑、中脑、丘脑等脑组织里都有相对应的功能识别区域，而人脑的智能效应功能又具有整合、协调、反应、映现五藏之精神魂魄意运化内容的功能作用。比如，大脑的语言中枢、视觉中枢、听觉中枢等，小脑平衡以五脏六腑为中心的生命活动的运化功能，而丘脑与中脑具有综合、平衡、主导、统帅、调节人脑的智能效应功能态与生命运化功能之间的相互关系，等等。总之，人脑的智能效应功能只是五藏之运化规律的一部分功能而已。

常态偏执思维与智慧整体思维

人在智慧的逐步进化演变过程中，形成了很多习惯性的智能反应兴奋区域，这些习惯性的兴奋智能效应，形成了固有偏执的思维参照模式，对于这种偏执僵化的参照模式的思维功能，我们就把它称之为偏执的意识反映性体。现在的人类就是处在这样的智能层面上。

在这个智能层面以上，还有圆满觉行的智慧层面。这种圆满觉行的智慧能力，就是人类智能需要跃升的进化目标和发展趋势。但是，这种圆满智慧的功能态受偏执狭隘的思维参照模式的影响和屏蔽而无法呈现出来，所以要呈现圆满觉行的智慧能力，就需要践证到根本实相智慧——佛性、法性、如来或称意元体①才行，直至呈现道之体的虚寂实相，只有这样才有可能破除意识反映性体中思维参照模式的偏执性。

从古至今的智者圣人都是探寻人合道顺德之圆满觉悟智慧的先驱，而且根据记载，古智者圣人应该在数千年以前就发现了开发合道顺德之智慧的规律，并且已经形成了开发这种大智慧的世界观与本体论、认识论、方法论体系，还包括开发这种大智慧的具体实践原则和注意事项等内容，对此不仅有非常系统完善的智慧传承教育文化理论，而且符合自然道德观的本质内涵，还符合当今的科学理念。现在我们在古大德的修行实证经验和理论的指导下，结合当代的科学文化知识，通过自身的实践，探索出了对人类智慧发生发展认识上的新途径。这样可以帮助有缘人来一起了解和认识人类智慧的发生发展过程及其内容，为帮助那些有志于完美身心的人开发大智慧服务。

开发人类的智慧需要从产生心理活动的源头着眼。要认识这个产生思想意识活动源头的根本处，就必须从思想意识的生灭循环这个本身用功夫。只有对孕生演化思想意识的智能效应功能本身用功夫，只有从各种感官功能的要求处破执，只有从理上明了人脑智能的发生发展过程，人才有可能破除自己形成的这个偏执性习气。只

① 意元体的概念出自混元整体理论。

有这样才有可能做到，在破除习气的习惯性的复合反应思维参照模式的同时，去均匀混化人脑的综合智能效应功能态。

要想完成人脑综合智能效应功能态的混化，必须要建立起对脑中心最根本的绝对智慧信息的识别，即对此产生识别的映相——参照标准，只有这样才能使人脑的综合功能态在瞬间完成综合智慧效应的整体性功能呈现。这种整体性的功能态，呈现的就是实相智慧。实相智慧与宇宙的绝对真理——道的寂态本体之属性特征是相一致的。这种实相智慧，具有能够运化出人认识自身、认识自然以及认识社会之一切存在的觉悟智慧功能。

思维运动的智能效应功能

人脑中反射功能的活动所形成的习惯性思维反应，与各感官功能的不断混化，形成了这样的综合性思维运动功能的智能态。

在大脑中央回区域的运动中枢，具有对周身的运动系统进行管理的效应，其功能管理的顺序犹如一个倒置的人，越靠近脑中心的部位越关键、越复杂、越精微。

在大脑中央后回和中央旁小叶后半区域的感觉中枢，具有对周身感受——如酸、麻、胀、痛、风、寒、燥、火、湿等各种刺激进行管理的智能效应功能，其功能的管理同样也是以脑中心为中心展开的。

听觉中枢在大脑颞横回的部位（相当于头的侧边），具有对接收各种声音辐射进行管理的智能效应功能。

视觉中枢在大脑距状裂两旁的楔回与舌回上（相当于头后的枕部），具有对接收各种光和各种影像进行管理的智能效应功能。还有大脑对内脏调节中枢等其他的中枢智能效应功能的区域。

人还有语言、思维和思想意识等智能效应的反应区域。如在紧靠大脑中央前回的下部、额下回后面的地方，就是人的运动性语言中枢；在大脑颞上回的后部，就是人的听觉语言中枢；在大脑位于额中回的后部，以及靠近中央前回的位置，就是人的视觉运动性语言中枢；在大脑角回的区域，就是人的阅读性视觉语言中枢，等等。

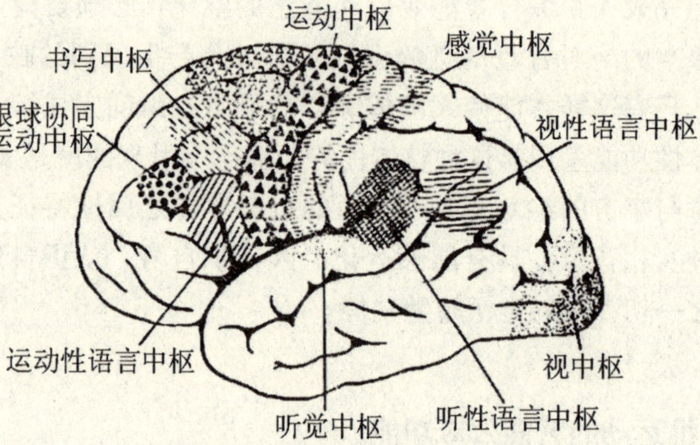

大脑皮质的功能定位（外侧面）图

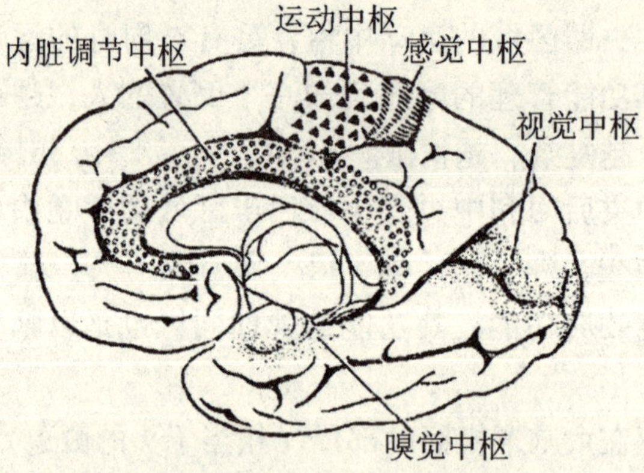

大脑皮质的功能定位（内侧面）图

（一）大脑半球外部结构

1. 三个面：每侧大脑半球可分为上外侧面、内侧面和下面三个面。

2. 三个叶间沟：中央沟、外侧沟、顶枕沟。

3. 五个叶：额叶、顶叶、枕叶、颞叶、岛叶。

4. 主要沟回

（1）额叶：中央前沟、额上沟、额下沟、中央前回、额上回、额中回、额下回。

（2）顶叶：中央后沟、中央后回、角回、缘上回等。

（3）颞叶：颞上沟、颞下沟、颞上回、颞中回、颞下回、颞横回等。

（4）内侧面：扣带沟、距状沟、侧副沟、扣带回、中央旁小叶、海马旁回等。

（5）下面：嗅球、嗅束等。

（二）大脑半球内部结构

大脑皮质机能区

（1）躯体感觉区：中央后回和中央旁小叶后部。

（2）躯体运动区：中央前回和中央旁小叶前部。

（3）视区：距状沟两侧皮质。

（4）听区：颞横回。

（5）语言中枢

1）听觉语言中枢：缘上回。

2）视觉语言中枢：角回。

3）书写中枢：额中回后部。

4）运动性语言中枢：额下回后部。

（参见附录“大脑半球结构图”）

实相智慧的整体映现功能

当人开发而呈现实相智慧后，人的思维意识活动在对外界进行反应的过程中，就形成了整体性的反映机制——实相智慧的映现功能，而不仅仅是人脑功能的局部效应反应。因为人在未开悟之前，没有形成对脑皮层的整体功能效应的深层反映机制和对虚寂实相参照标准的模式。简单地说，就是人的智能状态没有与脑中心的各种智能效应，以及与大脑、小脑各皮层的功能效应，形成整体性的智能化思维意识模式，不能够把各种觉受中枢整合为一个智慧的整体。

所谓的开悟，就是对大脑、小脑各皮层和丘脑、中脑等脑细胞组织形成的功能的中枢神经系统进行全面整体的功能组合。大家应该注意，在这种组合里，其实饱含着五藏①各神性功能的属性特征的内容。这种重组的形式是在突然的、当下的状态下进行的质变整合。对此应该怎样理解呢？比方说，人的开悟现象就像地震引起的造山运动一样，是一种不可思议的自然聚变。本来是没有这座山的，可是在经过了一次大的强烈地震之后，一座山就平地而起了，汶川大地震就有造山运动的现象。我们从这种现象中可以看出，这时地壳的结构已经发生了巨大而根本的改变，而人的顿开、顿悟也符合这样不可思议的道理，而且比这种有形的变化更不可思议。

在这里我们不仅仅是强调脑的实体存在，更重要的是强调脑无形无相的那种特殊的实相智慧的整体性功能态。这种整体性的实相智慧的功能态，既不是无形的气态，也不是无形的能量态。那是一种什么样的状态呢？是一种无形无相的根本的整体性存在——寂态，这种寂态存在也称为实相、意元体、如来、灵山、自性、佛性、法性等，其与道之体的属性特征是相一致的。这种整体性的绝对存在，是既不占有时间，又不占有空间的；是一种具有无始无终、无内无外、无大无小、无边无际、不增不减、不垢不净、不断不常之属性特征的实相智慧存在。

这种实相智慧能够自然地映现出五藏的五种神性特征——精、神、魂、魄、意。而肾之精的神性功能，具有生生循环的孕育之性；

---

① 五藏：中医术语。心、肝、脾、肺、肾五脏及其功能称为五藏，其是人体生命活动的中心。精、神、魂、魄、意之神性功能也分属于五藏。

心之神的神性功能，具有轻灵活泼的主宰统帅之性；肝之魂的神性功能，具有清虚涵敛之性；肺之魄的神性功能，具有冲虚宣化之性；脾之意的神性功能，具有有无相生的运化之性。这五种神性是人形成智能效应功能态的基础功能。这样的五藏神性直接与人脑的智能效应功能态形成了具有接收、加工、储存、综合、提取、发放等功能特性，而且当人顿现根本实相之后，就会使人的这种具有接收、加工、储存、综合、提取、发放等功能于瞬间完成重新整合，从而形成了整体性映现人、事、物自然存在内容和自然运化过程的智慧效应功能态的功能特性。不仅如此，其还具有无生有、有化无——有无相生的功能特性，这种功能的整体特性是冲而不盈的。

不过开发和呈现实相智慧的前提条件就是要顿悟，要把脑中心的那个“玄牝门”的窍点打开。这个玄牝门的智慧玄关窍也是在脑中心的区域，这个区域的意思不是指我们人眼能够看见的那个脑细胞结构的物质实体，而是脑组织细胞能量信息本身的运化与身心行为的各种不同的反应形成的那种无形无相的、特殊的虚寂的实相智慧功能态，这种特殊的虚寂的实相智慧功能态具有兼容一切生理活动和遍透一切心理活动的特性。

不过请大家注意，不是所谓的无形的气态。《道德经》[①] 中讲到：“谷神不死，是谓玄牝。玄牝门，天地根。”这个“玄牝门”是用来比喻什么？对于我们每个人来说，就是比喻人的那个产生思想意识活动的源头——实相智慧本具的映现功能态，即是无生有、有化无——有无相生这个整体运化的功能态。所以我们要把脑中心的这个智慧祖窍打开，这样才有可能对人的智能效应系统进行重组，使人的智能机制呈现出整体性，从而达成跃升智慧能力的结果。

每个人开悟时的那个净寂点不一样，或前或后，或上或下。顿悟的刹那，有的人的窍点开得高一点，有的人则低一点。开悟的位置不一样，那么起步也是不一样的，走向圆满觉行的智慧层面也是

① 本书所引《道德经》原文，皆依唐代易州龙兴观碑本。

不一样的。

平常人的思维运动模式

一般人其眼、耳、鼻、舌、身所接收的信息，基本上是在大脑皮层上的各种中枢功能层面进行反应的。其实在这个反应的过程中，脑中心的智能态也是跟着一起运动的，是个整体的智能反应状态。但是平常人只能提取那些大脑皮层的各种中枢功能层面所进行反应的信息，这种反应信息、综合信息的能力比较浅、比较低。

平常人的思维，受形成生命时先天的宇宙自然信息因素的影响，以及在后天的成长过程中形成的思维参照模式的影响，这样人脑的智能效应功能就形成了习惯性的反应区域，也称惯性固定式兴奋模式，或优势兴奋反应灶的思维参照模式。人脑的其他智能效应功能反应区域，虽然也是与惯性反应区域在同时进行反应，但是其他智能效应区域反射或反应的信息则无法被拣择功能显现出来。对此现象，我们把它称之为意识反应的盲区，在佛学中对此现象称之为无记。

那么平常人的思维参照模式是怎样运行反应的呢？如果从视觉功能的反应这一点开始，反应到视觉语言智能区；听觉这一点反应之后，也要反应到听觉语言智能区进行合并计算，然后再反应到综合经验区这一点进行综合分析得出结论。最后还得把这个结论运送到视觉语言这一点，运送到听觉语言这一点，或运送反应到其他的运动语言中枢……才能表达出结论来。也就是说，它得从视觉语言功能区的这个地方，听觉语言功能区的这个地方，同时往回返，两方面同时往回返，才能得出一个念头或某个观念。

人的一个完整的念头被表达出来，需要在脑子里面进行多层次多层面功能区域的协同反应，呈现出无数个兴奋点的集合式运算，通过非常复杂而又无法想象的、兴奋点式的、子念头的综合加工的运动混化过程，才能形成这一个完整的念头。由这无数个兴奋点的集合式运算所形成的习惯性思维运化轨迹，构成了平常人的智能效应功能态的心理活动的反应性功能和生理活动的反射性功能。

平常人的思想意识产生的过程，都是在一种惯性的思维参照模式中产生的，对此也可以称为经验性的思维参照模式。这种所谓的经验性参照标准系统与思维方式，形成了人的偏执性，或称优势反应性，那就是人的假我。这种僵化的思维参照模式，都是在相对固定的运化方式中进行的。

比方说，从视觉这一点开始到视觉语言这一区域，至综合区得出结果然后回返。怎样返回去呢？那么就是从综合区这边回到语言区等运行过程，像这样返回来表达出一个结果。这个来与回的过程，就是一个思维活动产生思想意识的相对运动过程。在运化生成某一个念头的过程中，它是一个非常复杂而且巨大的映相思维反应的运算过程。

对于概念的形成，我们可以这样看：这是一个杯子，那么从看这个杯子到形成杯子的概念，都是需要有个过程的，当然也都是那个大脑皮层中智能效应反应功能的运动结果。从人的五官这个地方开始起，到各感官——眼耳鼻舌身意，然后再到脑中心这个地方，其各智能效应反应区的功能都是在进行整体的智能反应。

智慧者的思维运动规律

这样大家就知道了，人脑智能的工作原理是个整体的运化功能状态。千万不要理解为大脑皮层与脑中心的功能运动不相关，实际上脑中心的智能效应区与大脑皮层的智能效应都是在同时地进行运动的。只不过平常人的智能工作状态相似于是线性或条状的，它是不能反应或映现出深层的智能状态的。

而人在开了悟之后，通过不断的精进修持，就会产生自觉的智能反映效应，这种自觉的智能效应功能是自然而然的智慧反映。这时人能够在瞬间同时阅读、提取大脑皮层和脑中心自然的智能反映信息，这是一种整体性的觉悟智慧反应状态。要知道，开悟之后再渐修至圆满觉行的智慧时，人的感官功能与三身成就、与四相、与五蕴、与六根、与六识和六触等形成了和谐的整体性。这种整体性的觉悟智慧境界，就是佛学文化中所谓的大圆满镜智。

人在觉悟之前与觉悟之后，其脑的智能效应功能的自然反应都是一样的，没有差别。关键的差别就在于：未开悟之前，人的智慧功能只能是局部的功能反应；而在圆满觉悟以后，人的智慧功能就是整体和谐性的自然映现，这样也就没有了六根、六识、六触的分别了。所以人在圆满了觉悟智慧以后，看进去的这一点到加工综合的这一点，都是同时整合的，是同步而统一的反应。它没有哪一点是处在习惯性的兴奋状态中，没有特殊的兴奋区域，没有优势的兴奋反应区域，没有固定的思维参照模式。

人在觉悟之后，其智慧的独立性是一个整体的智能运动状态。这时人的那种线性条状的思维模式已经被淡化了，已经逐步融入根本实相的那种均匀无别的虚寂境界之中，是这样的一个和谐整体性的智慧运动。

比如说，你要反映一个杯子。当你要反映这个杯子的时候，平常人的常态智能是类似于线性条状的反应，它是什么样的呢？当人通过视觉功能看到这个杯子的时候，是从眼的视觉皮层这边——比如设它为A点——反应过来的，然后到那边的合成区——B点进行反应信息的综合；在综合的过程中会把看杯子的信息发送到大脑皮层其他不同的感官功能区域进行加工；同时还要把看杯子的兴奋信息反应到视觉语言区域进行加工，最后所有的信息还要再回到视觉语言这边——C点来反应，来进行信息提取，因此才感知到杯子的形象。这样从A点到B点到C点……是一个类似于线性式运动轨迹的反应过程。

我们这样说只是个假设条件下的比喻讲解，因为在每一点的区域上还有非常复杂的反应内容和过程在里面。比方说人对事物的反应，像对这个杯子的视觉反应，不仅有对颜色的反应、性质的反应、特征的反应，还有形状的反应，等等；不仅如此，大脑皮层中还有各感官功能区域也会进行检索性、识别性、功能性、生理性、心理性、心意性等等的集合反应、分区反应、还原反应……这些反应都是从眼的视觉皮层这个地方开始进行的。它们又都有各自的反应兴奋点，而且并不是同时在反应，这就是平常人线性式的思维运动过程。

具有大智慧的人没有从视觉进入或从听觉等感官的觉受功能进入，然后再进行综合等过程的反应现象，而是直接进行整体的智慧整体性反映。在映现一个杯子的同时反映出这个杯子的概念，在这个过程中再也没有其他的兴奋点了，而是所有的兴奋点都包含在里面，并且接收、加工、分析、拣择、综合、提取、发放等功能是同时完成的，是均匀无别地映现和反应的，是没有先后顺序地映现和反应的，是不分内外地映现和反应的，是不断不常地映现和反应的……是像这样反映出自己所认知的这个事物集合信息的整体存在的。

大智慧者在映现和反应事物时的兴奋点是整个脑智能效应功能的整体运化状态，即老子说“神得一以灵……侯王得一以为天下贞”的境界，这样人在映现和反应事物时自然会呈现出“万物得一以生”的、与万物同体运化发展的自然无为状态。所以反映出来的这个杯子的信息，既是映象的，又是逻辑的，还是概念的，同时还是人与物不分别的整体性存在关系。简单地说，这就是人脑智慧整体的映相空间的反映。

一个大智慧者，在映现和反应杯子形象的同时，还映现和反应了杯子的概念。即使是在谈话的过程中，在谈论某一个具体事物的同时，人的觉悟智慧还照样会同步反映该事物的内涵及该事物的其他特性；人的智慧在映现和反应某一具体事物的内涵及其特性的同时，还能够同时映现和反应出与其相关、相邻的其他事物的内涵及其特性，这是一个自然而然的映现反应状态。为什么我们会得出这样的结论呢？一方面，是通过自己的亲身实践践证到了思维活动的这一运化过程；另一方面，也是由于实相智慧的境界具有兼容遍透事物的特性而决定了的必然结果。

为什么有的人迟钝一些，或者平常所说的笨一些？就是因为其在反应某一个具体事物时，只反应了具体事物的局部属性和个别特征；而一个有觉悟智慧的人在映现和反应事物时，却是能够映现、反应出该事物的全貌和其整体性的存在信息的。就像在映现、反应杯子的时候，不仅映现、反应了这个杯子，还对杯子周围的一切事物都进行了映现和反应，但是智慧的那个“我”可以只提取这个杯子的信息，并发放出来。也就是说，大智慧的整体功能态不但能够自然地映现、反应出事物的整体性——包括与事物相关的各种信息，而且还可以智慧能动地拣择各种所需的信息。

人的这种智能映现反应的复杂性是不言而喻的。比如常人如果反应一个红色的杯子，他不是一下就能全面反应出这个“红色杯子”的，而是会依据自己的经验查找杯子的反应点在哪里，然后又加个红色的反应点进去；还要查找红色的反应点在哪里，要经过反映红色的通道。如果红色是感觉皮层区域这个地方反应，那还得要加进很多的复杂反应程序进去，在脑子里又开始进行反应红色的杯子……

如果我是一个整体的智慧能动的思维功能，那么你如果说“帮我把那个杯子拿过来”，智慧反应者就在瞬间一次性同时地映现反应出这个杯子的整体性的、综合性的、辩证性的信息，包括杯子的形状、颜色、大小、质地、方位等信息的接收、储存、分析、加工、拣择、综合、提取、发放等，都是在映现反应的那个瞬间一次性完成的。这样当把那个杯子拿过来以后问你“是不是这个”，当你的回答“是”的时候，就自然地呈现出我与人、事、物之间无分别的智慧整体性的智能效应功能的体现，这也是全然的反映过程。不是只反映了一个杯子的概念，而是反映一个杯子在哪个地方、杯子的大小、杯子的颜色等，并把与我和他物之间的和谐关系等复杂的内容，全部给反映出来了。这就是什么？这就是人的觉悟智慧。所以有大智慧的人在映现、反应某个具体事物时，是一个整体智能的智慧境界。

开悟与智慧整体性

当然，人在觉悟的刹那间，其觉醒层面是不一样的，也是有高有低的，所以在此之后证得的智慧境界也是有差别的。有的人在开悟的那一刹那，由巨大的不可思议的能量撞击所产生的智慧光芒，兼容遍透了一切层面的多维空间存在，其辐射的范围与多维空间的存在一起构成了人的智慧整体特性。有的人在开慧时开得比较差一点，此后还得在明心的这个层面进行不断努力，这样才会逐步证得圆满觉行的智慧。

人的开悟是在能觉所觉、能听所听、能看所看之三元归一时映现出觉悟智慧的整体性的。性体之光的顿现辐射，是在脑中心之智慧玄关窍这一明点上辐射开来的，也是从这一明点展现出古大德对性体之光的描述——所谓的圆坨坨、光烁烁，其小无内、其大无外。正是因为虚寂实相这个本体映现了顿悟时的开悟景象，并初次由此建立了衡量虚寂实相的参照标准，所以人才能在今后的行住坐卧中，在处事应物的时候，以虚寂实相这个根本智慧来映现和反应其他人、事、物的属性特征，才能因虚寂实相而成就合道顺德的智慧——由虚寂实相孕生演化出无量智、无量寿和无量光的应化智境界。所以说，人在开悟之后要走的路还很长，还需要在更高级的层面上进行整合，必须得精修巧练，必须在不断进取的过程中一步一步地证得更加透彻的圆满觉悟智慧。

所以当人见证的智慧功夫达到了一定层次的时候，无论怎么讲它，都会符合实相智慧映现或反应其他人事物的整体性，无论怎么应对生活琐事都会符合智慧辩证法的基本要求，那还需要进行逻辑推理来论证吗？平常的人在遇到事的时候会问：“这样做对不对？”可能你想了一百个道理来支持自己的观点，说“我过去就是那样做的”。可是一个人有了大智慧，那么很快就能把你脑子里面那些不对的地方找出来。为什么？因为大智慧者能够洞察出你所反应的根本不是事物的整体性，而只是反应了当中的一个局部信息而已。

当平常人一说出来自己对某一事物的看法时，那么智慧者就能把与这一事物相关的另外的其他信息找出来，因此围绕这一个事物就能够找出你对这件事认识上的错误。如果你认为自己没有错，或是隐瞒了，以为别人不知道，那么智慧者就能揭示出这一事物的本质，提示出这一事物的属性特征，以及你对这一件事的心态和做事的动机，包括这件事未来产生的一系列变化。总之，它是一个整体的反映，即把自己对这件事的前因后果的整体性都映现和反应出来。

例如“他说的话真对”，就这句话而言本身就已经包含了人物对话的前因后果，与此相关的各种信息也都包含在里面了。对此，智慧的整体性是一下就能映现出我、你、他与事物之间的相互关系、心理活动内容及情绪变化过程的。

如果你没有觉悟智慧，那么你在反应任何事物时，只能反应出其局部的概念、特征和形象，你反映不出事物的因、缘、果，以及应对事物的合理合度的方法。不能反映出此事物是怎么演绎过来的发展轨迹，因从哪儿来，缘从哪儿伴随，果从哪儿诞生。因为没有实相智慧映现和反应时的那种整体性，所以你就反映不出来这些内容。

因此，我们可以这样认为，虚寂实相这个心性本体就是一个映相空间的特殊存在。你从逻辑的层面反映，它就是逻辑的整体；你从映相的层面反映，它就是映相的整体。所以人的根本智慧既是逻辑的、形象的，又是运动的、体察的，还是复合的、集合式的和谐整体映现，是虚寂实相这个本体映现和反应出不同人、事、物之整体性存在的智慧能力在起作用。

对于虚寂实相这个本体而言，任何人都有，任何人的思想言行都被这个虚寂实相所兼容遍透，所以只要人活在这个世上，其身心行为活动都必然处在虚寂实相这个本体之中。因此，无论人于行住坐卧中干什么，都会与具体事物形成整体。对此，老子告诉我们：“昔之得一者，天得一以清，地得一以宁，神得一以灵，谷得一以盈，万物得一以生，侯王得一以为天下贞。”而人的顿悟境界正好属于刹那间——当下见证到了“侯王得一以为天下贞”的那个境界。只是因为平常人思维意识中的参照系标准里面，没有形成虚寂实相之智慧境界的那种参照标准，没有对这种虚寂实相之智慧境界形成参照性的记忆，没有证到实相智慧这个本体的整体性，所以你就不可能从这个整体性上呈现出智慧的思维参照模式。

现在的人们，所接受的教育大多都属于偏执性的内容，而且是从小时就这么教的。比如，你看她长得漂亮、她长得真美，然后又有人说她长得丑、她长得很丑。这样在人的头脑中就形成了美与丑的参照标准，这个参照标准属于双向运用的，因此既可以用来参照“美”的观念，同时又可以作为分别“丑”的标准来使用。这样一来，人在成长的过程中，就逐步形成了以自我为中心的参照标准体系，即学会了用自我主观的标准来分别美与丑，而不会直接映现事物的属性特征和本质内涵，也不会能动地、辩证地考量和辨析这个所谓的美与丑。我们可以由此看出，世人头脑中能够做主的就是那个以自我为中心的参照标准体系——假我。世上的人们在处事应物的时候多是这个假我在回答问题、在处理关系、在应对工作和日常琐事。比如“这就是漂亮，那就是丑”，“这个招人喜欢，那个很讨厌”，等等。这样我们就知道了，世上人们判别事物的是非标准，都是以自我为中心的这个假我执著分别心使然。

如果人见证到了虚寂实相这个根本智慧，那就自然会在处事应物时呈现出人、事、物间相互关系的整体性。人在那种境界中呈现出对事物的认识，就能够把关于人、事、物方面的综合信息涵盖于其中。总而言之，世上的每个人都有实相自性，不管你是否觉悟。如果智慧的玄关窍在瞬间被打开了，那么在智慧本体的参照系当中，就形成了自我识别虚寂实相之智慧境界的印记，以后就可以通过这个虚寂实相境界的印记作为参照一切事物的本底来渐修意识、来净化心灵。最后当把思维模式中所有的参照标准，都修正到符合智慧整体观与智慧辩证法的要求时，人就处在“见性”的智慧境界中了。

一旦见性，人在反映事物时就能够呈现人、事、物之间复合信息的整体性，像这样一反映人事物，就能够呈现符合人、事、物之整体全貌的属性特征。大家要注意，所说的“明心见性”，其实“见”即“现”，不能理解为“看见”，而是“呈现”的意思，真心自性是通过智慧功夫的修证而自然呈现的。

对于大智慧者，可能你们会认为：“这位老师真是心胸开阔，真的是知识渊博。”告诉你们，那不是知识渊博，而是他的智慧境界反映出了你们没能反应出来的内容。智者圣人在处事应物时，所映现和反应出来的结论都与实相智慧的这个整体性的映相功能有关。由于其能够映现出人、事、物之间相互关系的整体性，而这些世人又反应不出来，所以世人才会觉得有智慧的人不仅聪明，有觉悟智慧，而且还心胸开阔。

例如，你们学了五个方面的知识，可是你要提取它的时候却比较难，而且只能提取某一两个方面的知识内容出来做参考，各方面的内容之间还相互联系不上。但是见证到合道顺德之觉悟智慧的智者圣人，在体现智慧能力时就不一样了。如果他学了五个方面的文化知识内容，那么在应对具体的人、事、物时就能够同时提取这五个方面的文化知识内容，而且与这五个方面相关的其他资料也能够同时提出来，并反映它，任自己思维活动的需求来参考、来组合。大智慧者在社会生活中，就是像这样整体性反映不同人、事、物之属性特征的。

人的虚寂实相——这种衍生演化思维活动的映相空间，是可以分为无数个层面的。例如，智慧层面不仅是逻辑的层面，同时也是映相的层面，同时还是形象的层面……你没有办法分。人在认识事物时，无论是通过形象思维来思考问题，还是运用逻辑思维来判断事物，其运用思维活动的方式会随自己的需要来决定。来决定什么？来决定是用形象思维模式、还是用逻辑思维模式来反应事物的具体内容。当然，选择思维模式与自身需要展现的思想言行内容有关，与身心活动和具体人、事、物之间的关系有关，与人在不同环境里的表达方式有关。

智慧的整体性和独立性

常人虽然没有呈现实相智慧，但是如果触发到灵感的时候，偶尔也能把这个杯子的综合性的整体性信息反映出来。如发现苯分子结构的那个化学家，不就是梦见了碳原子的长链像蛇一样盘绕并旋转吗？也有传说是他梦见六个小鬼围在一起转圈。他就是凭这样的灵感启示才把苯分子的结构图画出来。当灵感来了，人就会于无意间呈现出所要应对事物的属性特征，即于某个当下呈现出整体反映该事物综合信息的能力。人的这种灵感，不是通过经验印象或逻辑思维，而是直接呈现出整体性的直觉映相，反映出符合某个事物的综合性信息的整体辩证观点。这种整体性直觉映相的来源就是集合整体信息的提取，即人在某个刹那间呈现出的灵感思维活动，就类似于智慧状态下的那种整体性映现或反应。

怎么理解灵感思维？那是平常人在无意间显现出来的一种灵明的思维状态，是在不知不觉间自发地呈现了类似实相智慧之临界面的时候，才出现的这种整体性。由于平常人不了解修养身心的活动，也没有进行过这方面的专业训练，更没有见证身心合一的智慧经验，也就是说没有身心修证的这个过程，因此无法将大脑皮层以及脑中心的各种功能整合成一个整体。所以人们不可能明白，在灵感思维与实相智慧之间存在这种微妙的关系。这样人们也就不会懂得通过对灵感思维出现时的身心活动状态进行研究，并依此找出一条跃升人类自身之智慧能力的途径与方式，让人类在此基础上探索出开发合道顺德之智慧的规律。即使是开悟见道了的人，那还得用十几年来净化自己，需要把智慧整体的独立性证明出来，即见证分别智。历史以来，任何一个开悟见道者，只要于“塞其兑，闭其门，终身不勤”（《道德经》）的功课中始终坚守开悟见道时的境界，那就容易践证到神气合一的智慧整体性。在见证了智慧整体性以后，再以智慧整体性为基础，继续修养神气合一的功夫，并把神气合一的境界与身心行为活动结合起来，从而践证出智慧独立性，一旦呈现出智慧独立性，那么智者也就见证到了应化智成就。

智者随着自己智慧境界的提升，是能同时反映若干个事物的。在需要的时候，其智慧功能就会自动地对各种与自己生命活动或身心行为活动相关的信息进行加工。加工什么？对接受进来的各种复杂信息进行接收、识别、拣择、提取、综合、储存、发放等思维活动的加工。不过智者的智慧功能在对各种复杂的信息进行综合加工的时候，是处在虚寂实相这个背景下进行整体性加工的，而且还是同时进行综合性处理，整体性加工那些错综复杂的思维活动之信息的。平常人经常说："我都没有注意到，他怎么注意到了？"这就是因为他有了觉悟智慧的那种整体性整合信息的能力，有了整体性映现和反应复杂信息的加工能力的缘故。

人只有见证了智慧的整体性和独立性，才会理解古代禅师说的"行住坐卧，不离'这个'"的涵义。不离什么？不离这个智慧的整体性和独立性，不离"虚其心，实其腹；弱其志，强其骨"（《道德经》）之身心行为活动的和谐性与生命活动运化功能的整体性，不离虚寂实相这个智慧境界的本体。

智者圣人之所以能够展现出明灵的智慧之性，其根本原因就在于"行住坐卧，不离'这个'"——不离这个智慧的整体性和独立性，就是不离"这个"兼容一切、遍透一切的虚寂实相！

再谈智慧的规律

常人的惯性思维
智者的整体性思维
惯性思维的形成
不同智能层面的思维模式
智能效应功能的盲区
明心见性『见』什么
依理践行 以行证理
认识人的自本性
破解智能的方程式

人要在现实的日常生活中做到净化自我意识，那是非常困难的。尤其是在与具体的人、事、物发生关系的时候，能够做到自觉自性，即真正把修养意识的活动与具体的事结合起来，并达成人、事、物之整体和谐的动态平衡关系，那确实是挺难的。难在哪个地方？难就难在自己犯了错误，自己觉察不到，而且还没有老师指导，在这样的情况下自己做慎独的功夫——修身养性，的确很难。

就像这位博士一样，我们在一起整理文稿，我在电脑中打出“明师”这两个字，但她打出来的却是“名师”。我对她说继续往后翻，找拼音输入法中“明师”的汉字。她说这个“名师”好听，我说不能用这个“名师”，而应该是那个“明师”——是明了道之理、见证到虚寂实相之根本智慧的老师，才能称为明师，这跟有没有名气没关系。可她执著地说，她打出来的就是这个“名师”。我又让她继续往后翻，她不愿意翻，还是强调只有这个“名师”，用这个“名师”好。她为什么会这样固执呢？那是因为她有偏执性的好胜心与名利心在作怪。

常人的惯性思维

平常人都是这样的，明明知道自己错了，但还是要强调理由。这是为什么？因为常人的思维有个惯性。偏执于“名师”的事例，就是惯性思维活动的结果，佛学文化对此现象称之为无记，无记就是愚昧相。你们别以为这个人很聪明就没有愚昧相，认为智商不高才叫愚昧相，那就完全错了。常人在处理问题或应对日常琐事时，会经常有愚昧相表现出来！世人在处事应物的时候，都会有什么样的愚昧相？比如明知故犯。明明知道自己错了，别人也提醒了，但自己脑子里的优势兴奋灶，还处在刚才工作时的固有、狭隘、僵化之思维参照模式的兴奋性反应的功能效应状态中。这样就出现了被所知障、所执障领着继续往前跑的现象，这就是典型的有错不究、知错不改的现象。这就是平常人突显出惯性思维的病态现象，是人因偏执于自我主观认知而导致的固有、狭隘、僵化之思维模式演绎出来的障碍结果，过去修证佛法的人把这种惯性思维称之为习气。

常人习惯于自己习惯了的定向思维模式。怎么理解定向思维模式？我在黑板上画个图，以方便大家理解。世上的绝大多数修佛者，或信仰佛教的人，基本上都搞不清为什么要明心见性，明心见性的作用是什么？简单讲，人在明心见性以后，自然能够打破业已形成了的这种定向思维模式、习惯性思维模式、经验性思维模式等，能够消除愚昧无知与贪欲无明的低劣品行，从而获得圆满觉行的智慧。

你们看黑板。我画了一幅人脑结构的示意图与一幅侧脑图，要了解具体的内容，可以参看大脑皮质功能的定位图。请看，这是小脑，在这个中间，画成了绿颜色的部分，是人的丘脑。注意，人的中枢神经是这样下来的：这是头部，前面是眼睛，旁边这个地方是耳朵。人闻听万事万物的听觉功能，都是从外耳这里听进去，并传送到大脑皮层与听觉功能相关的区域，即人听到的声音信息能够反应到听觉神经皮质中枢这一点，然后再反应到听觉语言中枢这一点等；眼睛看的视觉功能，也会反应到视觉皮质中枢这一点上，然后再反应到与视觉功能相关的其他感官功能方面去，即反应到与视觉功能相关的脑皮层语言中枢去，这种反应非常复杂，而且还不可思议。

当我在听你说话、看你说话的时候，也同样是这样的反应过程。从听觉接收进去，在与听觉中枢功能有关的系统中进行反应；从视觉接收进去之后，反应到这些相应的中枢功能区域，对各智能效应反应的信息进行综合整理加工。大家看，这两个点的位置不一样，各种信息进去以后的这个整合过程是怎样的？这两种信息是分开进入的，往里走，走到综合处理器的区域来获得结果，然后经过语言的智能效应功能来表达。

每个人在反应事物时，其对某个事物的反应，可能会借助于眼耳鼻舌身意在人脑中的不同智能效应区进行整合。可能这个结果的其中一部分原因在这个地方，另一个原因还得到那个地方来提取；也有可能还得通过触觉、味觉等觉受系统的不同反应，才能反应到这个地方；还有可能有些信息得经过小脑的功能作用来进行汇合……总之是有很多的内容需要把它集合起来，进行加工汇集，然后才能得出结论，这就是平常人的思维活动过程。

由于平常人的思想意识不整，是点状反应或线性反应的，所以才决定了在反应事物的过程中出现偏执性，这样处理人、事、物之间的关系时自然会表现出固有、狭隘、僵化的特征。大家看到了吗？平常人的思维活动的运动过程，是经过了众多的环节之后才得出的结论。由于这样的思维反应模式是偏狭的，所以在反应不同的人、事、物时，所呈现智能效应的信息处理内容与衍生演化信息的过程具有片面性，也就是说常人呈现的思想意识多是不完整的反应内容。

就像这位智商比较高的博士，跟她说在输入法中找这个“明师”，她却非要执著于自己的那个“名师”。为什么她会有这样的表现？就是因为其思维模式的反应机制形成了惯性。她这个眼睛看到的东西和耳朵听到的东西不是一个完整的内容，它在两个点上反应，一个在前，一个在后，反应时没有统一。人要把这些不同的信息结合起来，并得出一个结论，那就须要将接收了的信息同时往里合，往脑中心的智能效应综合区去合。由于人平时没有建立起这样的智能反应机制，所以等它综合上去的时候，那就需要一定的时间了。当突然需要改变已经得出的结论并重新进行思考的时候，自己还处在已经成为过去的那种思维模式的境界中，反应不出当前的思维活动内容。对于这种僵化的思维模式，我们就将其称为惯性思维。

通常情况下，一般人的眼耳鼻舌身意这六根的功能，想在大脑皮层上汇合成一体，那是合不到一块儿的，这就是常人的智能效应功能态所呈现出来的境界。因此，从古至今的智者圣人才会告诉我们，如何使这种分裂的人格弥合成一个整体。世上的每个人在思考问题的过程中，经常会处在那种分裂的境界。为什么会出现这样的现象？因为人在思考问题或处在情绪之中时，自身的思维过程受偏执性优势兴奋灶反应机制的影响，直接与自我参照事物的标准体系发生关系。这样脑子中的智能效应功能，就会拣择出符合自己兴奋灶反应的喜欢的内容，同时由于人的五官接收系统都会自发地参与到拣择分别是非得失的思维参照模式之中，这样对事物的反映就会得出与自己喜好不相符合的矛盾结论了。

脑子中的意识活动处在这样不能统一的分裂状态下，就会不自觉地演绎出错误的、偏执性的结论，这就是人产生偏颇想法的原因。所以平常人的想法，通常是不能涵盖所反应事物的属性特征的，其产生的想法也是不完整的、有欠缺的偏颇想法。

智者的整体性思维

那么人在明心见性以后，在映现和反应不同的人、事、物时，应该会产生符合整体性要求的思维活动状态。你们看，（边画边讲）在这个图上，这是大脑的位置，这个地方是小脑的位置，这个地方是丘脑的位置，这里是第三脑室……它们是这样的一种脑组织结构图。明心见性的人在反应事物时，其眼耳鼻舌身意的智能效应区与平常人的反应内容是不一样的。同是反应一个事物，明心见性的人所反映事物的内容是全方位的，涵盖了人与事物间的属性特征，是符合人之生命活动要求的，并同时符合事物的真实原貌、综合性信息及其整体性的认识。关于这些内容，我在《智慧的规律》那节课中讲得比较多一些。

一般情况下，平常人只能反应出事物的局部特征或其存在的某些现象而已。为什么平常人与智者圣人之间会出现这么大的差别？因为平常人在反应事物时，其眼、耳、鼻、舌、身、意都只能反应出事物局部的信息内容。

明心见性了的人在反映某一具体事物的过程中，其差别就在于这个耳朵听到的部分和眼睛看到的内容，虽然功能效应和反应的区域不同，但是所呈现的结论是符合这一具体事物的属性特征和本质内涵之整体的，并且整个反映的过程与得出结论的内容是同时的。无论是眼、耳、鼻、舌、身、意，还是眼耳鼻舌身意的复合反应、集合映现，所映现或反应的过程，与其所映现或反应的内容是同时的。也就是说，人耳朵听到的、跟人眼睛能看到的内容是一样的，里面体察感觉的东西，跟人眼睛所看的、耳朵所听的也都是一样的。

惯性思维的形成

人本身的任何感官功能在映现或反应人、事、物时，所呈现的不同觉受所产生的智能效应都是整体的反应或映现，它都是在整个脑部（指大脑、小脑、丘脑、中脑等全脑）这里进行同时的整体的反映。而平常人的反应则不然，平常人在反应具体事物时，会出现直接与智能效应功能的兴奋分区相结合的反应模式，反应形成惯性的分裂式智能效应结论。这种反应模式只能够获得不同的局部信息内容，所以也就只能得出具体事物的局部特性的结论。

平常人的思维活动过程有些问题，当眼睛看到具体的事物之后，有时反应不出来该事物的信息；耳朵听到了某些声音以后，它会反应到听觉反应区，可同样是不会得出听到该声音的结论，就好像人们所说的发呆一样。大家可不要误会了，这种视而不见、充耳不闻的现象，根本不是人呈现大智慧境界时的映而不应、应而不执的表现状态。

人为什么会出现这样的状况？这都是因为在接收具体的信息内

容时没有反应到平常习惯性兴奋的智能效应区域，所以在注意力不集中的时候，其智能效应功能自然无法拣择到已经反映进来了的眼耳鼻舌身方面的各种信息。总之，当人的智能效应功能拣择不到这些信息时，肯定不会将其反应出来。为什么拣择不出来呢？根本原因就在于自己的品质粗糙。由于平常人的智能状态受习气的影响，所以才出现了反应水平低下的现象。其实这种现象与人的分裂的思维参照模式有关，与自身形成了偏执性的习气习惯有关。

人的这种偏执性又是怎样形成的呢？都是由神经系统的反射和各种感官功能的反应机制逐渐衍生演化过来的，同时也是因人类社会脱离自然道德的意识形态而促使人按照生存活动的需要“进化”过来的。这里只能简单地说明一下人类文明的进化发展轨迹。人类是从远古时期的质朴的自然道德的生存方式，发展至上古时期的高智能自然道德观的大同社会之生活方式的；然后再由这种高智能之自然道德观的大同社会生活方式，发展至脱离自然道德的社会意识形态的低智能生活方式的。因此人的偏执性思维参照模式的形成与脱离自然道德的社会生活方式有关。

那么，为什么说这种偏执性是由神经系统的反射和各种感官功能的反应机制逐渐衍生演化过来的？对此，我们可以通过这样的实验来进行了解：人为了加强记忆，就会进行反复的记忆训练，这样反复强化训练的结果，就使得人脑的记忆功能得到明显的增强。在智能效应系统的记忆功能得到强化的同时，就会在形成记忆的脑中枢形成兴奋区域，形成记忆痕迹。这种记忆功能区的兴奋灶所形成的记忆痕迹，能够帮助促进人脑的生理功能合成记忆蛋白。

形成记忆蛋白的过程，既是人脑智能效应功能进化的结果，又是人脑智慧效应功能深化的具体内容，同时还是形成人偏执性智能思维参照模式的必然条件和物质基础。这种必然条件和物质基础，是障碍人类智能向高级进化的根本之所在。

像这样的问题怎样才能解决？从古至今的唯一途径就是：内求诸已以养神，内敛含藏以养身；净化自我现觉悟，圆满智慧大道行。

平常人的这种思维习惯通道，就是被从小培养出来的。人在从小到大的成长过程中，其智能思维参照模式除受先天的信息影响以外，还受父母、亲人和朋友以及社会意识形态的影响，这样便形成了固有的经验性的思维参照模式、狭隘的逻辑性的文化知识结构和僵化的、偏执性的思维参照习惯。

人在从小到大之成长的过程中，通常在7岁左右时，任何一个孩子都会依随自然禀赋与后天教育等诸多因素的影响而逐渐养成惯性思维通道。虽然这种惯性思维通道刚具雏形，但是也能从中反映出孩子形成的偏执性趋向和特征，比如俗语说“从小看大”就是这个道理。此时人的惯性思维通道是比较模糊的，并且很容易被改变和纠正。人在青少年时期，偏执的惯性思维通道逐步成型，到28岁的时候就完全形成了、定型了。这个时候人去应对事物，就会按照业已形成的惯性思维参照标准去衡量、辨别事物，并提出自己的主观见解。这就是家长们常说的“儿大不由人”的依据所在。等人长到35岁以后，其惯性思维参照模式就被演绎成固化了的狭隘僵化的人生观，就像有人调侃某些国人的劣根性时说的那样——20岁的年龄，80岁的观念。

人的这种习惯性的智能反应通道与外在的任何东西结合，那么其眼睛看的和耳朵听的等各种感官功能的反应过程，都是在一个通道中进行的。也就是说，有个习惯性的智能效应反应功能通道，我们对这种习惯性的思维通道，就称之为偏执思维，或惯性思维，或线性思维。

不同智能层面的思维模式

用几何学的术语勉强地来比附说明：根据人的不同智能状态，可以将其思维模式分为点状智、线性智、平面智、立体智和整体实相映现智。

智商很低的人的思维模式通常是点状的，如果不加训练，它很难连成线性通道。比如弱智、痴呆者对事物只会做单点反应，我们把这样的智力称为点状痴呆智。

平常人的思维是点状思维和线性思维相互交融的，而且更多呈现的是线性思维。聪明一些的人，呈现的线性思维就更多、更复杂一些，但是这样的人也就更容易形成经验化、模式化、教条化的思维参照模式，很容易出现认死理的现象。我们把平常人中出现这样的惯性思维模式的智能状态称为线性智。社会中存在着不同层面的具有线性智的人，他们生活在不同阶层的人群中，从平民到有一技之长的能工巧匠，到从事某具体专业的专家、学者和教授，到具有技术专长的领导等。

那些智商较高——头脑很聪敏的人，其思维的过程是线性思维和面性思维相互交融的智能状态，并且更多的是呈现出面性思维的智能态。比如，像这样的一类人，其综合协调能力很高，具有较好的组织能力和领导才能。这类人大多是领导者、组织者、经营者、策划者等等，这些人在工作时通常都是运用面性的智能思维方式。我们把这样的智能思维模式称为平面综合智。当然，在社会中具有这种平面综合智的人同样分布广泛，从平民到医生，到文学工作者，到专家教授，到各领域、各级管理者及领导者等。

而那些相当聪慧、智商极高的人，其智能思维的参照模式就是线性的、面性的和立体性的思维方式相互交融的运化状态。具有立体智能思维模式的这些人，他们都是属于非常杰出的、天才型的人物，因为这些人的智能状态都具有一定的整体性，能够同时从纵深和广博整体性上看问题，从其智能状态展现的内容和过程来看，具有很好的整体性和辩证性。比如从社会方面来看，有中国的伟大领袖毛泽东；从自然科学方面来看，有人类杰出的科学家爱因斯坦、牛顿等。

立体性的智能思维所呈现的境界是可以跨越时空的，但这种智能状态的时空整体性，依然是处于有边有界的境界中。我们把这样相对高级的智能思维参照模式称为立体智。像这样的人在社会中比较少见，但也还是有一些。像这样的人如果做平民，那就是德高望重的人；如果是大企业家，那就是具有划时代意义的创业者；如果是大学者教授或艺术家，那就应该是硕果累累的；如果是高级主管，那就一定会给工商业带来巨大的效益；如果是高级领导人，那就一定会利益一方百姓；如果是科学家，那就会研究出划时代的成果；如果是文学家、教育家、哲学家等，那就会对社会产生深远的影响、积极的作用和巨大的贡献。

当人通过自我的修炼，而见证到了虚寂实相这个根本智慧以后，就可以以实相智慧为基来践证合道顺德的大智慧。那么在人成就了合道顺德的智慧以后，自然会因此形成高级的智能思维参照模式，即成就了那种具有合道顺德之智慧能力的整体辩证的思维参照模式，这样也就自然就破除了立体智认知问题的局限性和应对事物的边界线。因此人的智能效应功能态就会逐渐自然地呈现出越来越精细、越来越博大的其小无内、其大无外的无边无际的智慧整体性，这种智慧整体性自然会形成独立运化功能。在强化了这种独立运化功能之后，自然能够形成独立运化的应对效应——分别智。只要智者在此基础上继续精进，就会逐渐呈现出智慧独立性的整体自然的能动的运化状态——应化智。人所见证到的根本真理——实相智慧，以及由此而运化出来的分别智、应化智，都是人成就的大智慧整体性的实相映现。这种实相映现的智能思维参照模式所产生的思维运动，没有前与后、左与右、上下与中的分别，没有大与小、内与外的差别，没有动与静、长与短的区别，呈现的定然是和谐性的整体运化状态。所以，我们称其为实相映现智。

具有这样智慧境界的圣人，从古至今非常罕见，寥寥无几。从文献典籍中可以看出，中国获得智慧成就最高的人有老子和庄子。佛学进入中国以后，在唐宋期间有些修禅宗的人见证到了大智慧，或称般若智慧。具有这样智慧境界的人有一些，如二祖慧可至五祖弘忍，他们是通过修祖师禅而获得的觉悟智慧。从五祖开始创中国禅，六祖慧能开始传播中国禅以后，相继出现了一些具有般若智慧的大德，如马祖道一、德山宣鉴、临济义玄等。

当然，人所见证的实相智慧，打破了常人偏执性的智能效应功能状态。在明心以后，人脑的智慧效应功能的中心，与脑实体组织的中心是虚实相合的。即使是智慧的玄关窍打开以后，还要进行智能思维参照模式的重新整合，那可不是做一年两年的智慧功夫就可以完成的，大约得七至十六年才能完成，而且还要在明师的指导下才能完成觉悟智慧的圆满性整合。也就是说，智者得把自己大脑中所谓52个智能分区和六层的皮质功能进行全面的整合，把大脑、小脑、丘脑、中脑等脑的智能效应功能，捏合成一个智慧性的映现反应的整体机能，相当于把整个头腔中各组织器官的功能都连成一个整体。到了第二个七年，这个地方就混化好了；到了第三个七年，这个地方就完全地混化起来了。这就是说，开悟了以后也得二十多年用功，最少也得十几年做功夫，才能呈现圆满觉行的智慧性的整体辩证的思维参照模式。

明心或明心见性了以后，这个圆满觉悟的智慧功夫是怎么展现出来的呢？明心只是刹那间呈现了虚寂实相的智慧境界，但在这个刹那间，人的智能效应功能态就出现了质的巨大飞跃，也就是从一般的智能层次跃升到了觉悟智慧的层面上，简单说就是人的智能效应功能上了档次。

虚寂实相为形成一个智慧性的整体辩证的思维参照模式提供了可能。这个觉悟智慧的整体性与独立性之思维参照模式能否呈现出来，还得靠后来在世俗的生活中去磨砺。只有像这样践行，智者才有可能建立起道、自然、社会及人之同一性与统一体的动态平衡关系，形成这种合道顺德的智慧能力。这其中还得花十几年、甚至几十年的时间去整合。所以不可以说明心以后或明心见性以后就一了百了、一通百通，不是的。人要想证得圆满觉行的智慧，还得需要很长的时间去做“为学日益，为道日损”的智慧功夫才行，去经历人生、去整合世事、去圆满觉行才是最根本的途径、最直接的方法。

智能效应功能的盲区

平常人因注意力不集中，所以思维活动状态也是杂乱无章的，这样的心理活动自然会处在分裂的状态下。任何一个具有分裂特征的人，在学习文化知识、人生经验和工作技能时，如果所学的东西不符合自己的兴趣爱好，那么非习惯性的智能效应区的功能即使是反应了，但自身的觉知系统仍处在偏执性的智能境界中。由于没有形成熟悉的认知体系与拣择模式，所以从眼耳鼻等感官功能接收的信息内容，在大多数情况下是不被提取的，这样也就形成不了结论；有时候是已经形成了结论，而且心里也非常明白，但就是没有执行，没有发放出执行的指标来。也就是说，对于自己的所学，从这边看过去，从那边就消失了，就是俗话讲的从左耳朵进、从右耳朵出的现象。

人处在这样的状态中，就像是看过就完了，看过就忘了的那种状态，为什么会这样？因为自己眼睛所看的内容在反应进去以后，接收了以后，自己的智能效应功能就是提不出已经接收进来的各种信息。为什么？因为人脑中的这个提取功能和发放功能展不开。人的智能效应功能中的综合、加工和提取的功能在靠近脑中心的部位，在核心部位形成了各种智能效应功能。由于常人的智能模式检测不到、显现不出人自身本有的虚寂实相这个自性真心，即对智能效应的接收、反映、拣择、综合、搜索、反应、加工、提取和发放等整体性功能态不认识，所以其思维意识的智能效应功能的具体运动内容与反应过程自己就检测不到，那么其反应事物的意识结论的信息就提不出来。简单地说，就是智能效应的功能，不能够拣择智能效应功能的本身。

为什么智能效应功能对于自身不能识别?

第一，前面已经论述了的内容中有说明，那就是因为人在进化过程中，已经形成了智能效应思维习惯，在人脑的实体组织细胞中产生了物质沉淀，并形成了优势的兴奋反应灶，这就是我们现在认识的各种脑皮质中枢的结构内容。我们知道，有什么样的脑结构，就会有什么样的智能效应功能态存在。这种智能效应功能的先天性因素，是任何人都回避不了的遗传信息内容。

第二，人的生理功能活动与自然活动及社会活动，形成了自己的心理活动内容，也形成了自我习惯的感官功能需求与觉受模式。这些内容都会在人脑的智能效应功能区形成物质沉淀。

第三，任何人在从小长大的过程中都会形成符合自己个性特征的习惯性的思维参照模式。这种智能效应的思维参照模式，同样会形成习惯性的兴奋反应区域。这样就在无形中，既强化了先天遗传的智能效应功能信息内容，又形成了不同于父母和周围人的特有个性——智能思维体系。

所以，平常人的智能效应状态，受以上诸因素的影响而形成了固有、僵化、偏执、狭隘的智能效应功能态，这些都是造成人不能识别真我之真心自性的根本原因。

这些障碍人呈现实相智慧的根本原因所演绎出的现象是怎样的呢？这就是我们平常常说的粗糙，是粗糙的智能效应思维参照模式造成的。你们不要看这人有文化没文化，千万不要以识为智。就说有的人是博士、教授，有这么高、这么多的文化知识，如果住在这些文化知识的固有概念和狭隘的人生经验境界中，那么即使学了这么多的文化知识，但对自己的身心健康和开发智慧又有什么用?!

在社会中，不是常有这样的现象吗？有不少文化人办事，还赶不上没文化的人效率高，当然也就更赶不上有智慧的人了。为什么？因为一个人如果有了觉悟智慧，那么像这样的人，其眼观耳听等感官功能在接收了信息之后，就可以呈现出智慧性的整体映现反应机能，可以提取和发放出符合人、事、物之整体和谐关系的信息内容。过去讲悟后方修行，人在觉悟之后才可以通过精进巧修来逐渐圆满觉悟智慧了。

明心见性“见”什么

在平常人之中，很少有人能做到眼观六路、耳听八方，能做到这一点，那也是需要智慧的。如果你能做到同时眼观六路、耳听八方，实质上是什么？是展现了智能效应功能的整体性。怎样理解这个整体性的智能功能状态？

比方说，在人开车时，后面有点异常声响，你马上就可以反应过来，而且在同时还做出了正确的应对判断。如果后面来了一辆车，你没看后视镜，可是那个车到了你左边的时候，从你的左边挤过来，你的方向盘就会自动地向右边打一下。不管来往的车如何挤你这个车，你都会主动、自觉地调整方向，避免发生意外。这个智能的思维能力不是通过眼睛看所获得的，实质上是什么？是眼耳鼻舌身意之感官功能形成的那个整体性功能在起作用。这是在能觉所觉、能听所听、能看所看的功能合一的情况下，呈现出的智慧性功能态。这就是实相映现思维呈现的整体性功能态在起作用。

实相智慧可以表现为无数个映现事物或反应事物的不同层面，它不仅可以呈现出一维线性、二维面性和三维立体的反应功能，还可以选择性地映现出多维空间存在的不同信息。这种实相思维对于平常人而言是可现而不可知的。当平常人的精神处于高度紧张而又非常集中的状态时，也会在瞬间偶然呈现这种智慧境界，只是自己不知不觉罢了。

所以实相智慧能够整合所有的信息。当眼睛看的时候，在那一刹那，实相可以把全部的信息进行完全的映现整合。实相的智慧境界在人脑的智慧功能态中也是有兴奋点的，但它呈现的兴奋点是均匀无别、无有内外的净寂状态；而常人在反应事物时的兴奋点，只是出现在相对固定的兴奋功能区域，而且是沿着熟悉固有的智能兴奋模式、通道来进行信息加工的，它就是这样来回传导整理的。对于常人的这种不是均匀态的智能效应兴奋传导思维意识方式，如前所述，我们把它叫做线性思维。

人类的科技文明发展到现在，应该考虑如何提升自身的智慧能力，而非其他什么。为什么？因为人类现有的生产力已经达到或超过满足自身生存活动的基本能力了。所以说，人类到了探研发展开发自身智慧之规律的时候，不过发展、研究、探索这个方面的智慧文化，可以从破译古智慧经典着手，比如世界上最有研究价值的古智慧经典有：《道德经》、《南华经》、《易经》、《黄帝内经》、《金刚经》、《薄伽梵歌》等。这些内容都与开发人的智慧有关，都与提高人的智能素养有关。

从解读古智慧经典的涵义来看，开发智慧的内容多体现在直接强化人的身心活动这个整体，强化人脑的智能效应功能态这个整体。只有在强化了身心活动的健康状态之后，在强化了人脑之智能效应功能态的整体性之后，其在映现和反应事物时，才会认知事物的属性特征，呈现与人、事、物之间整体运化的动态平衡关系。不管人是用眼睛看，还是用耳朵听，或是用身体去觉受，抑或是用心去体察、去感知，其所表达的结果都应该是符合人、事、物之间相互关系的那个整体的。这种正确的反应或准确映现，都会符合人、事、物之属性特征的内容，也会符合人、事、物之整体和谐的运化规律的内容。

比如，有人听到了某句话，在他的思维意识里所能反应的跟看到的、跟听到的、跟体会到的，都能同时反映出符合这句话整体特性的本质内涵，这种境界就属于智慧功能的体现。这种智慧功能所呈现的，只有当自己觉悟到、见证到了这样的智慧境界时，才能算是入了法性之流。在这样的基础上开始修证，才能逐步脱离这些眼耳鼻舌身意的感官心意的牵附和障碍，否则就容易出现著色、著相、著见和著我的现象。

什么是著了自己的感官心意？比如有好吃的，人们常会住在这个“好吃”的境界中，这样的境界为演绎出符合自我主观意愿的想法埋下了伏笔，比如产生“我今天必须吃那个东西，哪怕正在生病忌口也不管”的想法；如果吃不到，就会受利益心态的影响而感到失望。这就是自己著了感官欲望的现象。有的人爱发脾气，那就是在无形之中著了自己的触觉感受。什么样的触觉？是对肝脏不舒服的无明反应。肝脏如有气滞血瘀，或有病态等现象，人都会感应到不舒服，这种不舒服被反应出来的心理状态或生理现象，就表现为发无明火——发脾气，或表现为郁闷等现象。从现象上看，就是人没有客观地反应外界的事物，而是无明地反应了身体里面的气血不平衡的运化状态，并在不知不觉中，与外面的事物结合了，才产生这样的不良反应。

当然人的情志活动和心理动态不仅与自然环境有关，还与社会环境有关。这种自然环境，包括有形有象的物质存在的环境，还包括无形存在的诸多因素影响；人的社会生活环境，包括人与人之间的各种关系及与各种事物的应对等。不平衡的情志活动和心理动态，都是属于心被外在的事物所牵，被各种舒服和不舒服的觉受所困扰，因此才会表现为住在各种感官功能的觉受之中的现象。

因此常人的内因与外因一引起反应，就容易变成各种各样的情绪活动的复合性反应，像烦躁不安、悲喜交加、郁闷嗔怒等等。只有当智慧思维功能的整体性呈现了，人才会呈现出神气合一或身心合一的境界。里外统一了，人才能够做到驾驭自己的感官心意，才能够自觉地净化自己的思想意识，才会自觉地泯灭贪欲的偏执性。

如果要呈现整体圆满的觉悟思维意识，那么就需要达到能觉所觉、能听所听、能看所看三元归一的明心层面，或明心见性的层面。当然，人的智慧要走向圆满彻悟，那明心见性还只是个条件而已，需要逐步从实质上证到眼耳鼻舌身意形成六元合一的整体觉悟智慧境界，或者是证到六根与末那识的七元合一，这样就必然会呈现出阿赖耶识。这就是眼、耳、鼻、舌、身、意、末那识和合而为一，呈现整体性的觉悟智慧——第八识。大家要注意，很多书上说“明心见性”，其实“见”即“现”，不能理解为“看见”，而是“呈现”的意思，真心自性是通过智慧功夫的修证而自然呈现的。

这个八识论，是佛家唯识论用逻辑思维的方式推演出来的内容，是为了帮助那些修行人从理上悟入、从行动方面来践证而研究出来的一套理论体系。古印度的智者圣人研究这些内容已经有数千年的历史了。

在人的常态思维当中，不管是逻辑的，还是形象的；不管是感觉的，还是运动的；不管是体察的，还是抽象的，都是因生命活动的需要而从实相映现思维中衍生演化出来的具体运用的形式，其实它们是彼此交融，不可分割的。无论是加速度的思维模式或叫竞争意识，还是减速度的思维模式或叫惰性意识，它都是僵化思维模式分离状态下的产物，都是偏执性的意识分裂状态下的产物。

一般人，无论怎样去学习，无论怎样去经历生活中的磨砺，都会因此产生短见。为什么人会产生短见？那就是因为在观察不同的人、事、物的时候，在反应各种各样的客观存在的时候，（边讲边画）信息从A点这进来以后，它要在这个B点的地方反应，可能到C点这个地方还要反应，它要到图中的A、B、C等这些地方去进行加工；然后再经由D点这个地方，再到E点这个地方来汇合（在图中随意选择五个点）；到E点这个地方来进行加工，然后再整合得出结论，这个信息跟着一溜跑。它是沿着一条线一条线的通道来加工的，而不是在进行全面的、综合的、运动的、整体的反应（在图中均匀地涂抹整个脑结构功能区域）。所以它不可能获得像实相思维映现功能所具有的同时而又整体地反映人、事、物之因、缘、果的能力。

从见证实相智慧开始，到证得圆满觉行之彻悟智慧的整体功能，都是在刹那间同时反映出人、事、物之共性的属性特征的，像这样呈现既是兼容又是遍透的整体智慧功能状态，能够于刹那间兼容遍透于脑组织细胞的所有存在之中，即兼容遍透于大小脑皮质层和中脑、丘脑等有形有象的实体；兼容遍透于脑无形的各局部的智能效应功能。这样就形成了一个智能效应功能的整体性智慧反映机能，而且这种智慧反映是能够兼容遍透十方的。这样我们就应该知道了，实相智慧的属性特征与道体的属性特征是相合的，这是最重要的、也是最根本的内容。

所以明心见性“见”什么？就是呈现这个东西——道之体虚寂的属性特征，即呈现的是虚寂实相的本质内涵，也只有这样才能呈现出智慧思维功能的整体性。这个智慧思维功能的整体性被证明了以后，人的智能效应功能就会逐渐呈现整体性的映现和反应功能了，而不是只能反应局部信息的那种常态智能，也就不会被愚昧无知所困惑、被贪欲无明的状态所障碍了。要不然人就容易被各种思想观念或习气所束缚，尤其是无记引起的无明，无记产生的无知。

依理践行 以行证理

我们说无明从哪儿来？从贪欲来。说这个人愚昧，愚昧从哪儿来？从无知来。无知无明从哪里来？从无记来，无记就是不长记性。不长什么记性？教了一遍不记得，再教一遍还是不记得；提醒了一次不反应，反复提醒还是反应不过来。不会举一反三，这就是无明，也是无知的境界，这就是贪欲品性和愚昧品性的境界表现。

人只要自己没有开悟，就别以为自己的智商有多高。比如有的人挺能学习的，那么这个学习的过程是怎么反应的？我们借图说话，（边画边讲）人在学习的过程中，一看某个东西，就会反应到 A 这一点，从 A 这一点反应到文化知识智能区 B 点，或数字智能区 C 点等，再通过D点的拣择过渡到E点这里——智能综合功能区。这些都是非常简单的智能性的反应过程。而见证了觉悟智慧的人，一下就能把ABCDE等若干深加工的复杂信息反应出来，像这样于刹那间——严谨一些说是当下反应出来不就结了？

社会上多数会学习的人，都与其先天的自然禀赋有关。不管人具有哪些智能性的反应特长，都与自身生命活动中先天的自然属性的诸多因素有关。平常人的智能效应功能的反应模式，其实都是在分段式反应、分段式加工的情况下完成对各种信息的接收、存储、拣择、归类、提取、合成等内容的。做人不要得意忘形，不要自我感觉良好，觉得自己很不错，觉得自己很聪明，觉得自己很有文化，觉得自己反应事物时的动作很快等等。对此，老子在两千多年前就有了明确的说法："自见不明，自是不彰，自伐无功，自矜不长。"其实，平常人对自己身上存在的各种优点是不明就理的，不明白这些先天优势功能都与遗传信息有关，与自然运化规律的信息有关。关于这些内容，可以通过学习《道德经》、《黄帝内经》与《易经》等文化来了解。

实际上平常人的聪明才智，能够反应出来的东西都只是人智慧能力的一小部分内容而已。因为平常人的思维参照模式被这种线性的智能思维功能所制约，总在那些个A、B、C等地方打转转。如果涉及不熟悉的智能效应功能反应的问题，那你的反应也就慢了，你也就自然地反应不过来了。为什么会出现这样的现象？因为你没有建立起这种思维反应的习惯。人在反应新的事物时，由于这个整体思路没有建立起来，那么也会产生好像短路、断路了的现象。

比如我说是这个"明师"，而这位却说是那个"名师"，因为她说在拼音输入法中找不出来这个"明师"。我让她继续翻找，她说没有，后来再翻就翻出来了。即使是这样，她还是会强调自己的原因"刚才确实没有找到"。这就是因为她的这个思路断路了，结论得不出来的时候她就会产生假设性的妄想。无论是假想还是妄想，只要能够得出一个结果来哄骗自己就行了，这就是线性思维带来的分别、执著、妄想心，这种思维活动的反应过程，就是生产愚昧无知品行的过程。

当然这种现象也就叫“愚昧智”。这种愚昧智不需要通过修行的方式来获得。在小的时候，我们从牙牙学语开始，从学习文化知识开始，就不间断地接受好恶美丑之分别、接受是非得失方面的传承教育，接受这样带有偏执性意志的思想活动、行为活动的指导与培养。

打开上丹田，如果仅仅只是开在气的层面，那跟修养意识的根本层面没有关系，只能是为开发根本智慧建立基础。如果仅对上丹田的气或说能量进行整合，那肯定与开发根本智慧没有关系。开发虚寂实相这种根本智慧一定要开在“寂态”这个层面上，起码要开在均匀无别、无内无外的智慧玄关窍上。只管数量的建设，没有质量上的根本保证，那肯定是无法帮助自己见道的。

大家不要吹毛求疵，而需要应该好好修正意识、净化自我；好好练呼吸操，为赢得身心健康打好基础。尤其是不要找气感。如果自己养成了喜欢找气感的那种感觉，那么越找就越是容易与贪嗔痴慢疑联系起来，从而演绎出各种心理疾患；越是呈现各种心病，就越容易产生对气、对能量的执著；越执著，就会越神经质，那就属于精神不正常的典型现象了。有的人总问我：“我有这样的感觉，对不对?”这就属于人格分裂的精神状态。为什么他会问呢？怀疑！在贪、嗔、痴、慢、疑这五毒里，有疑便容易导致惑生，疑是思惑当中的一种。如果你总有疑惑，那么身心活动在应对具体事物时就容易因这种习气而滋生各种疑障，还会由此产生更多本不需要问的问题。

希望大家加强修养意识方面和健身养生方面传承教育理论的学习，这样就不会打个嗝也要问问老师了。说老师啊，我为什么要打嗝？那是生理活动发生了变化所产生的一种正常现象。人偶尔打个嗝，有时放个屁，这不都属于很正常的情况吗？对于这些内容不需要问。（众笑）我这是打个比方，让你们好理解。

人为什么会产生这样的怀疑呢？就是因为不明做一个健康人的道理，所以需要通过看书学习来提高自己的知识面，通过学习前人的生活经验来提高自己处事应物的能力，同时还要通过践行来见证古智慧教育文化方面的内容。这样，人在通过这样的学习与践行之后，才会把这些内容证明出来，使其转化为自己的智慧能力。做人需要像这样去学，像这样去用。在学习的过程中，如果是前人已经践证了的内容，那就要持不怀疑的态度，把这些内容践证出来。当然有些经验的传承内容是不需要大家在践证以后才确信、才认可的。一般情况下，那些了义的经典内容都是已经被证明了无数次，肯定是优秀的东西。对此，我们要学会拿来就用！

我自己就是像这样做的，所以才有机会见证觉悟智慧。无论古智者圣人传承下来的东西讲得是否正确，只要自己通过实践活动检验一下便可知道真伪。如果通过实践活动的证明是错的，那就不再用这样的理论来指导自己——当下放下，就把这些理法扔到一边去；如果是对的，那就继续。假如我印证了老师所讲的道理，那就继续听，然后再去践行见证这个理与法。难道我们像这样做，还不符合客观要求吗？如果把讲得好的理法比作金子，在你试了以后，觉得不行，那就随手扔掉。为什么？因为那种理法对于你来说就是块石头。如果通过践行实证而印证这些理法的真实义是金子，那就请继续使用。每个人都应该学会像这样来证明老师所讲的理法，同时也不能执著于任何理法。

像这位同学一样，你跟他说买10公分粗的塑料管，他却买了5公分粗细的。为什么会这样？因为他的主观想法已经篡夺了客观的意见。由于他住在了自己所谓的主见中，因此在展现身心行为活动时就自然地偏离了客观需求的目标。你跟他讲的概念在这里——在脑子中的反应点，可是他反应的时候可能反应到那里去了——反应到他自己习惯的兴奋反应灶上去了。这就跟猪八戒的耙子一样，当利益心滋生的想法符合了自己的心愿时，人就会执著于自己的主观想法，那个耙子就长出一截，不该搂的也使劲往里搂。而如果要做的事不符合自己的想法，不符合自己的愿望，那个耙子就短了一截，该应对的也不去应对。所以你跟他说了要这么粗的，他就买回这么细的。为什么？他就不能在这个脑子的记忆中提取你的要求，而是按照自己的标准来思维其结果。他想这么粗细就够了，买回去就可以用了。这就是常人思维活动中判别是非过程的简单轨迹。其实这是任何一个平常人在面对自己的学习、工作、生活时必然会出现的错误。

就像让有些人背《金刚经》一样，他们却总强调“我看完了会忘”。你多看几遍不就行吗？重复多遍，你就可以把这些信息联系起来了。你一开始看，信息到这个地方，而记忆中枢可能还在反应那边的信息。但是任何信息只要通过重复记忆，它就一定能反应进去。虽然反应进去了，可能还会出现一下子提取不出来的现象，不过只要经过不断重复，也同样会被提取出来。当然，有些信息需要通过其他的地方加工合成以后才能把它提取出来。因此对于人的智能效应功能，需要你们去认识，要想认识清楚就必须要反复践行、反复学习，这样便能熟能生巧，这样才能符合智能记忆的规律性。

熟能生巧，是提高记忆能力的规律。比如你总看它，看熟了，就跟婴儿认自己的妈妈一样。在孩子很小的时候，他不认识谁是自己的妈妈，谁叫妈妈。做妈妈的教给他说“我是妈妈”，他就叫她妈妈。如果妈妈的朋友来了，逗孩子玩时说“叫我妈妈”，孩子也会叫妈妈。因为在孩子的脑子里面，妈妈的概念和妈妈的形象之间缺乏联系，即在孩子的印象中，母亲与母亲这个概念之间并没有形成同一性与统一体关系，还只是模糊的大致的印象。不过，只要妈妈做到反复教孩子喊妈妈，时间长了，重复教的次数多了，累计的时间长了，在孩子的印象中妈妈的形象与概念自然会产生对应关系，这样孩子也就可以清晰认识自己的妈妈，即印象中的形象和概念在脑中起合成性的反应。这样孩子就能够直接反应到视觉中枢和视觉语言中枢的智能效应功能这里来了。

这样孩子的眼睛一看，接收妈妈的信息就直接反映到视觉中枢和视觉语言中枢的智能效应功能这些地方来，而且是直接反映妈妈。以后要提取妈妈信息的时候，孩子就会直接从语言中枢这儿提取并反映她，提取与反映是同时进行的，这就形成了一个反映妈妈整体信息的回路。因此我们才会说，人处在婴幼儿时期，身心活动体现的是自然道德的状态。

认识人的自本性

记住，婴幼儿时期的孩子在反映外界事物时的智能效应功能，是整体性的智能反映，人在这个阶段体现的是自然纯朴的自然道德观。孩子是随着年龄的增长，其反应事物的整体性反映机能被后天的家庭教育和社会教育环境的影响逐渐分化开来的，逐步形成了偏执性的智能效应功能反应机制。因为大人用世俗的习惯性思维影响孩子，强化那些习惯性的内容，使孩子形成与他们相似的反应兴奋灶和兴奋点，那么其他反应能力就淡化了、退化了，由整体性的反映变成片面性的反应了。

所以平常人为了提高智能，就通过不断地强化文化知识方面的学习，进行提高记忆力的训练等等。像这样来强化人的线性智能思维参照模式的同时，就更快地促成了人的偏执性的形成。这种偏执性的人格本身反应到生命活动中，自然体现出不正常的运化功能状态。

如何把这种偏执性引起的固有、狭隘和僵化的思维参照模式之“病”治好？那就需要我们能够用最根本的方法来认识人的真心自性之主人翁，摒弃假我，开发根本智慧。

大家应该知道，线性思维模式是平常人的思维功能状态的体现。如果反复强化线性思维模式，以识为智，虽然知识学问可以越学越高，但因此而形成的偏执性却是越来越强的。偏执性越强的人障碍就越多，障碍越多的人就越倒霉。为什么会使人倒霉？他倒霉在哪儿？像这样的人已经完全形成了线性思维的思维模式反应兴奋灶，你如果非要让他运用别的其他的思想方式来应对事物，那么就相当于让他闯红灯。他脑子里会变换不过来的，就好像有个红灯一样，他的思维习惯形成了惰性，不愿意去闯红灯，就是像这样画地为牢，才把人的那个真我之主人翁束缚住了。所以，像这样的人是很难修正自己的。

当然有的人学问很高，知识渊博，并且还具有辩证法的思维参照模式，具有无所畏惧的性格，像这样的人如果明理了，那是比较容易破除偏执性的。

比方说这位高级知识分子就不属于有觉悟的人。他比较呆，呆在哪儿？这个人呆就呆在总处在以自我为中心的境界中，执著于自己的思想观念，这样人就会因偏执而变得狭隘，变得僵化。大家可以试想一下，一个人如果心胸偏执、狭隘和僵化，那么这个人就会表现出比较笨拙的状态了。一个人在他的聪明才智之中没有灵睿之性，那就无法呈现出灵明之性。

大家看看黑板上的图，如果人的思维过程可以通过这样的比喻来讲，那么把线性思维模式中的这几条线擦掉，把这几条线抹去以后，我们再看看，在这个图中不就没有障碍了吗？如果人的思维意识活动的状态，就像这样去擦掉习惯性执著的思维反应模式，这样来渐修，到了一定的时候，也就是到了最后把这个线性思维的影子也擦掉了，那么顿悟即在当下。只要能把这个线性思维、面性思维一破，那就是个立体的思维模式了；以后再把这个立体的思维参照模式一破，那么就可以准确地说，实相智慧整体映现的功能境界就会自然地呈现出来。

其实有知识有文化的人，学起智慧教育文化的理论来是最方便的了。但是如何把这个偏颇僵化的线性思维、面性思维和立体思维的模式给破了呢？从这个图中可以反映出，人无论以眼耳鼻舌身意的任何方式来接收信息，那都是整体的智能效应反映。你们只要是能把这几种形式的思维参照模式一破，那么实相智慧就会自然地呈现出来，这是最方便、最容易、最简捷的修证方法了。当然，我们这是从理上来讲的，讲得越清楚，大家就会越明了。临济禅师棒喝理论中的三玄四料简、四宾主、四照用是最好的开发智慧的理论，而且是当下证现实相智慧的理论。

我是这样打比方来讲的，但也确实是经历了这么个践行实证的过程，人思想意识活动的智能思维模式确实就是这样的一个运化过程。就目前来说，我讲的这些内容是比较深刻的，是用现代文化来揭示人自身思维活动规律的比较方便的、科学的、高级的内容，当然也是合道顺德的理论内容，非常简单。我像这么一讲，大家就应该明白，这就叫传承智慧文化的教育法。

就像这个四岁多的小朋友一样，因为在她脑子里的这个区域，思维活动的运化功能是整体的，她来到这里以后就很容易发生变化。你再看这个小东西才六岁多，在这里待了几个月了，他反应东西很快，比一般的小孩反应都快。为什么？就是因为他们直接接收了这样智慧的能量信息内容，他们的智能效应功能是多方位的反应；而成年人则一般是线性、面性、立体思维参照模式的智能效应功能的反应。

立体的思维反应比多点的面性思维反应好，多点的面性思维反应比线性思维的反应好，整体的智能思维参照反映模式比这几种思维模式的反应都好，就是这样的。

对于这样多点的思维反应，我们就称之为平面反应。现在社会中的绝大多数人基本上都只具有线性思维模式的反应机能，是属于线性智，叫线性智能，线性智能效应思维反应模式。像这些孩子们，他们现在的智能状态就叫平面智，他们不是通过线性的思维方式来回晃，而一反应就是几个点的同时反应。从图中可以看出，这若干个点连成了一个面，在平面智的基础上还可以扩充智能、增长立体思维智能效应功能的智力。对这些小孩的智能思维方式再进行引导，那么就会变成三维层面的智能。那些大科学家、哲学家、教育家、艺术家等，都是属于三维层面的立体智能境界。在这个层面以上，以后再进行扩充智能，那就容易呈现实相智慧了。这些孩子们是很容易接受引导的。

平常人思考问题都是线性的。如果自己学习了这些开发智慧的理论，你们就会知道自己处在什么样的比较低级的智能状态中，但可以通过发奋图强来获得智能境界的改变。如果明白了其中的这些道理，还不能努力奋进，那你们干脆回家过自己的小日子就行了，锻炼锻炼身体，活个七八十岁还是没有问题的，不要修养身心与开发智慧了。

无论是谁，有点文化知识不要骄傲、不要僵化、不要固执，千万不要把自己所学的文化知识当作智慧！学习文化知识，只是为了帮助人们开发常态智能的普通方法；文化知识是智慧表达的方便法的具体内容，也可以是人们的精神食粮。但如果僵化、固执，那么这些文化知识就成为自己生命活动的障碍，它也就成为人精神显现出病态的条件。

对于有点文化知识的人来说，由于脑子好使，我们先把招呼打在前面。在你们之中的有些人是不用打招呼的，一听就明白了。比如像这位学员，她这个脑子的反应是比较活的；而那边那位，她是个性格比较拧的人，她在这里住了一年多，得通过这一年多的时间才能转过来。

我讲的这一课是很重要的，属于开发根本智慧的理论性内容。

对于运动体察思维、逻辑概念的抽象思维，都是由实相智照思维[①]产生的。人的智慧皆是因这个实相的映现功能展现而生的，所以形象是实相映现的形象，逻辑是实相映现的逻辑；形象思维有形象思维的逻辑，逻辑思维有逻辑思维的形象。对于这些思维参照模式的智慧规律的认识，使我们践证到了人的这几种思维参照模式的本质内涵。

从实质上而言，这几种思维参照模式都是混然[②]不可分的整体，只是由于人类自身的运用而产生了具体功用的不同而已。分别出运动体察思维、逻辑概念的抽象思维和实相智照思维这三个层面，只是为了大家学习的方便而进行的讲解说明罢了。人怎样运用就会产生怎样的认识，运用什么，它就出什么，其本质的内涵就是这样的。对于人的智能效应模式，不仅可以形成很多的理论内容，也可以像这样产生直接的根本认识，不需要通过很多的理论来进行讲解，只要像这样去践行实证就行了。

如果你们没有印证到实相智慧的虚寂境界，那你就会生活在自我的主观印象里。记得有一次，山东的一位朋友曾经说过一句话，可能这句话关系到另一位同学对自己修身养性的诚信度的问题。他对着几个人把话说开了，所以搞得那位同学非常尴尬，这样他就在不知不觉中执著于过去心了，就一再强调“我没说，我没说”。可是你说了又怎么样，没有说又怎么样？这就是学理论没有学到实处，说明你对智慧教育传承文化的认识比较浅，对与自己生活中发生的各种事物关系的认识和应对还不合度，我想以后你在这一方面提高了认识，也就不会这样想了。

---

① 实相具有智慧映照、察照功能，这种功能是虚寂而无所不映的。

② 混（hùn）然：依古汉语义，“混然”即自然地混化融合而混元为一。这样的混化和合，即互合互离互根互化互融而达成动态平衡的整体性。词义与现代汉语常见的“浑然”是有根本区别的。本书用“混然”之处皆取此义，包括“混然一体”。

大家想一想，是不是这个理？如果自己不去分别他人所说话的内容，那么就不会产生执著心，就不会住在过去、现在和未来心之中。“你为什么非要说我说了呢？我可没说。”大家看看他非要强调这一点干什么！其实说了也好，没说也好，都正常。可是当时这两个人就住在这样的境界中出不来，还说：“我可没说。打破碗说碗，打破碟子说碟子。”

学生：这是狭隘僵化的思维模式。

那么这是个什么境界？这就是线性思维参照模式的典型表现。

学生：愚昧智。

你是不是这样的？你这是什么思维模式？这就是惯性的愚昧思维模式产生的结果。人需要通过改变，首先学会做到平面性的思维方式。大家请看黑板，就好比这是一个平面，由两点可以形成一条直线，如果从这条线拐弯到另外一点，那就形成了角。人有棱有角，就是因为你们在思维的过程中拐了弯才形成了角，知道吗？人的思维里面就这么些东西，不复杂。如果你是个平面思维模式，那就少了好多的棱角，但如果真碰到了利益，还同样是磨不开的。像这样的人在一般情况下什么都大度，可真碰到了与自己的利益相冲突的矛盾时就不行了。

不管是这个线性思维模式，还是面性的思维模式，都是比较麻烦的。你们可别说我在说你们，我不是在说你们这些人的主人翁，而是在说你们的品质与品行，在说你们这个愚昧无知的假我——僵化、偏执的思维参照模式。社会中的人所拥有的常态智能境界，有线性智、平面智——一般的小聪明和一般知识分子等，有立体智——大艺术家、大作家、大能工巧匠、大科学家等，还有就是实相智慧——智者圣人。

破解智能的方程式

大家现在学习了关于智慧规律方面的内容，最好是需要在现场进行消化。请这位同学上来讲讲我刚才所讲的内容。你现在讲给大家听听，你可是我们这里文化学历最高的博士教授了。

学生：老师今天主要是把人的那个思维模式做了一个总结。他是从普通人的思维方式和有智慧的人，或者说证得圆满觉悟之智慧的人，这两个不同层面来解释的。老师画了两个图，一个来说明常人的思维是什么样子，另一个来说明证得了实相智慧的人的思维模式是什么样子的。

在这个图里面，常人的思维形成方式，是通过眼耳鼻舌身意不同的接收信息点，反应到大脑里面的不同的相应功能效应的点上。从图上看，上面是大脑，然后这边是小脑，中间这块是丘脑等，下面有中枢神经。那么眼睛接收信息的时候，它可能反应到视觉中枢功能这个点；耳朵听的时候，信息接收进来之后，反应的可能是听觉中枢的功能区这个点。那么常人的思维，他接收信息以后，对外部事物做一个反应的时候，要经过好多个渠道，如图中的A、B、C、D等点来进行整合，在这个过程中对不同的点所反应的不同信息进行整合。

人脑的智能效应功能态在接收了信息以后，就需要在脑子里面进行加工。这个思维加工的过程，是通过好多好多的线连接的，之后得出一个结论，这是常人的思维模式，老师给起个名字叫线性思维。线性思维，它反应的是局部的信息，是一些不完整的信息，不是一个整体的智能效应的反应，而是分裂的这么一个反应过程。常人的这个思维模式是线性的，而愚昧无知的状态与这种思维参照模式有关。

那么整体的智能效应功能态是一个什么样的呢？它也是从眼耳鼻舌身意来接收信息，但是它在反应的时候，是同时反映眼耳鼻等感官功能对事物的不同的信息内容，它不是接收一个点然后再进行整合。耳听、眼看和身体觉察到的各种信息内容，都是属于事物整体存在的信息，也可以是对一个事物的各种信息同时进行整合的过程。所以它得到的是对事物一个整体信息，它是均匀的、同时的、整体的这么一个反映，它是一个圆满的、整体的实相智慧反映。

在智力开发的时候，像道场这几个孩子，他们接收信息的能力就比我们大人好，为什么？因为常人有习惯性的思维参照模式，信息反应的通路，已经成为习惯性的反应机能了，反应信息是这样拐弯、那样拐弯成习惯了。而孩子没有局限性，他没有固定的思维参照模式的束缚，他接收到的信息就比大人要进一步、要合理得多。

人的智能会经历由点到线，再由线到面的渐进发展过程。当人得到的是一个平面信息的整合，他就会反应出一个面的信息结论，而不是一个线的反应过程。如果再进一步的话，把人的这个智慧开发出来了，那就由面的运化进步到体了。也就是说，这是一个面的转动运化过程，这样就变成一个球一样的智能效应了，是一种三维的智能反应系统。如果再进一步，那就是由实相智慧衍生演化出更多层面的、多维层面的整体来反映了，这就是大智慧的功能态。

人的智能从线性智，到面性智，然后到立体智，最后到整体实相智慧，我理解人类智能的发展应该是这样的一个发展过程。

刚才这位同学讲得不错，大家下去以后还要进一步去学习。

我今天讲的这些内容是一个非常重要的内容，也属于剖析根本智慧的理论，我这是按照现在的科学知识内容来讲的。古人没有这个人脑的组织结构的解剖知识，所以他们也不会形成这样的认识，但他们认识到人之心性与宇宙间的绝对存在之道是同一的。

要真正认识这个宇宙之道，仅仅明心见性是不够的，这是最重要的一点。明心见性以后，最少需要通过十多年以上的精进，才有可能达到相似于合道顺德的境界。在这个过程当中，还必须要通过闭关来达成。从古人几千年来所证明的东西来看，我们通过实证，已经明确了这一点。

今天，我们也可以这样断言：人类智能的跃升，必须通过内求根本自性这个途径来完成。另外，不能说明心开悟了，就解决了根本问题，其实那只是解决了一个入门的问题，其他的智慧功夫内容还是什么也没解决哪。那只是打开了通往圆满觉悟智慧的大门，就是入了道的门槛，入了门才有希望践证合道顺德的境界。而且，即使你见证了人根本实相，那么其在映现或反应事物时，自然还会带有自己个体的信息，还不能真正契合到宇宙实相之道的本体中。

老子说："上士闻道，勤而行之。"真正的修身养性之人，会自觉地修正自己，不需要老师讲那么多道理，不需要像这样来回讲人生应该遵循符合的做人道理。需要老师来回讲的人，都不是自觉自愿的修身养性之人。你看我走过的这条路，有谁鼓励过我了？没有谁说"小刘啊，你好好修，这可是千古难遇、千金难买的道啊，你要修好了，那可就什么都有了"，没有谁来鼓励我，也没有人帮助我，更没有人给我这么多的说教和指导。你们现在具有的这种粗糙的品性，我即使总跟在你们的身后讲都没有用，说多了你们还会起逆反心。如果你们保持这样的利益自私的心态来修道，那怎么可能修成呢？

大家如何改变这个线性愚昧智呢？那就需要你们学会解线性方程式。你们都会解数学方程式吧？那你们就试图去解一解自己的这个方程式。实质上人脑子里面的线性方程式，是可以通过能动的智慧来解的。那些圆滑一些的人就需要学会解抛物线的方程；不圆滑的人是有棱有角的多，就需要学会用平面几何的方法来解自我。这是打个比方来讲解的。这节课我就说这么多，请大家不要执著我所讲的这一切。

谈谈生命力

人的类本质
人之初
生命力与人类的发展
不同层面生命力的展现
生命力的内求与外化
精气神的统一

人的类本质

今天我们讲一讲关于生命力是什么，人的生命力给人类的文明带来了什么，这两个问题。什么是生命力？生命力就是人精、气、神的统一体。再简单一点讲，就是我们常说的，人活一口“气”，那一口气就是我们人的生命力。那一口气是什么样的气？是精气神统一之气。

那么精、气、神又是什么呢？“精”在这里是指人体的精微物质，包括生殖之精在内的内分泌物质的内容存在；“气”在这里是指标志人之生命活动的整体特性的一种特殊物态；“神”在这里是指脑神经细胞与神经细胞的混元气所形成的特殊性智能效应功能态。这种特殊性的智能效应功能态，与人的眼耳鼻舌身意以及周身的五脏六腑和筋脉皮骨肉形成了一个完全的整体，并以脑中心为中心而形成了接收、存储、综合、加工、拣择、提取、发放的感官感知等功能，而且这种特殊性的智能效应功能态还延展至身体之外。

人之神（包括心理活动、思想意识、思维活动等）不仅与人的生理结构、生理活动、生理功能产生了同一性，还与自身的生命存在形成了统一体的关系。人的这种智能效应功能态之整体性存在，不仅仅只是人这个个体生命整体存在的根本，而且它还与宇宙自然的存在形成了一个不可分割的整体。

人之神不仅具有整体性，而且它还具有完全的独立性，独立于生理结构、生理活动和生理功能之外。当然，人的这种智能效应功能态的整体性与独立性只有处在高级的修行境界中才能见证到，这里不再深论。人之觉悟智慧的这种整体性与独立性的状态，又与宇宙自然的道体德用之属性特征具有同一性和统一体的关系。同时，人之神是人生命活动的最高机能和统帅。这就是精气神之涵义所指的内容。（编者按：关于精气神的具体内容，请参阅本书相关文章。）

在认识了精气神之后，我们就应该大致了解生命力的涵义是什么了。生命力是维系人之生命活动与身心行为活动的基础；生命力来源于人的生命运化规律，而生命运化规律又本源于道孕生演化整个宇宙自然的那个总规律。我们人的这个具体的生命来源于精卵交合，从本质上说，宇宙间的任何生命存在形态都是在道之体与用的作用下形成的，而人的生命则是从精卵交合的那个刹那逐渐孕育形成的。这个孕生演化新生命的全过程，正好重复了宇宙自身的诞生过程，同时也重复了道孕生演化整个宇宙间各种各样生命的繁衍模式，包括各种各样生命的形成、发展与灭亡，这些都自然会符合宇宙间繁衍各种各样生命体的规律。不论怎样看待这个问题，人的类本质只有一个——生命力，人只要活着就有生命力，这是不能错的。

人之初

人为什么能活？那我们就要讲生命是怎么产生出来的，那就要从人的生产过程上来看。有形细胞的结合过程，这些内容医学书上有；人生产过程的混化内容，在庞明先生所著的《混元整体理论》中也有介绍。精卵细胞结合的过程生产出来的细胞叫什么？叫受精卵细胞。

我们如果站在智慧整体观的高度来看：在一般情况下，人的生成过程是精细胞、卵细胞在结合之前的一刹那就开始产生了，精细胞和卵细胞这两个带有个体信息特性的生命——一阴一阳的事物，不仅仅只是精、卵细胞里各自的23条染色体的简单结合，而是两个细胞生命的全面的、综合的、整体的和完全的混化，从而生成新的受精卵细胞的全过程。这一过程包含了有化无和无生有的过程。

有化无的过程，是精、卵细胞各自的个体特性在混化的过程中完全消失，而新的受精卵细胞之特性的混元信息还未形成的那一刹那；无生有的过程，是紧接着有化无的过程进行的，当精、卵细胞各自的个体特性消失了，紧接着就开始了无生有的过程。所谓无生有的内容与进程，就是从精与卵的信息开始结合的那一刹，一个新的“有”便产生了，这样就开始了从信息的结合混化到能量生成的过程，进而形成了新的受精卵细胞的信息、能量和实体，以后由受精卵细胞逐步发育成为胚胎、胎儿，而后由胎儿发育成为人，是这样的一个孕育发展过程。

精与卵两个个体信息的特性已经完全消失，而受精卵细胞信息还没有形成之前的这一刹那——对此现象我们称之为人之初的道之体。精与卵两个个体质量、能量、信息的特性已经完全消失，而受精卵细胞要形成之前，首先是受精卵细胞的混元信息形成之时的这一刹那，称之为“人之初”。在“人之初，性本善”（《三字经》）这句话里，有个“善”字需要理解。这里的“善”是指符合自然运化规律的，符合道体德用之属性特征的。这里的道之体可以被看成是传统文化之中的道或无极这个层面的事物；道之用呈现的信息可以被看成是“一”、太极或元气这个层面的事物。当然，这只是从生命自然存在与运化的角度来说的。

混元整体论认为：信息就是决定并构成事物时空整体特性的内容，它可以决定万事万物的生成、变化与发展，是决定事物存在的根本因素；它是决定万事万物的生成、变化与发展的关键内容，是万事万物赖以存在的基本条件；而此时，对构成事物时空整体特性的质量和能量，则可以理解为处于一种隐藏的状态。

当精与卵这两个“信息、能量、质量”一碰、一混化的时候，在受精卵细胞的信息还未形成之前，即在形成之前的那一刹那，那是生命存在之初——“人之初”。那是什么？那就是我们人的生命产生之初的过程，它重复了各层次生物进化过程中生命产生的过程，也重复了宇宙诞生最初的那一刹那的过程。任何事物在形成之前的那一刹那，首先形成的是标志该事物时空整体特性的信息，然后才是该事物能量的合成，继而是该事物质量的形成。

生命力与人类的发展

人的生命力可以涵盖一切生命存在的形式。高级、高等的生物，其生命力范畴，可以涵盖低于它的生物种群的生命力范畴。但是，低级生命的生命力是绝对不能等同于人的生命力存在的。像前面那样“等于”可以，因为是涵盖的关系；而反过来“等于”是不行的。顺进可以，逆行则不行。

那反过来说，人可以做蚂蚁？显然是不可以的。当然，如果说从人生命活动的运动功能上看，可以类似于蚂蚁的生命活动，如生活过程中的走路、搬家等，不是跟蚂蚁相似吗？蚂蚁是靠自己的腿跑，而人类的现在不是既可以靠自己的腿，又可以靠机械化了的“腿”跑吗？但这种机械化的运动过程，不也是人运动功能的外化吗？哪有死人会坐火车的？如果有，那是让活人抬上去的，不还是活人的生命力体现？你把计算机从那个地方扛过来，你不需要花力气吗？不动脑筋怎么拿得起来，你能指挥的那个系统是什么？是人的精神。

思想统率生命的力量，这个力量从哪儿来？从气或能量上来的。人的精神活动，即是自然协调精、气、神活动的过程，也是维持生命存在的精、气、神活动内容，这样构成了一个整体，叫生命力。

人的生命力，就是人们常说的人活一口气的气。这个“一口气”不能等同于呼吸之气。如果没有强调人是一个整体的人，那么我们就不能够从本质上去认识人是个整体的存在。生命力是人生命活动存在的整体性反应。所以，人的这“一口气”就是自己生命体与生命力和合的存在状态，也是精、气、神的统一体存在。

那么生命力给人自身，给我们人类的存在与发展带来了什么？人类的文明是从原始人的蒙昧时期发展至今的。我们应该知道，今天的人类文明，即一切文明的产生，一切文明的创造，还有一切文明的发展，这些都是人类自身生命力外化的结果。这句话就说到根本了，不同层次人的生命力为人类文明的形成，为我们人类文明的建设、改造和发展，奠定了不同层面的基础。为什么这么说？例如，圣人、智者与贤人的生命力，和普通人的生命力是不一样的；普通人的生命力，和身体素质非常差的病人的生命力又是不一样的。这些不同层次的生命力，主要体现在精、气、神之间结合的质量上。各个不同层面生命力的展现，共同创造了多姿多彩的人类社会和人类智能文明。

现在，我想从三个层面来讲认识人之生命力与人类文明的关系。人类的文明是由生命力的内求与外化而造就发展起来的。智者圣人生命力的展现，是促进人类文明转化、进化的决定性推动力之一，它是一种创造力；而贤人与一般人的生命力，是人类创造文明以及社会发展一切成果的基础动力。我们人类文明发展到今天，所获得的成果，都是古往今来的人们生命力展现出来的结果。从教育文化到文化教育的内容来看，从生产技术到文化的发展来看，从科技成果到我们认识到的生产力与生产关系的内涵及其相互关系来看，以及上层建筑与经济基础的内涵及其相互关系来看，都无一不包含着人的生命力之痕迹，是人的生命力在不同的历史时期和不同层面的展现。

这样看来，智者圣人生命力的这种创造性的推动力，是推动社会文明创造和发展的决定性力量之一。他们在社会文明创造过程当中是起推动力作用的，这个推动力与基础动力结合在一起，构成了人类文明进程的原动力。这样不同历史时期与不同层面的人们的生命力，给人类社会文明带来了不同历史时期、不同层面的发展内容与成果。

不同层面生命力的展现

在社会中，世人对古今中外的智者圣人和贤人已经有了一定的认识：

古今的贤人可以分成两类。一类是内求的修行者，是通过内求的生命实践来修身养性的人，他们对人的生命运化法则以及自然发展规律有一定的践证和认识，但还未达成内外整体性的觉悟智慧；一类就像我们知道的那些音乐家、科学家、文学家、政治家、哲学家、教育家、能工巧匠等等，他们这一类属于外向型运用意识的人。

觉悟智慧层面高出贤人，身心活动能够内求外达的人，但还未达到《道德经》中圣人的层面，我们称之为智者。在《道德经》中，圣人是对有道者的称呼。智者是通过不可思议的身心整体的修行践证过程而成就了觉悟智慧的人。这样一类智者是通过自身生命活动的实践来了解、认识和掌握自然规律，从而为人类社会的发展服务，并对自身、对社会、对自然的认识和实践提供了世界观与本体论、认识论、方法论的基础。

在智者和贤人这两种人之上还有一个层面，那就是已经合道顺德的人，在古时期对具有这样觉悟智慧境界的人称之为真人、至人或圣人。在道家把见道者尊称为真人，真人的境界相当于佛学经典中的“佛”。佛其实就是一个彻底的觉悟者，而不是宗教迷信思想中的神或仙。对于这样的圣人，在古印度也被称为薄伽梵。这样的大智慧者比一般的贤人要高出两个量级，这样的人在历史长河之中是很少见的，应该说是非常的稀有。

圣人是见证了道体德用之属性特征的人，其思想言行的表现，既符合自然道德观的本质内涵，又符合具体人、事、物之属性特征的根本要求；其身心行为活动，既符合社会属性，又符合自然属性，是身心形神合一的觉悟智慧者。从人之生命体来看，其生命力的展现是没有内外分别的，是在道这个层面上建立起来的。

所以在中国，对见证到圣人境界之上的觉悟智慧者是这样描述的："上古有真人者，提挈天地，把握阴阳，呼吸精气，独立守神，肌肉若一，故能寿敝天地，无有终时，此其道生。"而人类社会发展到了中古之时，中古的至人智慧境界是这样的："淳德全道，和于阴阳，调于四时，去世离俗，积精全神，游行天地之间，视听八远之外，此盖益其寿命而强者也，亦归于真人。"而圣人这个层面的智慧是："处天地之和，从八风之理，适嗜欲于世俗之间，无恚嗔之心，行不欲离于世，被服章，举不欲观于俗，外不劳形于事，内无思想之患，以恬愉为务，以自得为功，形体不敝，精神不散，亦可以百数。"（《黄帝内经》）

因此，传说中的真人、至人或圣人应该都是见证了合道顺德之圆满智慧的人，也可以说是成就了法、报、化三身的大彻大悟的圆满智慧者。

老子《道德经》说："故从事而道者道德之；同于德者德德之；同于失者道失之。"像这样的真人，或说三身成就者，或说"从事而道者"，其所践证的经验和留下来的至真经典，为我们后来者指明了人生的发展方向。这些经验和至真经典就成为了帮助贤人和世俗的人们成长与发展的指路明灯，圣人与贤人都会指导一般世人的成长与发展。人类在不同智能、智慧层次所展现出的生命价值，都说明了人类文明的成长、进步与发展皆是人生命力展现的结果。

我们对生命力的认识，是从生命的自然运化规律这个整体上建立起来的。见证了合道顺德之智慧的圣人，在中国古代有老子和庄子等人，在古印度则有佛祖释迦牟尼和创作《薄伽梵歌》的作者毗耶娑。

那些内求诸己的智者，则有孔子、孟子、孙子等诸子，还包括唐宋时期那些开了悟的禅师们，他们都是通过内求诸已来践行而见证到觉悟智慧的。

贤人的修养水平则是"法则天地，象似日月，辨列星辰，逆从阴阳，分别四时，将从上古，合同于道，亦可使益寿，而有极时"

(《黄帝内经》)的境界。当然，如果用东方的智慧经典来衡量西方古希腊的苏格拉底、柏拉图、亚里士多德的智慧境界，他们应该处在贤人的层面上。

在贤人中有一类也是内求的，只不过这类人比较注重自身生命活动的独修内养，古时候很多在深山老林中独善其身的修行者，便属于这一类。

还有一类贤人虽未达到智者的智慧境界高度，但也可以说是在不同层面、不同层次走内求外达之路的，是内求的意识活动外向性寻求发展的结果。当然，与智者相较而言，其生命力展现还是倾向于外求外化。在我们古代的社会中，比如说医学家张仲景、孙思邈、华佗，还有李时珍，等等，他们都是中医学方面的大家。地动仪的发明者张衡，还有圆周率的发现者祖冲之，还有工匠鲁班，他们都是非常伟大的人。他们的生命力，都是内求而外达的。他们所获得的成果，是人类科技文明划时代进步的标志。

那么在自然科学界这一方面的科学家就更多了，他们都是属于生命力外求外化的贤人。国外古代的我们知道的不多，但是近代的却有不少。如在数学上有笛卡尔，物理学方面有牛顿，还有瓦特、伏特、居里夫人和爱因斯坦等。当然在我国的近代也有不少，如数学家华罗庚，地质学家李四光等，这样一些科学家，他们的精、气、神都统一在了科技文化上。

除此之外，还有文学艺术方面的大家，比如说在绘画方面有凡□高、达□芬奇、毕加索，音乐方面有贝多芬、施特劳斯、肖邦；在我国也有不少作品能够流传千古的，比如说在中国的文学界那可就多了，诗词曲赋方面，像李白、苏轼、白居易等。他们的精、气、神都统一在了文学艺术的创造上，他们都是把自己的毕生精力，把自己的精、气、神外化了的。

但是外化了的生命力的表现，与内化到生命活动中而内外统一起来的生命力表现的结果是截然不同的。后者能够获得圆满的觉悟智慧境界——具有“无师智”，所以古智者称其为“善知识”。无师智或说善知识，是人见证到般若智慧以后呈现的，具有这样觉悟智慧的人可以给社会带来和谐性。因为他们在处理和应对自然及社会一切关系的过程中，其整体辩证性的智慧展现，是本体论、认识论和方法论的完美统一。他们具有智慧整体的世界观、人生观、价值观、是非观与生死观。（编者按：关于三论，请参阅本书《对三论的认识》一文。）

外向性运用意识的贤人们，他们是属于平凡人中智能境界相对要高级一些的人，这种智能状态是通过学而知之而获得的，是人之生命力呈现外向性创造力的高级内容。由于认识论和方法论的不同，在内求者与外求者之间就有了这样一些本质性的差别。

作为圣人、智者和贤人，这些具有不同量级的智慧能力、智能境界的人，他们起到一个推动人类去认识自身、认识自然、认识社会的作用，并且是决定事物运动、变化、发展的创造性动力。

那么现在再来看看，社会中的那些普通人、平常人，那些劳动者，广大的人民群众，他们同样也是人类文明的缔造者，人类文明也是由普通人精、气、神这种生命力外化的结果。他们同样在创造着人类自身的物质文明，也在创造我们人类自身的精神文明。他们是在社会基础这个层面上展示了人的自我存在价值。人所谓的自我价值的展现，其实就是生命力的展现。

我们把人之生命力的内容分成了这样若干个层面来讲。如果今天我没讲好，希望以后的学生能够把这个课题讲得更有条理一些。这是人类文明发展的最深刻、最本质的内容之一。人类文明的发展既有生命力外化的成果，又有生命力内化的成就内容，但同时都是人类生命力展现的结果。不管是外化还是内化，这两者是互补的，是一个既对立又统一的整体，是这样一个运化发展过程。

那么通过这样的方式来认识人类文明的进步，我们的思路就会因此变得清晰而简单了，认识的方向就更明确了。由此看来，有一个什么样的民族，就会体现出一个什么样民族的生命力——精、气、神的整体，同样也就明白了决定这个民族兴旺和发展之根本所在。

良好的、和谐的社会群体，就会存在有与之相适应的群体生命力结构。和谐的生命力结构，对于任何一个国家来说都是非常重要的。如果认识到这一点，那就会知道提高国民生命力基础是显得多么重要的内容。

中国古人提出了“天人合一”的整体观。天、地、人在不同的时间处于不同的运动状态，因而在不同的时间、地点和环境下出生的人，他的生命力是不同的。由于世上每个人出生的年、月、日、时有所不同，出生地点的不同，周围环境的不同，还有父母交媾时的心理和生理状态，以及母亲体内孕育生命的生理环境和心理环境的不同等因素，就决定了人与人之间的智能、能量和信息以及能力等诸多方面的差别。

关于这若干方面的内容，我们也可以通过中国的阴阳五行规律的理论来了解。阴阳五行规律的理论告诉我们：在任何事物之间都是有矛盾存在的，而矛盾双方存在着互生、互化、互离、互合、互根等关系，这种矛盾的统一体是这样的一个整体，既对立又统一。阴阳五行理论是对大自然中生、克、制、化规律的认识，而八卦学说也同样是我们祖先认识自然、认识社会和认识人自身之运化发展规律的总结。

把这三个规律汇合在一起运用，我们通常称之为阴阳五行八卦学说。如果在每个人身上体现出来，就可以知道人出生时的阴阳五行八卦信息的和谐程度，即年、月、日、时的四柱八字，决定了人生的各种信息的存在是不一样的。其命运之中阴阳五行生克制化的各种信息，以及矛盾的多和少、大和小，就决定了这个人今后存在于自然环境和社会关系中各种活动的结果，也就是说会体现出一个人的生命力状态。

人的智能、能力和能量是有差别的。有的人综合素质差一些、弱一些，只能具有把持自己小家的能力，按照现在的社会概念来说，三口之家——三点一线，就是围绕着自己的一个小家庭转。过去是养孩子养得多一些，一家养五六个孩子是很常见的现象，当然也有家庭只养一两个的，无论孩子多少，也是三点一线，一家人过生活。有的人综合素质强一些，除了能够服务自己的家庭以外，还能为社会作出更多的贡献。

各人的能力是有大小之别的，从人的自然属性来说，就是因为我们在出生的时候，阴阳五行八卦方位的各种信息、能量、组合存在着差别，摄收大自然、摄收父母能量信息的基础有差别。所以有的人就成为科学家、艺术家、学者、领导者、老板等等，而有的人就做了工人、农民等等，这样就自然地形成了社会生活中的不同层面的人群。这不是把人分等级、分阶层，而是从社会职能分工方面来说的。

有的人通过学习，通过社会实践，通过自己不断地努力，可以做管理者，可以服务于更多的人；有的人即便努力，也是做不到的。是否具有这种综合能力，是由每个人的智能状态、能量基础和驾驭身心活动的能力大小来决定的，是人自身的自然属性和社会属性共同作用所决定的。把这些内容放在宇宙自然的大象中来看，其实无论人展现出什么样的身心行为活动，都是宇宙自然中的一种自然而然的现象而已。

生命力的内求与外化

人生命力的强弱大小，决定了一个人自身的综合素质；这种综合素质，同样也直接体现出一个人的生命力之大小。我们说的这个生命力，不是说你活多少年，而是指人之生命活动的本质内涵。当然在贤人这个层面，在内求的这一部分贤人里边，他们通过探求而证明了人的生命力之本质；可是我们的一般人、平常人，却不知道人的生命力的本质内涵。

要知道，人类的生命力确实是人类社会发展的原动力——人类赖以存在、生存、发展、变化的原动力。不管我们是在文化教育方面所取得的成果，还是文化科技领域高度发展所取得的成果，都是人类自身生命力外化的结果。在人类社会发展的任何一个时期，都不能离开我们人的生命力，因为迄今为止没有任何一个成果，是不含有生命力的信息和能量内容的。

越王勾践的那把青铜剑，那就是有修行功夫、有智慧能力的铁匠师父把自己的生命力打进去了，所以它才会在保存了几千年之后还锋利无比，那是一个贤人的杰作。可是我们现在看到的这个电脑、这双筷子、一个碗，难道就不是人的生命力的外化结果吗？也是的。它是社会上普通人、一般人生命力外化的成果。

如果我们大家能够从这个层面上去认识人的生命力，那我们就知道了一个规律性。智者圣人和贤人们的层面都是自觉的自我展现层面。当然，没有一个科学家不是自觉的，没有一个科学家是懒惰的人。假设在科学研究上，有一个懒惰的科学家做出了科学成绩、创造了文明的成果，像这样的故事无法从历史资料中找到记录，现实中不可能出现这样的实例。这已经是我们人类的共识和公理了。所以在任何一个层面，不管是内求的生命科学家，还是外求的社会学家和自然科学家，他们的成就，都是通过自己的身心行为活动把自己的生命力展现出来的结果。

其实我们还可以进一步看看，爱因斯坦的生命力是怎样体现出来的呢？答案是非常简单的，他的生命力都体现在相对论上了；爱迪生的生命力，却体现在一千多种的发明成果上了；居里夫人她的生命力体现在哪儿？体现在对放射性元素“镭”的发现上了。

那么音乐家的生命力体现在哪儿？体现在音乐的乐谱上，体现在音乐表达的声音之中，含藏在那里边。贝多芬的交响曲百年屡奏不衰，为什么？就是这个伟大的音乐家把自己的生命力烙在了乐谱上，只要后来者演奏他的乐谱，那么就会自然呈现、反映出贝多芬的智能境界与情感。所以说贝多芬的生命力与乐谱成为了一个不可分割的整体。再比如说肖邦、施特劳斯，中国冼星海的《黄河大合唱》、聂耳的《义勇军进行曲》等等，都是这样的。他们这样的作品有生命力，既是时代的表现，又是时代的结果，还是时代生命力的展现。

瓦特的生命力体现在哪儿？体现在对蒸汽机的改造上。其推动了什么？推动了工业革命的发展，具有划时代的意义。文学家也是一样的，《复活》是哪个作家写的？托尔斯泰写的，他的生命力就在这个上面，在他的几部小说里边。中国的文学家巴金，他的生命力在《家》、《春》、《秋》里边；曹雪芹写的什么？他的生命力在《红楼梦》里边，在《红楼梦》的字里行间，那就是曹雪芹的生命力的写照。

以上这些都是伟大的文学家、科学家、发明家们生命力的展现。

那么老百姓的生命力在哪儿？老百姓的生命力在他的儿女身上，在他的工作中，在他的一亩三分地里边，在他的抹桌子、洗碗这样洒扫应对的生活过程中，他的生命力就展现在平常事当中。他们的生命力是事物发展的基础动力，这种基础动力不是直接决定事物的发展方向，而是社会发展、文明进步的基础。

智者圣人的生命力是决定人类智慧文明之发展方向的；而贤人们的生命力则是影响社会关系与生活方式的基础动力，是影响社会发展方向的人。在私有制这种社会形态下，政治家决定了社会的发展方向。比如一个具有高尚品质和能力的国家领导人，他也算一个具有贤能品质的人，属于世俗社会中的聪明才智比较高的，因为他决定了这个国家的发展方向、社会制度的发展和完善程度。

我们得这样去看、去认识，每个人的生命力就体现了每个人的人生价值。像年轻的钢琴家朗朗，你看他在弹钢琴的时候，他那种身心合一的状态，统一到哪儿？统一到指头上，统一到键盘上，统一到那个音符上。他的生命活动和钢琴还有乐谱，和那些弹奏的内容，结合成一体了，形成了一个和谐的整体。所以他才被称誉为“当今世界最年轻的钢琴大师”。朗朗属于贤能之人。年纪轻轻的，二十多岁，弹起钢琴来，在十个指头上，把生命力通过琴声表达出来，他的整个生命活动就在那个音乐之中。民乐家李富斌也是一位了不起的人。他搞的那个民乐交响曲演奏是非常好的，整个身心都投入到里边去了，其指挥的身形与音乐是身心合一的境界，是精、气、神外化的合一状态。他们这种精气神是通过外向性运用意识的活动统一到外边的事物上去了。然而人的精气神内化则是不一样的，精气神的内化是一个人走向圆满智慧的必由之路。

内求与外求不一样的根本区别在哪里？两类贤人之间的区别在哪里？一种是向内求方向发展的；另一种则是往外求方向发展的，是外化的结果。但是从人类社会发展的这个历程来看人的生命力，人生命力的内求与外化同样是一个整体，是人类的精、气、神共同的、不可分割的、不可缺少的统一整体，是人类文明进步的不可或缺的整体。

智者圣人、贤人与平常百姓之间的关系也是平等的关系，不要说智者圣人和贤人的能力强就是对一般人的超越。其实智者圣人与贤人的存在不是超越，他就是人类社会发展过程中，自然出现的符合社会关系与生活秩序要求的、能够在这个整体里起协调作用的一个不可缺少的平常人。智者圣人能够在应对不同的人、事、物时，保持自身与人、事、物之间整体运化关系的和谐性；能够使自身的生命活动与自然环境及社会关系达成动态平衡。因此，智者圣人能够在“处无为之事，行不言之教”（《道德经》）的过程中帮助人们认识道体德用的属性特征，帮助人们认识自然运化规律和社会发展规律及生命运化法则的同一性与统一体关系，这样的品质德行，才能符合社会发展推动力的要求与作用，否则就不能叫推动力。

所以生命力的存在有三种形式：一种是圆满了的内外没有分别的生命力呈现的统一整体；一种是内化了的，精、气、神统一的整体；还有一种是精、气、神的统一体外化的表现。在这三种存在形式里边又分若干个层面。

精气神的统一

生命力外化也有若干个层面，精神气统一于形、统一于气、统一于神等不同层面。平常人其生命的精、气、神的统一体，属于非常初级的统一体。如果平常人的精气神统一在形上了，人的力气就大，这样他就可以做体力活、当搬运工等；如果统一在气上了，他就做一点巧事；统一在神上了，他的聪明才智就会比一般人要高一些。我们这都是讲一般人的生命力展现的情形。

贤人就不一样了。贤人的生命力外化的层面比较高级一些，而且其精气神统一到神、统一到气、统一到形里了，那就是文学家、画家、雕塑家、音乐家，那就是能工巧匠。我们像这样去认识以后，自己就会明理了，而且这些理还比较简单。精气神统一到形上的质量高级一些，那就有可能会出现能工巧匠、技师等等；一般情形下，精气神的统一体中神气的质量高一些，那么在外求外化的过程中，就会是文学家、画家、书法家，还可以表现为教育家、社会管理者；如果统一到气的内容多一些，可能是武术家、养生家等等，当然也可以成为其他门类的精英；如果精气神统一到神的质量高一些，那他们就有可能成为政治家、哲学家。这些都是外求外化的贤人，他们的生命力的展现都是以其先天的精气神质量和内容为基础的。

总之，人精气神质量的状态，以及与外求或内求内容的统一体，是决定人生价值的重要内容。

如果是属于内求的贤人，那么其精气神这个统一体就完全不一样了。其精气神的整体无论是统一到形、或气、或神上时，那都与平常人是有天壤之别的，是不一样的，那都是处在相对高级的身心健康状态，处于这种境界之中的人是没有分别、不会执著、泯灭妄想的人。到了内求之贤人这个阶段，其精气神这个统一体中的内容是可以通过主观能动性来进行调整的。在这个层面上继续用功夫，那么不论是统一到形、统一到气，还是统一到神，都会呈现别有洞天的智能境界。

在贤人以上的各个阶段，还可分很多个层面。所以说精气神的不同质量以及外求或内求，都是决定生命力强弱大小的关键内容。尤其人的主观能动作用。这是调动后天的主观能动作用来培补人之生命力的根本内容。

我们现在讲的这些理论，都是需要以后的修身养性者、修行家们来进行丰富、发展和完善的。今天在这里只能提出这样一些观点，我是像这样践行见证过来的。所以人类的一切文明文化成果，都源于人生命力的全部体现，也就是精、气、神统一的整体的外化和内化的结果。

比如说，一个养生家的生命力统一到能量上了，他就可以凭此给人治病；统一到形上了，他就强化了形体；统一到神上了，就开发了智能。一般的养生者是这样的，能够出一点特异思维方面的功能，感知一下，查个病、查个信息什么的，如果统一到神上去就会出一点感知功能。可是到了真人、至人和圣人这个阶段就不一样了，统一到神，无内无外了，那就是道的境界，那是觉悟智慧的境界。精、气、神统一的层面越高，结果越好。

我为什么要讲这一课？因为我们对人的身心活动、生命活动的运化状态认识得越清楚，今后人类在认识这个问题上，在认识自我生命活动的运化内容与过程时也会越清楚，那么今后发展方向就越是明确，不会走弯路。我讲课的目的就在这里。

一个病人也有精、气、神，他就是一个病态的精、气、神统一体。很多人老是讲病，“哎哟，我身上有 30 种病”……像那个王先生，他经常说：“我身上好多病，就是不能好。”这么多年来，他的精、气、神就统一到他的病上了，为他的病服务了。这个人的境界就是这样的。像那个许女士，一开始来的时候总是怀疑，她不是统一到她的健康上，她统一到“我这个是不是又病了”的疑心病上面去了。

人的精、气、神之结合体，是时刻在发生着变化的，是不断运动着的、发展着的，是随着思想意识活动的活动而变化的。圣人的思想活动之根本是不变的，外在有任何的变化，而内在的心是如如不动的，你影响不了他，因为这时的他是能够遵循并符合人的生命运化规律的。

有的病人，他的病怎么就好不了呢？就是因为他的精、气、神跟病结合了，所以他的身心活动等于为病服务，才不容易恢复健康。有的人病为什么好得那么快？就是因为他的精、气、神不跟病结合。这样的例子也比较常见。

比如，在座的这位姓王的学员，患的是肿瘤。当年他来我这里接受康复调治，并通过沟通和开导，从心理上把疾病给放下了，意识活动没有与疾病结合，后来他的病就好了。现在几年过去了，他不仅健康，而且还上班去了。人的精气神只要调整得好，跟统帅生命活动的神意一结合，那么人是可以在瞬间就会发生质变的。不是只有他这一个例子，还有那个广州的黄教授，还有那位石家庄开中脉的学员等等，好多都是这样发生变化的。以上所讲的例子，都是通过棒喝的方式来达成的，这些都属于功夫方面的内容。

只有当人的生命力——精、气、神统一到神的时候，开发出来的智慧才是最高级最根本的智慧；统一到气的时候，气才会是最精纯的气；统一到形的时候，才会是最完美的形。这一切都是人通过内求内化而呈现出来的结果，而生命力外化了以后，就会自然被转化为社会上的文化产品、物质产品，变成文化商品和科学成果，等等。

所以人了解了生命力的本质内涵，就不会随意耗损自己的生命力，不会随意挥霍自己的精气神，只有这样才可以帮助自己看明人生的发展方向。

对三论的认识

三论这样贯穿生活

三论之间的关系

常人的分裂与智者的统一

整体即自然

我们所认识的本体论、认识论与方法论，是站在智慧整体观的高度来看的。三论合一，是最高级的智慧境界，最根本的哲学命题，最严谨的逻辑秩序，最完整的思想体系。

三论这样贯穿生活

对于本体论、认识论和方法论的认识问题，我们都知道这是属于哲学范畴的问题。但是我们要明白的是：无论是本体论、认识论，还是方法论，从本质上来说，都是人在生活过程中，对道、对宇宙自然、对人类社会、对人自身运化规律的认识和总结，因此不能脱离开人的生命活动与合于自然、社会环境中的生活内容，而将其桎梏于哲学殿堂。

那么我们就站在三论合一的整体辩证观的高度，通过生活中最常见的事例，来对人们的身心行为活动的智慧能力——所谓哲学研究探讨的问题，对自然的生命活动内容和人生的经历过程的和谐性——所谓生命和谐存在的自然逻辑性，对反应事物和应对事物的思想意识的整体性——所谓人的思维参照模式映现道体德用的属性特征、反应自身与自然及社会的同一性和统一体关系的整体性认识和应对方法，作一下简单的分析和讲解。

在社会生活之中，人们都会经历吃饭、睡觉、做事等生存所必需的活动内容，对于诸如骑自行车、游泳、走路这样的生活中的行为活动都非常熟悉，没有任何陌生感。但是大家却不知道这些生活中的身心行为活动与人的世界观、人生观、价值观、是非观和生死观等有着密不可分的关系，与人识别和实践不同事物的活动的本体论、认识论、方法论有密不可分的关系。为什么这样说？任何一个人，只要他产生了某个想法，只要这个想法需求与生活内容、学习内容或工作内容有必然的关系，那么这个人就会因此产生思想活动内容和行为活动内容，而这些身心活动内容中也就必然包含了人的各种观点和本体论、认识论和方法论的内涵了。怎样理解这句话呢？

例如，一个人口渴了想喝水，那么这个人就会因此产生一系列的身心活动，只要这个人的想法与行为活动完全是处在自然而然的状态，即于想喝水的当下，去拿杯子倒水喝，直至喝完水的全过程，是自然流畅而不受其他杂念影响的身心行为活动的展现过程，是符合了生命活动的自然本能需求的内容，那么这种流畅的生命活动内容所体现出来的品行，就是古人所说的“朴”，或者称之为质朴的身心行为活动。那么应该怎样认识这个“朴”呢？这个“朴”字的涵义，在人的身上体现出来的是纯自然的身心行为活动，即在人的品行中没有任何的雕琢或伪饰的成分，是人的真心自性之主人翁于生命活动过程中的自然流露。

这样我们就知道了，人处于这样的境界中，完全是自然而然地展现自身的身心行为活动。也就是说，在这种境界中的人，心理活动与行为活动处在那种身心形神合一的状态下。人在起心动念时，出现了想喝水之念，继而出现了由想到指导自己行动，到完成喝水的全部过程。在这样的境况下，人的身心行为活动与自然环境中的水杯、水等事物便形成了一个整体。这个整体涵盖了人与水发生相互关系的自然逻辑秩序。

下面通过对人与水之间的相互关系作一简单的分析，帮助大家认识人在口渴想喝水这一念头的指导下如何完成这一系列的身心行为活动，理解什么是本体论，什么是认识论，什么是方法论，这三者之间是什么样的关系。

从这个例子中我们可以看出，人要喝水，就会围绕喝水而产生一系列的想法。从人渴了想喝水开始，就需要产生要喝水的想法，要产生指导自己去拿水喝的想法——会产生如何去拿水，以及中间需要经历的过程、需要注意的各种事项、应该观察的对象等；还要产生支配行为活动的想法——行为活动需要注意的内容，行动的途径，行动的过程，完成思想行为活动的要领，等等。

要知道，在自然流畅地完成喝水的过程中，都包含了非常复杂的身心活动的运化内容与发展过程，所以在这个过程中就自然饱含了系统工程的认识论体系，以及身心活动呈现出来的符合生命本能需求的自然逻辑秩序的方法论体系；由于在这一自然而然的“喝水”活动中，人的身心活动与自然环境及生活环境达成混然不可分的整体运化状态，那么其所体现出来的本体意识与自然的行为活动、与本能的生命活动，及与自然环境、与生活环境和生活内容等因素，同样构成了混然不可分的和谐整体性，对于人、事、物之间形成这种动态的平衡关系，我们就称之为认识论与方法论同时符合了本体论的本质内涵。当然，这也是“朴虽小，天下不敢臣”（《道德经》）的内涵和境界。

三论之间的关系

只要人的身心行为与自然及社会成为不可分的整体，那就一定符合了本体论的本质内涵，因为宇宙自然的绝对真理——道，兼容遍透于一切有形有相和无形无相的存在之中。什么是兼容？所谓的兼容性，就好比在一杯清水中放糖或盐一样，通过搅拌，大家就会发现糖或盐已经完全溶于水中，这样糖或盐与水的完全混化就体现出事物间的相互兼容特性。什么是遍透特性？所谓的遍透特性，就好比一种特殊的存在能够进入到某种物质的微观领域——分子、原子、量子、夸克等结构以及虚物质和反物质等存在之中，但又不改变这一切事物存在的形态结构和性状功能，老子讲的“无有入于无间”就是在强调道的遍透特性，这也是道在平常中的涵义之所在。

人在生活中怎样体现出道之性？人的身心活动与自然及社会形成的和谐整体性，即符合道的这种兼容遍透特性。可能讲到这里大家对本体论的认识还不是很明白，那么我们就从三论的关系来着手分析和理解。

其实人自身的生命活动源于道，由人所构成的人类社会也源于道，宇宙间的一切自然存在，同样还是源于道。哪怕是人的每一个念头的产生也都源于道。道是孕生演化整个宇宙自然的那个本体。人的本体即先天一气，亦源于道，以及人的真心自性之本体——实相也同样同一于道。

在刚才所举的日常生活事例中，我们就可以简单地了解到本体论、认识论和方法论的涵义，以及三者之间的关系。人在感觉口渴的时候，就会找水喝，水喝下去之后就会解渴，感觉到舒服。那么人产生口渴的这一念，就是本源于人生命活动的自然需求，人产生的任何念头都本源于虚寂实相，而道之体正是这个虚寂实相。因此人的任何思想言行都源生于道之虚寂本体，即是由道这一本体中生发出来的。对水能解渴的这一认识，是人这一主体对客体水之属性特征的自然反映，这是没有主客体分别的本体的认识，也就像老子所说的“以天下观天下”，这既是认识的本体，同时也是认识的方法。人通过喝水这一行动来应对口渴，达到了解渴的目的，满足了生命活动的自然本能需求，这时认识论、方法论与本体论就和谐地统一于整体运化的生命活动中。

人对自身需求这一本体的认识，对水这一事物本体的认识，对满足自身生命活动的自然本能需求而达成与水和谐关系的应对，从起念到完成整个思想言行应对内容和过程，是“形式即是内容，现象即是本质，过程即是结果”的整体展现。也就是说，在这样的境界中，认识是本体的认识，方法是源生于本体认识的方法，本体亦遍透于认识与方法之中。

常人的分裂与智者的统一

如果人在口渴的时候，不去喝水而去喝其他并不解渴的甜饮料。当口渴而产生想喝甜饮料的这一念时，就偏离了人的质朴之性。为什么会产生这样的偏颇心意呢？主要是源于受感官欲求浸染的习气所形成的偏执性，这种偏执性就自然导致了人思想言行的偏颇。究其根本，人的这种偏执性一旦形成，就会自然显现出偏执的思维参照模式，而这种偏执性思维参照模式中产生的一切心意活动的内容，以及因此所形成的对事物的认识与应对的方法，都是不符合人自身生命活动自然运化的要求的。

简单地说，人的偏执性思维参照模式就是人的假我，而人常常又受假我的驱使，这样在应对事物的过程中，身心行为就会常处在主观的自我想象之中，因此思想言行就会处在与自身生命活动、与自然及社会关系相分裂的状态中。这样人在与其他人、事、物发生关系时，思想观念与行为活动就不可能处在"三论"之统一体中了。

所以人常常会出现"身、口、意"相互矛盾的现象，这都是人的那个主人翁不能做主而假我直接支配了人的思想言行的缘故，在这样的本体、认识和方法的指导下，就会自然出现喝不解渴的甜饮料的行为活动内容，像这样事与愿违，便不能起到解渴的作用，反而造成碍身的结果，这种分裂的人格对人身心健康的破坏性是很大的。当然，人分裂的身心行为，肯定是完全不会符合生命活动自然本能需求的，而且还会与生命活动的自然本能需求相适应、相和谐的思想言行的自然展现内容相背离。从三论的角度来看此事，我们会知道，在身心行为活动与生命活动的自然本能需求之间，无论是本体、认识，还是方法，都不能达成和谐关系的整体性。这就是平常人的本体论、认识论和方法论相分离的状态。

其实，一个呈现圆满觉行的智慧境界的人，可以给社会带来和谐性。因为他具有积极的世界观、人生观，具有整体的、完全的和彻底的智慧人格，在人的生命活动与自然环境及社会中各种事物发生关系的具体实践中，会使本体论、认识论和方法论于人的觉悟智慧中得到整体和谐的统一。

为什么这样说？人处在合道顺德的觉悟智慧境界中，自然会展现出智慧整体观的应对内容，自然会体现出智慧辩证法的实质。这时，就本体论而言，认识者自身与被认识的对象，既呈现各自本然的存在，又都处在同一个不可分割的整体中；就认识论而言，人既是认识的主体，又是认识的客体，还是认识的目标，人是认识论中主客体的和谐统一；其认识所展现出相互关系的方法论也是这样的，在认识事物的过程中，其认识事物的方式方法，既适合认识的主体，同时又符合认识的客体对象，这二者在人的智慧境界中，在展现出来的思想言行中，得到了辩证的统一。这样认识者与被认识对象的本体，在认识论与方法论中得到了完美的统一，即三论合一。

智者圣人在本体论、认识论、方法论的统一体中，是如何呈现觉悟智慧境界的呢？简单说就是“执大象，天下往”的映而不应之境界，是“往而不害，安平太”（《道德经》）的应而不执的境界。要知道，这些都是人生命力呈现出智慧性创造力的根本内容。

那么从文字上如何体现认识论、方法论和本体论的完美统一呢？佛学中有实相般若、境界般若、文字般若、方便般若、眷属般若的说法，如果这五个好似不同方面的智慧呈现“一”的境界时，我们就可以认为本体论、方法论和认识论合一了。对此，我们也可以看看《道德经》这篇巨著，这其中的每一段话，甚至是某一句话或词组短语，都是三论合一的完美体现。在这里我们就信手拈来其中的一段话用以示范说明。

例如，“载营魄抱一能无离；专气致柔能婴儿；涤除玄览能无疵；爱人治国能无为；天门开阖能为雌；明白四达能无知”。这段话讲述了人认识自身、认识自然和认识社会的本体论、认识论和方法论，这其中有认识的对象人自身、自然及社会的一切存在。认识的主体是人，要想达成这三论合一，就必须符合“人与自然及社会是和谐不可分割的整体”这一条件才行。那么这段话符不符合这样的条件呢？我们进行一下分析就清楚了。

在这段话中，“六个能”的涵义表达出人、自然与社会既是认识的主体，又是认识的客体，同时还是认识的本身。怎样才能做到主客统一？那就要看“六个能”后面的文字：人身心活动所达到的整体和谐性境界，如能无离、能婴儿、能无疵；人的觉悟智慧所达到的圆满觉行境界，如能无为、能为雌、能无知。这时的人，所呈现的身心活动状态和圆满觉行的智慧境界，完全是处在三论合一的和谐统一体中的，没有办法分什么是本体论、认识论和方法论。

“六个能”前面的文字也是如此。一方面，人本身就是大自然的一部分存在，其研究和探寻的内容与过程，是绝对离不开人本身的整体生命活动的，所以人在践行见证智慧真理的过程中，其身心活动状态亦是如此——不离三论。如载营魄抱一、专气致柔、涤除玄览，这些文字是指自然环境中动态的人之精气神的和谐运化状态，人在自觉自由的境界中不仅符合了人自身的自然属性，也同样符合了人的社会属性，而且在这个社会的自然中，还符合了宇宙自然的运化规律。

另一方面，人本身就具有社会属性，那么人的一切身心活动都离不开社会活动，所以人在进行社会生活和社会实践的过程中，其思想言行的展现亦复如是——不离三论。如爱人治国、天门开阖、明白四达，这些文字是指社会环境中人的身心行为不仅符合了人自身的社会属性，也同样符合了人的自然属性，而且自然无为地生活在社会中，还符合了社会和谐运化的发展规律。

所以这六句话，直接把人自身的身心活动状态和智慧境界，以及在与自然及社会发生关系过程中的动态平衡的整体运化状态描述出来了，把人自身这个本体，把人混融于自然环境的生存状态的本体，把人在社会生活和社会实践中的和谐整体性的本体，以及认识本体的方法途径和目的，都体现了出来。只有这样，才是本体论、认识论和方法论的和谐统一。

整体即自然

最后我们再强调一点，所谓的本体论、认识论和方法论，都是人认识自身、认识自然、认识社会的规律性的总结，并因此而形成的概念，是为了通过这样的概念划分来帮助人们理解人自身、人与自然及社会关系的理论性的内容。

实质上，人生命活动的自然展现，没有所谓的本体论、认识论和方法论，也可以说人任何思想言行的展现都包含着这三者的整体内容。所有应对的方法都来源于本体及本体的认识，本体也必然展现出与其相应的认识和方法，此三者是同时而混然地呈现的。只不过平常人即使是短暂地处在所谓的三论合一的境界时，也是不知不觉的，何况大多数时间都是处在盲目的、无明的、无知的生活状态中，所以出现三论相互分裂的状态就显得很平常了，也就自然不能和谐地统一于道体德用之整体中了。

圆满觉行的智慧境界，是自然无为地展现出本体论、认识论和方法论之和谐统一状态的，其符合事物存在与发展规律的整体认识，源于主客无别的自性本体；其合度量行的应对方法，源于本体与认识的统一，统一于每一个当下，统一于人、自然、社会的整体中，统一于道体德用中。

浅谈棒喝与智慧

棒喝当下的能所合一

实相智慧的反映规律

开发智慧的原理

烦恼即菩提

孩子的无知是智慧吗

自觉才能自由

棒喝当下的能所合一

在棒喝的过程中，呈现实相智慧的一方所能经验到、感觉到实相智慧的整体性，以及其智慧境界中映现和反应出来的内容，在这个整体当中应该呈现的是内外无别的境界。而且实相智慧在这个不到一刹那的过程中，就是这个当下，运化出的景象与自己所察照的、听到的、看到的是一样的——“能”与“所”合一的境界，这才是呈现出了觉悟智慧的整体性。

所谓的实相智慧，是指人于某个当下呈现了觉悟智慧的整体性，在古时候，修行的人们也对此称之为大智慧。当听到和看到的以及感觉到的都是一样的境界时，就叫“视之不见，名曰夷；听之不闻，名曰希；抟之不得，名曰微。此三者不可致诘，故混而为一”的三元合一境界，那就是顿悟时的明心境界。

当把人脑中心的智慧祖窍玄关打开以后，人的思想意识活动范围就不局限在习惯了的脑智能周边兴奋灶区域，而可以直接进入到更广泛、更深入的智能区域进行智慧性的思维活动，也可以呈现人的觉悟智慧之整体性——虚寂实相的境界。通过进一步的修炼整合，人的听觉、视觉、感觉等系统，就会成为不可分的、圆满的觉悟智慧的整体性映现反应状态。同时，人脑智能的功能，如接收、记忆、储存、综合、加工和提取等智能效应功能态，同样也会在明心的这一瞬间，形成统一性。

不仅如此，人脑的参照系标准，也是在这一瞬间建立了实相智慧之思维参照模式的初次经验。这是非常重要的内容，也因此为未来展现出圆满觉行的智慧状态提供了根本的条件和本质的基础。简单说，人处在这样的智慧性状态下，思维参照模式和思想活动以及行为活动这三者因同一性自然产生了统一体的功能效应。而且接收、发放、存储等智慧功能，是于当下一步到位、当即完成的。所以只有呈现实相智慧的人，在反映事物时才能展现出人与事物间整体运化的和谐关系。这就是人实相智慧的、思想意识活动的整体性智慧功用。

而我们平常人的听觉、视觉、味觉和感觉系统等，需要通过一定的途径才能联系上来。也就是说，平常人的思维内容、思想过程与行为活动是相分离的，首先是需要通过自我的感官功能来接收事物的信息，然后才能反映到脑子里来，在人脑的各种中枢区域进行深加工，最后才再返回来，通过视觉、听觉、味觉、触觉来呈现自己的思想活动或行为活动。

任何一个平常人，在其行为活动内容中，不管是生理方面的，还是身形运动方面的，也不管是粗放的身形运动，还是精微的生理活动，基本上都是通过感觉系统的功能来接收五脏六腑及四肢百骸的运动变化信息的，然后再把各种信息转移到大脑与小脑去，同时在大脑与小脑之间，还存在信息的相互反馈和沟通；这样大脑与小脑的功能再把信息转移到中脑区域，然后再由中枢神经指挥、协调生命活动的运化功能及四肢百骸的运动，并以此来平衡自己的身心形神活动，当然也包括对筋、脉、皮、骨、肉方面的运动变化状态进行调整。

所以在平常人的头脑中呈现的这种思维反应过程，与呈现了实相智慧的这个思维反应过程相比较，那是需要很长的时间的，而且所得出的结论是片面的、不完整的。也就是说，其得出的结论通常是听到的东西是一个方面的内容，而在反应时却是另外的某些方面的内容。

实相智慧的反映规律

当人的听、视和触觉等感官功能产生了能所合一的智慧效应功能态之后，智能效应功能的整体性就会从多方位、多层次等方面来感受某个具体事物的综合性信息与整体性信息，即包括事物的过去、现在和未来，以及上下、左右和前后各事物间的相互关系，还包括各层面运化的各种信息。当然，这种整体性的智慧思维模式，也是与觉悟后的精进程度有关，与智慧功夫的修为层面有关的。

那么人的实相智慧是怎样进行思想活动加工的呢？是脑中心区域的智慧效应功能，与人的脑皮层各功能区域进行整体性整合的。大智慧者的思想活动和思维过程的加工，与平常人是存在有很大区别的，其信息加工的位置不一样，功能状态不一样，那么它所反射回去的内容、信息或者说结果也是不一样的。

具有实相智慧的人，在任何时候，对任何的事物都是从听觉、视觉和触觉等觉受功能开始，同时进行智慧加工。不管是大脑的运动，还是小脑的运动，以及大脑皮层指挥身体各机能的功能，全部都是整体性的反映。它不是某一个侧面的反映，也不再是单单视觉或听觉等某个觉受功能的反映，它是整体性的觉悟智慧的反映，也可称之为自然无为的反应。所以，有觉悟智慧的人就会在当下得出对社会的看法、对世界的看法、对自然的看法、对人自身的看法，而且这些看法的本身直接体现了人的自我身心行为活动与自然及社会的整体和谐性关系；其所呈现出的智慧整体和谐性，是自然展现的清净无为的应对内容与应对过程，即对任何具体事物的映现都是整体的、自然的。

在这里，我们简单地讲述了实相智慧在人脑智能效应工作过程中的原理。我们所讲的这些内容，可能比以前的老师们讲得更通俗一些，所以智慧的学问是一代一代的人传承下来、践行出来、做功夫做出来的。以前有的老师，包括我的老师们也有讲这些方面的内容，但没有讲到这个层面上来，也可能与各自修为的见地有关。

我们现在通过对智慧功夫的践行所见证到的内容，确实是继承发展了教我智慧行的老师们的思想方法和科学理论，所以才有可能产生这种比较方便、善巧的开发根本智慧的理法。如果我要按照宗教神学与玄学的内容来践行，那么也就无法见证到这些内容了，也就不可能形成今天我们所讲的这些内容了。

一般来说，平常人反应事物是片面的、僵化的、偏颇的。就像有的人提出的问题一样，上火车的时候感觉那个车往西走，实际上是往东走，虽然别人告诉他说往东走，可是知道了以后自己还是变不过来。其实把衡量这一事物的参照标准变过来就行了，为什么还是变不过来？那是因为你这个脑的神经反射系统，神经反射信息的流动方向——信息运动方向上产生了错觉。你的脑神经反射系统，总是投射到习惯的脑皮层兴奋灶功能区域，所以摄收信息的运动方向就是异常的运动内容，或者是错误的结果。你所看到的信息内容以视觉功能为主，你感受的信息就是它，你反射出来的内容还是它。

如果脑中心的智慧祖窍打开了以后，你看到的东西就与感觉的东西、与听到的东西整合了，它就成为一个整体，是一个自然的反映内容。它出去的时候就不分原来和过去的路线，它没有过去的路线，它是一个整体的，“啪”往外，就出来了。信息既反映到身体里边，又反映到脑的各皮层组织的功能态中，而且是同时、统一地在反映此内容，并能够把与此内容相关的其他各种信息内容自然地协调好、整合好。

现在大家知道了吗？具有实相智慧的人，在反应事物时，其大脑、中脑、小脑和中枢神经系统等，都是同时在进行着映现和反应的，都是同时在调动各种各样的不同信息的，也是在这个同时的过程中得出自然映现或反应的结论的。任何人修身养性，都必须要践证到这样的智慧功夫层面才行，也一定要证到这个水平才行。如果没有实证到，而仅仅只是从理上明了这些内容，那肯定是不行的，证不到这个层面，人的智慧修——明心见性就不可能圆满。

开发智慧的原理

打开脑中心的智慧玄关窍，仅仅只是具有了明心的生理基础，明心以后还必须在明师的指导下进行自我意识改变的修炼活动，也只有在明师的具体指导下去践行二入四行的内容，才能使明心者开出实相智慧的圆满圣果。修正思维活动、思想意识活动与行为活动的过程，是任何一个发愿修证实相智慧者的根本课程。

当人脑中心的智慧玄关窍打开以后，在明师的身边，按照老师所讲的内容去修，那么你的思想意识和思维参照模式，以及参照事物的标准，都会在修证的过程中，不知不觉地、潜移默化地变成了与老师相符合的、与自然环境相适应、与社会关系相和谐的智慧应对模式。这都是由于明师自然无为的觉悟智慧在现实生活应对过程中不断熏染你的结果。这种大智慧的运化内容与运化过程——那种自然符合升降开合聚散化的智慧运化整体模式，它是会在一定的时期内很快地把你脑子里的那些僵化、狭隘的思维模式打破的，并把那些固有的观念、观点和概念打掉。只有这样才是开发根本智慧的捷径，人的身心整体才能转变过来，就是这样的过程。为什么我们会转变得那么快？就是因为自觉地遵循了开发根本智慧的这个原理。

烦恼即菩提

“烦恼即菩提”，那是指烦恼与菩提都是一个东西里衍生演化出来的，不是说第八识为种子识吗？二者的关系就像水与水波一样。烦恼即菩提，是对实相智慧整体性的最简单的描述。在人的实相中，是没有这个识那个识的。只是在对实相本体衍生演化的内容和过程进行所谓的逻辑推理，才出现了八个识的分析结果。在第七识里不是有思维活动的参照系吗？烦恼即菩提中的烦恼，就是参照系中的内容。不管是第七识也好，还是第八识也好，其实都是种子识里的内容。在佛学中，佛学主要是讲因缘和合的内容，它主要是指在实相智慧的本体中，就包含了所有的各种因缘的种子在里边，就是说宇宙间万事万物的各种信息都已经有了。

现在大家需要了解的是，人的眼、耳、鼻、舌、身、意是前六识，然后才是人参照系标准的体系——第七识末那识，所谓种子识，即第八识阿赖耶识。从根本上讲，人对任何信息的反应，只要你能检索到的各种信息都与虚寂实相这个本体有关，只要有信息传递过来，那么人的所谓种子识就会启动，出烦恼或出和谐什么，其实都是由它出的。大家都知道"道生一，一生二，二生三，三生万物"(《道德经》)，都是人的自性真心与道相合时才认识到的规律。而人的心性本身与宇宙自然的那个根本——道的属性特征，及自然运化规律的属性特征，基本上都是一样的。

说"烦恼即菩提"的意思就是这样的。那么欢乐是不是菩提？欢乐不就是菩提吗?！笑是不是菩提？笑也是菩提；那骂人的时候是从哪骂的？难道不是你心性里衍生演化出来的东西？痛苦也是菩提里产生的，也是心性里边流露出来的。人一下捡了1000块钱，那个高兴劲，"哎呀，我今天发大财了"，这个贪心和高兴从哪起的？都是从人的真心自性这个本体那里衍生演化出来的。但是，从古至今的任何一个平常人，都认识不到虚寂实相这个根本智慧，古往今来的实修者也极少有人见证"烦恼即菩提"的智慧境界。人的生命本能三形态——愚昧形态、情感欲望形态和善良形态，皆出自人的感官功能，出自人的感官心意。所以没有见证实相智慧，那就不可能呈现人的觉悟智慧。（编者按：关于"生命本能三形态"，详见刘战魁先生译解《薄伽梵歌》的讲课内容。）

孩子的无知是智慧吗

有同学问："是否小孩在四五岁以前都是处在明心的层面？是否

他们只是缺少自觉?"其实小孩子在四五岁以前，不是处在明心的层面。虽然孩子会出现整体反应事物的现象，但那不是明心状态。小孩子糊里糊涂的，那只是一派天真的无知境界。如果说孩子的这个状态像明心，那也只是因为孩子所展现的那个没有分别、不执著的自然道德的智能特征，还没有形成人固有的观念和各种各样的概念，因此只能在某种程度上体现出不分别的状态而自然地反映事物。但是人的主观能动性以及大智慧的智能状态却展现不出来，即人的自觉意识展现不出来。

随着人的成长，在长大以后，就会积累各种知识和人生经验，这样便会使自己形成各种各样的观点、观念和概念，就会形成人对自然环境、对社会关系、对人自身等等的认知。而这些所谓的认知，就成为了人自身创造精神和物质财富的基础，但同时又养成了人对这些认知的依赖，并形成像框架一样的固有、片面、偏执的思维参照模式。在这样的情况下，人的自然质朴之性——虚寂实相这个根本智慧就受到了蒙蔽与屏障，因此也就开始形成了自私、狭隘、利己的人生观。

对此，就需要我们一起来共同地学习、了解、认识人生的存在真义，并通过修身养性的磨砺来修炼己性，全然去践行“损之又损之，以至于无为”(《道德经》)，就像回归小孩子时的那个天然无琢的状态、对事物没有分别的清净心状态一样，使这些知识、经验不成为自性呈现的障碍。

但是很重要的一点，就是有大智慧的人与小孩子存在有根本的不同点，就是一个有智慧的人能够把自己以及别人所获得的知识和经验用于生活之中去，并能够应运自如、恰巧得当。既有“为学日益”的内容，又有“为道日损”的内容。这就是小孩子根本就无法做到的。

所以，人开发根本智慧的过程，就是把从小到大形成的各种知见克除掉、净化掉的过程。这一过程就是通过修养自我身心，使自己的身心活动状态符合返朴归真的境界要求，是个从不知—知—知见的产生一最后达成“知而无知”的过程。无知是有知而不执于所知，不是只有本能而没有智慧的主观能动性的空白一样的什么都不知，所以小孩子是无法自主生存的。要能够见证到开悟明心的境界，人才能逐渐呈现出大智慧的德相。孩子是大智慧吗？孩子显然不是大智慧。现在明确地告诉你们，还处在幼年时期的孩子，基本上都处在不自觉的状态下生活，而大智慧者则处在“知不知上”（《道德经》）的状态下自觉自由地生活。有了觉悟智慧的人基本上都具有无师智，所以无论他遇到什么事，都会因清净心而自然产生明觉之智的！

如果把人产生愚昧的根源，归结为对自然环境、社会关系、文化知识的学习以及观念、观点和概念的产生，认为应该摒弃一切知识与认知，把观念、观点和概念都空掉，其实那仍是固执已见，仍是彻底的外求。的确，人们通过对自然环境、社会关系、文化知识等内容的学习，产生了各人思维参照模式中各种观念、观点和概念，但那些观点、观念和概念本身是没有错的，而且它们还是指导人们认识自然环境、了解社会关系、和谐人际关系、丰富生活内容的必要条件；只有当我们执著于这些观点、观念和概念的时候，才蒙蔽了人的真心自性，才把假我当真我，继而形成了无知的愚昧与贪欲的无明。也就是说，人的愚昧与贪欲，并不是各种知识和认知造成的，而是因为执著于这些知识与认知，是这样带有偏执性的以自我为中心的那些观点、观念和概念造成的。所以对待各种文化知识和人生经验的积累，还是需要我们从小就开始学习，直到离开人世间为止——“为学日益”的内容必须有，只是不要执于自己的所知——“为道日损”。

人形成思想意识的障碍不是知识的错，也不是经验的错，而是我们的思维方式、参照事物时的标准体系出了问题，是人的偏执性障碍了自己的成长，是分别心障碍了实相智慧的呈现，是人的妄想心把自己抛进了痛苦的深渊；是人学了知识而不会用，不会用这些知识去达成身心活动的动态平衡，去达成自身与自然、与社会的和谐关系，而一味执著地将其变成满足自己贪欲妄想的工具，变成破坏人、事、物之间本有的自然和谐性的工具。这样愚昧就形成了，障碍也就自然地产生了。这是知识和经验的错吗？根源没有溯清，就不能道听途说、望文生义，更不能断章取义地去理解别人的话。

我们修身养性，正是要回到这个念头生灭循环的根源处，即产生思想意识活动的源头，从产生意识活动的根本点下功夫，而不是去改变形式或知识结构这些外在的东西。

至于明心以后，在明师引导下智慧是一年一年增长的，不是一打开什么都有了，那就不是从顿悟起修的。如果是像过去修丹道的，修修修……修到结丹，什么功夫都有了，就差明心见性了，那么在这样的功夫修为的基础上一打开，就什么都有了；或者是证透了四禅八定，然后再当下明心见性，这样肯定会呈现觉悟智慧的。即使是到了这个阶段，人的觉悟智慧还是不能完全呈现出来，还需要到社会中去圆满觉行。

现在在座的大家不是经历了这些过程走出来的，你们是通过棒喝一下子喝出来的，根本没有践证智慧功夫的基础，所以不要去进行对比。你们在以前什么技能都没有，身心活动表现出来的思想意识是偏狭的，这样体现出来的人格就都是分裂的了。像这样的人在思考问题时，在应对人、事、物方面的表现时，就好像是缺胳膊少腿一样。如果人思想言行的表现是残缺不全的，那就会以“缺德”的境界来应对万事万物。所谓缺德，是指做人的德行有欠缺。

有的人认为：当三元合一了之后，人的这个参照系就会马上改变了，变成了另一个参照系。实际上一个人哪有两个参照系？人的参照体系，其实就一个。智慧玄关祖窍打开了以后，人世俗的参照模式的改变就有希望了；如果人的智慧玄关祖窍没有打开，想改变自己的思维参照模式，那就很难了。

其实，在社会交往的过程中，人表现出来的思想言行有时候是很笨、很傻、很狭隘的。只是由于自己不知道或者是看不出来，所以才不觉得自己的身心行为所表现出来的活动有什么不妥。你们别以为人有多了不起的聪明，如果人处在犯迷惑、犯傻的境界里，有时候还不如只有本能的动物，连动物都知道感恩。

你们看看，现在有好多人是得好不知好的，是不知好歹的人，你给了他生的希望、给了他良好的健康信息、给了他开发智慧的信息，他们却因贪欲心而变得昏聩，因无知无明的迷昧心行却不知好歹，相反地还往你这儿“哐、哐、哐”扔石头！

自觉才能自由

请大家修身养性要修大智慧，可别修愚昧。别把人自身想得太高级、太完美了，人在不自觉的时候，不理智的时候，其实跟畜牲是一样的，只不过从外表看比其他的高等动物要高级一点。（众笑）

人类的发展方向，是需要走向自觉自由才行的。你们看，现在的狗该有多聪明，给吃差了一点，它都不吃，你昨天给它那份饭，你今天还得给它拿另一份来，否则它不吃、拒绝，它也会通过绝食来要挟你，就不吃这个饭。有时候一看到主人来了，或者是能使自己高兴的人来了，它就会给你摇头晃尾的。

现在的科学技术发展了、发达了，就连现在生产的玩具狗都能设计成这样，多聪明啊，比处在分别、执著、妄想中的人要聪明多了。当人处在自己不高兴的情绪中的时候，来了客人也不知道调整一下自己的情绪，有时候还翻脸不认人哪，还会把自己的不高兴转加给别人、迁怒别人，那就是什么？人自身以自我观念为主，受这个假我的奴役、并蒙蔽了自己的主人翁。所以人是一定要走向自觉自由的！

大家现在想想看，没有自觉哪来的自由！现在有很多人说“自由自觉”，其实自由是在自觉以后的事，人是在有了觉悟智慧之后才能获得真正的身心自由。没有觉悟智慧，你自什么由？你以为身体好了就可以自由了吗？非也！

棒喝与破执

有念不住即净寂

棒喝直指起心动念

棒喝的规律

围追堵截 言下顿悟

棒喝之法无定式

阿基里斯永远追不上乌龟

理事结合 平常中修

有念不住即净寂

人如果能够处于自然无为的境界中，那就是没有偏执、不进行分别的觉悟智慧境界，这样人也就能够免生妄想，如如不动。

学生：如如不动，就是脑子里呈现的道的那个状态吧？

对，但是也要知道，不能把道的净寂状态理解为脑子里什么都没有，不要简单地理解为脑子里没有一丝一毫的念头。如果是那样的话，那就不是见证道的境界，那就把道的兼容性和遍透性抹杀了。这样人就走向了不可知论的妄想中。

实际上，从古至今的高功大德，在见证道或实相境界的当下，都是处于那种既是绝对存在的净寂境界，又是同时与其他境界混然一体的、灵明妙觉的、整体和谐的觉悟智慧状态。不是说那一刻在脑子里面没念头，而是脑子里面还有其他的很多念头，但是人的自性真心此刻却不去反应这些念头，而且那个能映现但不反应的自身，即是人的主人翁。人的主人翁的这种映现功能也能清晰明了自己的身心活动及其自然环境和社会关系的变化状态，也就是说，人的主人翁能够呈现出和谐性的整体映现的觉悟智慧境界。我们说这种境界，就是所谓的如如不动的觉悟智慧境界。

具有这样觉悟智慧的人，当他映现事物时，应该可以这样说：他是处在既是提起、又是放下的觉悟智慧境界；既不会跟着其他的念头跑，也不会因纠缠而住在某一个念头或觉受之中，那便是“性空即有”的觉悟智慧境界。

人如果执著于脑子里的概念、观念或观点，而想去熄灭那些自然生出的念头，那就是妄想心的变现，那就住在了顽空的境界中。这种行为的表现是人行邪道的冥顽不化的愚痴状态。从古至今，很多人在这方面都会犯自以为是的错误，认为自己见证到了“空”的智慧境界。其实不然！即使是证得了这种所谓的空，那也是顽空。就算是真入了空定，感觉不到其他的念头了，就认为是没有念头的境界，好似是进入了非想非非想定的状态，那也不是根本实相的智慧境界。人不可能没有念头，有念头不住念头，不执著于念头便是净寂的境界。

棒喝直指起心动念

今天在棒喝的过程中，就像刚才，我叫你过来，你起身回应，那就是你著了。也就是说，你的那个心著在了我叫你的境界中。那怎么样才能做到不著呢？人只有处在自性之中的那种映而不应、应而不执的明晰境界，那就肯定不会著。

比如我打你，那是因为你著了念头，是因为你已经住在某个心意活动上了，即因起心动念而遮蔽了自己的主人翁。你们要知道，禅师们口边常说的“这个”，是指人的真我之主人翁。昨天的施教法是临济的“喝”，但对于大家来说没有用，而今天用的是德山的“棒”。大家知道吗？棒打也是“喝”。

大家现在对棒喝的这种教育法明白了多少？你们知道我为什么要那么问吗？就是让接受棒喝传承教育的人，不要起心，不要动念，不要使自己的那个“心”随境界转、随人转、随物转。也就是说，在这个时候，大家的心性与自己这个人，都需要安住在本位之中，不要随着我提的问题转，知道吗？人的心只要与具体的问题、具体的事物结合，那就不能安住本位，那就一定是外求。只要心随意转、神为念奴，那就是身外求法。我所讲的这个“身”是实相法身的意思。

人如果能够于当下一念不著，那便是空性；如果能够做到只是自然地去反映，而不是主观地去反应，那便是空性之中所现的妙有。如果你一著念，你就会起反应、有回答，那么念头的生灭就永远没有尽头了。

当我们在运用棒喝的方式去帮助他人警觉和认识意识的内求与外求时，那些没有理论基础的人最能够显现出无知的愚昧相。像这样的人，他会不断地提出问题，并不会自己去悟，就希望老师不停地来回答这些问题。这样只能学到知识，而不能起到帮助自己于某个当下见证虚寂实相这个根本智慧的作用；只能依靠人常态智能的思维参照模式去理解、去推论，像这样学智慧文化，自然无法帮助自己呈现智能效应功能态的整体性，即无法呈现出大智慧的自然映现反应功能。

围追堵截 言下顿悟

有时候，我会不断地给你们提问题，追赶着你们提。无论你怎么回答，我都会知道你们的境界怎样，并能够从中找出新的问题继续提问，也就是有意提问的。这就是“围追堵截”的教育法，是让你最后不能依赖于常态的思维参照模式去分别、去妄想、去执著。如果在这时，你还要不停地生妄想、妄念，那就没有办法进入到实相智慧的境界中。一般的人，哪怕是有些修行人，也不大懂得般若二字的内涵。所谓般若智慧的涵义是指人于每个当下都能明觉到虚寂实相这个本体，并同时由此衍生演化出符合人、事、物关系的和谐整体性之用，此即觉悟智慧之用。

只要是一个活人，那么在这个活人的脑子中，肯定会始终存在着念头的不断生灭循环。如果人跟着因感官功能而产生念头的那个假我跑，那么你就会进入到执著感官心意、感官对象、感官觉受、感官刺激的贪欲无明和愚昧无知的迷宫之中，会始终用自己的念头在里边找，用自己的观念来衡量，用自己思维参照模式中的标准在里边查找答案。像这样的人总会想：应该是这样的结果，应该是那样的结论。如果总住在自我印象中的概念、观点和观念的境界中，总停留在你那个生产思想意识活动的思维参照模式当中，总依照自己已经熟悉了的、习惯了的、方便了的、习气的和直接兴奋的思维方式来考虑问题，这样也就自然地堕入到那个原有的、固定的恶习之中了。这样一来，你怎么会有自然无为的觉悟智慧呈现呢？

自然无为的觉悟智慧，呈现的就是那个没有固有、僵化和狭隘的思维参照模式，没有个固定的想法出现。那么现在的你，在想问题或是思考问题的时候，就是那个固定的东西在起作用。比如我一叫你，你就答应；我一打你，你便反应。这个答应、这个反应的思维参照模式，就是固有的、狭隘的、僵化的愚昧无知的主观表现。想修养意识的人会经常住在这个理中，很难转过来。只要一转过来，那就是悟了。

棒喝的规律

学生：有这个固定想法，是因为有参照系的问题。

是的，你总是把参照系的东西当作“我”来认定事物，那到底是真正的那个主人翁在认识事物，还是假我在认识事物呢？

学生：但是人又不可能没有参照系，这又怎么办？

不是说要你没有衡量事物的参照系，除非是死人，否则谁也不可能没有参照衡量事物的体系。而是说，你的参照系内容、衡量事物的思维参照标准是偏颇的，你用这个偏颇的思维标准来参照一切事物，那怎么可能反映出事物的真实存在？所以就需要你们这些所谓的修身养性之人做到不执著，念头不住，需要建立一个这样智慧的整体辩证的参照系。

大家现在明白了吗？所谓破平常人的参照标准的体系，那是需要你们做到不执著、不分别、不妄想的。如果能够于警觉性中，不住、不著、不停留于过去心、现在心、未来心之中，那么你就开始进入到破除“人我执”的智慧功夫境界。如果你们能够在人的自我感官功能这个本能情趣的层面去进行修养，那么就自然地从破“人我执”进入到破“法我执”的觉悟智慧功夫的境界中。

大家一定要明确，破执的全部功夫内容，不是完全摒除人的参照系辩证方面的内容，不是。而是通过智慧功夫的修养，来消除掉人的偏执性，这样才能让你把假我转过来，从而呈现出真心自性之真我。

人践证智慧真理的成长过程，就是把自己的偏见转到正见方面来的过程，也是形成正念、正智、正觉的思维参照模式的过程，而不是没有参照系标准的内容了，也不是没有思维活动的反应模式了，更不是没有思想念头了。就是说，昨天打你也是白打了，因为你在参与棒喝的活动中，思想言行的表现就像猪八戒一样，表现出来的是贪执的品行，以后还得再棒喝。

我现在所讲的这些内容，都是临济和尚总结的棒喝规律中的理论内容。只不过通过现在的我，把这些所谓的理论内容在你们面前重新示现了一次。如果在上课之前，我明确地讲今天给大家做棒喝，并把这些理论性的内容宣讲一遍，然后再来搞棒喝，那么你们大家就会执著于这些概念了。

棒喝的理论内容，它叫什么？叫特殊的义玄禅法，有三玄三要、四料简。临济和尚提出了“四料简”、“四宾主”、“四照用”。

所谓四料简，即夺人不夺境，夺境不夺人，人境俱夺，人境俱不夺。

所谓四宾主，即参者为宾，照察者为主。这个主宾之间的关系，可以看做是自性真心与假我之间的往来关系。能够展现这种主宾关系教育法的人，一定是一个具足大觉悟智慧的人，因为只有具有了觉悟智慧的人，才有可能鉴别到这种所谓的主宾关系；没有正智正觉的见地，那是肯定做不到也看不清这种主宾关系衍生演化的不同境界的。主宾关系大概有四种情况：宾看主，主看宾，主看主，宾看宾。

在这里明确地告诉大家，切不可把“主宾”理解为主人与客人之间的主客关系，在这里的主宾涵义是一种拟人的比喻手法而已。当然，在人际关系中，也确实是存在主人与客人之间的主宾关系，同时在主宾之间肯定会存在一些语言的往来。无论是内心世界中的主宾关系，还是朋友之间的这种主宾关系，只要是发生了交往的内容与过程，那么都需要通过人的觉悟智慧来映现和反应。

所谓四照用，即人主人翁的明觉——映而不应的功能为“照”。这个明觉功能，也就是我们常说的觉悟智慧的整体性属性。自性真心的灵慧反应功能为“用”。这个灵慧反应功能——应而不执的功能，也就是我们常说的觉悟智慧的和谐性特征。像这样的情况有四种：先照后用，先用后照，照用同时，照用不同时。

棒喝理论中三玄四料简的法则，就是让你的那个“身中意”没得出处，只能是当念头要起还未起之时，回到自性本真之中，只有这样，人虚寂实相的根本智慧才能呈现出来。你们知道吗？打你，是不要你执著自己固有的那个惯性的兴奋点思维反应模式，是不要你偏执于自己僵化了的参照系标准的反应点——习惯了的线性思维参照模式。

以上所讲的内容，就是让大家一起共同从思维规律的层面来认识觉悟智慧的属性。那么，从人思想意识活动的现象上来看，也就是破面子、荣誉、人格等内容。因为你们不知道什么叫念起啊！这些都是为了让你们能于当下明了内求的精要，这也就是言下顿悟教育法的内涵与外延的髓核之所在。

棒喝之法无定式

临济和尚以棒喝法来育人的智慧力量是挺大的，他座下有很多人开悟了。但是，有些开了悟的和尚还是见地不透。为什么会出现这样的现象？那就是因为践行不彻底造成的。棒喝的规律已经展示在我们的眼前了，这个东西好不好？肯定好。但就是因为方式方法太简单、太直接、进入得太快，所以发展到后来，那些所谓参禅的大师们就不怎么做智慧功夫了，就逐步放弃了做身心合一的功夫了，即不懂得见证觉悟智慧还需要身心实修的功夫以及在日常生活的点滴细行中的磨砺，不懂得见证圆满觉行的智慧才是呈现身心活动之和谐整体性的根本要求。这样也就停留在口头禅上用功夫，在无形之中把开发般若智慧的本质内涵给弄丢掉了。要知道，人如果只净化自我、修养意识，而不做命功，那么即使是获得了开悟的结果，那也只能表现出干智枯慧。

你们果真能从理上悟入，明白了以后，就清楚了人的本来面目是什么，那才是悟后起修的开始，这样人就可以在日常生活当中，在与事物发生关系的点滴细行的过程当中，不再执著。

什么叫本来面目？你当下一念不执著，便现本来面目，这是当下顿悟的最根本原理。昨天棒喝演完了，你们读不懂，那你们就知道了理入的重要性。如果到现在还不明白，那以后就要注意加强学习这些理了。其实，不学理来我这里没什么用，像这样浪费时间，还不如在家享受世俗的所谓的天伦之乐。如果一个人没有明确的人生目标，也不能坚持通过精进来改造自己，那以后最好别到这里来，来了以后一问三不知，这样既会耽误别人的时间，也会浪费老师的精力。我知道你们的想法，来这里的目的，不就是想让老师给你们做当头棒喝？可是人在不明理的情况下，即使是老师“喝”了你，你也不知道。大家以为老师非要你们安静、放松……这样才叫棒喝？

你看，大家的脑子里总停留在妄想的框框中，停留在过去固有的观念上——等好了，安静，好了，来，“咣！”一下……你们现在是有了这样一个格式了。开发人的觉悟智慧的棒喝教育法，是没有格式的，哪有个固定格式？日常生活中的点点滴滴，哪一点不是觉醒之法？哪一滴不是觉行之法？

大家一定要明白，“佛法在世间，不离世间觉”，要知道佛法涵盖了一切世间法，所以说一切的世间法都是佛法。但是，不要把佛法理解成经文或经书，也不要把佛法理解成法师或方丈，佛法更不是指天上的神灵或被神玄了的佛。那么佛法到底是什么呢？简单地说，就是使人成就觉悟智慧的方法，是法无定法的。

打个比方，那些犯罪分子是怎么犯罪的呢？就是自己平时的那个起心动念，已经形成了固定的思维参照模式和思维惯性。当人不注意自己习惯了的思想方式，疏忽日常生活中的点滴小事，行为活动粗心大意，不注意生活的细节，那么人就自然地背离了生命活动的运化法则，自然地破坏了自己的生命活动轨迹。所以，人就肯定会在不知不觉中出现偏差，偏差的思想意识和行为活动的结果现前，就是不断地犯错误，直至最后做了毁灭性地犯罪活动。人的任何罪业都是在偏执性思维参照模式的主导下造成的。

这样的思维惯性模式是怎样出现的呢？平常的人，在生活过程中，没有建立起反省机制，于平时不在意，就很自然地住在这个念头上了，然后会无明地跟着这个念头跑。像这样一直走下去，就犯过失、犯过错、犯罪惹祸，最后还不能明白做人的道理，那就有可能造成更严重的后果，甚至是把人给杀了，这样也就犯了死罪。犯错以后可以悔过，犯罪以后也可以自新，但是到了犯杀人罪的时候，还有后悔的余地了吗？怎么当时自己就一时冲动呢？其实根本不是“一时”冲动，而是你平常惯性的思维参照模式中的意识活动本来就是像这样放纵外驰的，没有一点警惕性，没有一点自制的能力，一直都受假我驱使，所以这是由无明因必然产生的无知果。

其实人做错任何一件事都是一样的道理，都是起了利己的私心以后，就会跟着这个贪念走，最后就把这个事情做坏了，是不是这样？所以，昨天像这样演绎棒喝，就是为了从这个根本上入手，告诉大家如何止念，学习如何当下知止的道理。当你知道了如何止念，并在日常生活中不著这个念头，那就是我们通过讲课教授意识修养与智慧修证理论的方式，通过实际的棒喝演示，让大家了解怎样才能做到破无明、消愚昧。像这样去修就是不著念的践行。

人不是没有念，是不执著于任何一念。说了难道你没听到吗？我说：“行者，过来！”你已经听到了我叫你的声音，能于此刻当下进入，那么你就不会执著于它，这个念不就消了吗，是不是这样的？如果你产生这样的想法：“老师叫我，我是过去对，还是不过去对？过去的话老师会说我起反应，那就不过去吧；可是不过去，老师会说我遇事不应对，怎么办啊？”其实你过来不对，不过来也不对。为什么？想一想。

为什么我叫你们，你们过来的人挨板子，不过来的人也挨板子？因为你的观念就停留在“过去”和“不过去”的思想活动中，而不是无为的行动上。你的思维就在判断哪一种做法是正确的，没有返观内求去找起心动念的那个源头。只要你有一个念头，住在“我叫你”的这个事上、这个境界上，那么你就肯定错了！无论你行为活动上表现的是过来还是不过来，都已经没有意义了，你已经从根本上偏了——念头一与我说的话结合，那就是外求了。

可是你们意识不到这个问题，很多人还以为不过来的这个行动就是不反应，就是做对了，结果还是挨板子。你行为上虽然没有动，但是脑子里的念头已经转过八万四千个了，因为你们不知道向那个内在的本性去找。

所以，你是过来我也打板子，不过来我还是打板子。你可能还在那里想：“到底怎么做才对，为什么怎么做都挨板子呢？”对！就是让你起疑，堵住你外求的路。你总停留在“怎么做”这个外求的思路上，那我就把两头都给你堵死，把前后、左右和上下都给你堵死，让你没路可走，没地方可钻——既不知道外求，又不明白内求，这样就在当下进入了。这就是“行在当下放下”之教育法的意思，这也就是让人进入到那种“上无片瓦遮天，下无立锥之地”的虚寂实相境界的教育法。

这时的人，是处在那种混沌的状态，处在那种无内无外、无始无终、无边无际、不断不常、不增不减的境界中，这样才能够达成无欲无求的觉悟智慧境界。如果你能够从理上明了，转向内求去找起心动念的那个根本，那也是错的。只要你有半个转向内求的念头出现，那就是外求。只有出现了既不是外求、又不是内求的境界，那才是修行的人们大谈特谈的所谓“内求”。否则，你们知道了要内求的这个理论，却始终不能把理与事结合起来，遇到事还是做不到内求。

我昨天用这种棒喝的方式，给你们立起一个“事”，给你们创造了这个机会，以便使你们能够认识到，把自己所学的这个理与棒喝过程演化的事结合起来。当然，平时的生活内容也应该是这样理法不二的过程。如果你们通过这个事，明白了在事上怎么去内求，那么讲这堂棒喝的课就有意义了。

这是我给你们打的一个比方，当然也是棒喝的内容。你如果能够听明白以上我所讲的道理，那就好了。讲理是为了让你把这个原理学会，并用到平常生活的每一分、每一秒当中去，会运用了，完全掌握了，那么我告诉你们，这就是般若智慧。

阿基里斯永远追不上乌龟

当然，任何一个平常的人，都是会偶尔自发地出现自觉性的，那不能叫般若智慧。佛说“众生皆具佛性”，那是由道的兼容遍透特性所决定的，每一个人都是从无始来的，都有这种境界。但你不能觉察到它，所以不能把它连续不断地呈现出来。为什么？因为你不认识自性真心。在你的参照系中，没有拣择自性真心的参照标准，因此你不认识它，你当然不会自觉地把它呈现出来，是不是这样的？所以，要你不著自己的念头，而是让其自然呈现，不住、不停留使其自然呈现。

学生：如果是这种说法的话，那我们动脑子思考，或者干什么事情，那应该都不是自然呈现的，对吗？比如说用逻辑，或者用推理。

是的，你们都是有意识地去思考的，你还没到那个自觉自性的自然呈现的智慧程度。当然不能排除人是有自发的自然呈现智慧的情况，那就是人们常说的灵感思维。人在常态智能下认识事物时所运用的逻辑思维是不可靠的，可能说了你还不相信，但事实就是如此。

在国外，有位极善诡辩的哲学家，他提出了“阿基里斯永远追不上乌龟”的这个诡辩命题。阿基里斯是古希腊神话中善跑的英雄。他的这个命题是：假设乌龟先爬一段路，然后阿基里斯去追它，但是他认为阿基里斯永远也追不上乌龟。

为什么？这位哲学家用常人最信赖的逻辑思维去推理：因为在阿基里斯起跑的时候，乌龟在他前面A点的这个起跑点上，他在追上乌龟之前，必须首先达到乌龟的相对起跑点——A点，可是这时乌龟已经又向前爬了，到达了另一个相对起跑点——B点。阿基里斯再向前追，同样也是要先到达B点，赶上这段路，才有可能追上乌龟；可是当他到达B点的时候，乌龟又向前爬了……

所以这样推理下来，无论如何，阿基里斯都必须要先到达乌龟的相对起跑点，而那时候，乌龟一定是已经到达了另一个更靠前的相对起跑点。因此，哲学家得出结论：阿基里斯和乌龟之间的距离，可依次分成无数小段，阿基里斯虽然越追越近，但永远也追不上乌龟。

我们所有平常的人，在听到这个观点时，可能都会感觉很可笑，认为这位哲学家是疯子，是傻子。为什么？因为实践告诉我们，这个推论不成立。但是从逻辑上，你能否定得了他的推论吗？这就是常人认识事物时所用的逻辑思维。

在世俗的社会中，人们是非常信赖和依赖这种自我主观的逻辑思维的，以此来判断是与非、对与错。可是逻辑推理与事实常常是不一致的！但大多数人都认识不到这一点，习惯性地依赖固有的文化知识、生活与工作经验等，依赖于逻辑思维去认识事物。

古时候有很多的诡辩家，外国有，中国也有。他们并不是为了口才和聪明才智的卖弄，而是用这种逻辑与事实最能展现出矛盾的情况，针对人们对于逻辑思维的依赖，为人们敲响警钟。不要执著于逻辑思维，而是在实践中自然地应对，这样，人才能呈现事物的本然存在。人对于固有知识的执著是很可悲的，把我们天性中本能应对事物的能力都给抹杀掉了。

我们再举个例子。英国有一家报纸，曾举办过一项有奖征答的活动，题目是：在一个充气不足的热气球上，载着三位关系世界命运兴亡的科学家。第一位是环保专家，他的研究可拯救无数的人，使其免于因环境污染而面临死亡的厄运；第二位是核专家，他有能力防止全球性的核战争，使地球免于遭受灭亡的绝境；第三位是粮食专家，他能在不毛之地，运用专业知识成功地种植食物，使几千万人脱离因饥荒而亡的命运。这个时候，热气球即将坠毁了，必须丢出一个人才能维系住平衡，使其余的两人得以存活，请问该丢下哪一位科学家？

这个问题刊出之后，因为奖金数额非常巨大，群众参与的热情不断高涨，应答的信件堆积如山。在这些信中，每个人都竭尽所能，从各种角度分析，罗列无数的例子，来证明他们认为的应该丢下哪位科学家的观点。最后在活动结果揭晓的时候，巨额奖金的得主却是一个小男孩。他的答案是：将最胖的那个人丢出去。

人总是被自己所谓的理论知识和经验所影响，被自己主观的观点、观念和概念所束缚，用这样形成的偏执思维模式去参照事物，已经无法把握事物的本质了。道是至简至易的，可是大家非要把它弄复杂化。比如，在这个例子中，关键的本质问题在于负荷的轻重，即如何减轻热气球的载重量，就是这么简单的问题。可是加了几个条件之后，你就被绕到里面去了，你的逻辑就开始分别、开始判断了，你就会把自己所学的全部理论知识，都拿出来用于支持自己的这个判断，结果就把本质给丢掉了。

然而那个孩子却没有固有的观念，所以也就没有什么东西能障碍他得出正确的判断；而依靠理论、依靠知识、依靠经验的成年人，对这些外在的条件要比那个孩子知道得多，什么环境问题、什么核问题等等。任何一个人，如果在自我的思维参照模式和思想意识活动中，没有偏执僵化固有的概念、观点和观念来障碍自己，那么他就能够自然地去反映出这个事物的整体，这样才能够呈现出符合事物本质内涵的特性要求。

所以，大家一直以来所学的文化知识，包括人生的经验等等，都有可能成为人认识事物的屏障。当然，能否成为你的障碍，关键要看你自己与正在发生的事物之间所呈现出来的关系。这种关系如果体现出的是人与自然的整体和谐性，那么人的所谓主观世界与客观自然事物就是处在混然不可分的整体状态中，这时我们就知道了人的这种主观意识，也就是觉悟智慧境界下的客观展现；反之则不然。

理事结合 平常中修

人在接受后天的知识文化教育中，所学到的逻辑知识，以及因此而形成的逻辑思维方式是会把人引入歧途的。你说这是不是个可悲的现象？我们讲放下，就是要你放下那些思维参照模式中固有的、片面的、偏执的内容。知识照样要学，头脑也照样要思考，但是你不要执著于它，不要让它成为你的障碍。这样当思维参照模式转变过来时，人的主观能动作用与客观存在的规律才能融合起来，成为一个不可分的整体，这样人才可能展现出大智慧的境界。人的般若智慧，在与事物的应对中是会自然而然地展现出分别智的。

学生：比如说你让我过去什么的，因为这个指令很简单，所以你一说，我就马上过去做，我脑子里完全不起别的念头。

虽然你的脑子里完全不起别的念头，但是已经完全著了“我叫你过来”的那个念头！难道不是吗？我就是要你明白这就是住在念头的境界中了，因为大家不明白什么叫“念著”和“念住”的愚昧境界，或者说是无知无明的状态，这不是让你满足我对你提出的“过来”的要求。在棒喝的过程中，只要你在意我的问题，那么你就已经进入到外求的过程中，这是毋庸置疑的。

我昨天这么做和今天这样讲的目的只有一个，是让你们认识到什么叫住在了念头的“房子”里。因为你们大家不懂得什么是著念，那你怎么去践行念起觉消的功夫呢？你懂得了什么叫住念，你才解决了念起觉消的根本内涵问题，这既是最基础的技术内容，又是最根本的和最高级的智慧修炼方法。这即是修“此即是彼，彼即是此”的智慧传承教育法。

关于这个基础的技术内容，由于你们没有智慧教育文化的理论素养，所以你们这个关口就没有过，就不认识什么叫住念，什么叫著相，住念即是著相。你说我这个念头只动了一丁点儿，一丁点儿也是个念头，那就是著了相了。与什么结合，你就反应什么。以后在实际生活当中，在工作当中，在学习当中，知道念起了，不执著它，那就没事了。有念头要用于工作，是要用的，用完了放下，就知道自己调节自己，这就是放下的原理，也是见证自性真心的根本法。

我们今天讲的所有内容，不仅是践行道之绝对真理的内容，也是践证根本真理的必然要经历的过程，这还是见证根本智慧会呈现的必然结果。

学生：知道念起，是不是还有一个主人翁在那儿时刻察照，有没有这个意思？

你能知道这一念的时候，那就是主人翁在察照的结果。你当真认为有个主人翁在那儿，真有个人，或者是气人、信息人在那儿摆着？不是的！认为是庙里边那个佛在那摆着，有个人在里边坐着看着？绝对没有这回事。

学生：我就是说，像有个警觉点，我在做的时候，我随时都会关注这个念头会起什么变化，是不是有那么一个背景在后面？

那谁知道你说的是什么背景？你有个念头在后边指使自己，那也是假的。没有念头，没有背景，还能呈现、能让你觉察到念头的起，那就是心。对人各种感官功能的能觉所觉合一的整体性，你想说的这个所觉，所觉不是能觉。

能觉所觉，首先是你要看到这个事物，到自己脑子里反应的时候，是能觉。你要讲的就是那个自己要的所觉，自己把能反应的东西，从寂照中自然呈现，但又不是念头，这就是所觉。所觉不是有个念头在观照，它也没有个背景，但是又明白。这个时候人依然有主观能动性，但人的主观能动作用是与生命运化规律及自然规律的运化内容完全相符合的，这就是能觉和所觉与人的各种感官功能合一了。佛家说“了了常明”，这就叫明灵，即灵睿之性。

学生：按照老师说的这种理去做的话，我肯定，首先会有一个意识就是“我不要被念头牵着跑”。

“我不要被念头牵着跑”就是个念头。以念头制念头，刚开始入门时是可以的，养成内求意识根本的习惯以后就好了，就会突然出现有一天，即使是没有这个念头也会觉知到，那即是“心”。大家要回去好好地想，回忆昨天晚上的那个过程，那就是探寻的过程，那就是驯牛的过程，那就是降服己心的过程，那就是弃愚开慧的过程。（编者按：驯牛的典故出自禅宗“十牛图”。）再结合我今天讲的内容，如果能够当下进入那就厉害了。

学生：我记得以前有老师好像说过，这就是“一发即收，一收即发”的状态。

一发即收，是说念起觉消的那个过程，它是修行过程中所达到的明心层面中的一个境界，但还是不彻底的。真要是到明心见性的圆满觉悟境界，那就是念觉一如，没有所谓的念与觉的概念，也没有念与觉的分别，就是所有的念头都如行云流水般地自然流动。这个时候还有个什么“发”和“收”可言呢？

学生：老师刚才那句话也就是说的那个意思，是不是？

对的。回去经常思考昨天的那个环境，那个场景，回忆思考，真能于当下转过来，也是可以顿悟的。总想它，反复地回忆，到了不会想它的时候，已经完全忘了，突然有一天，就知道怎么做智慧功夫了，然后就入法性之流了，就开悟了。

如果人没有了执著，那么开悟就是一件很容易的事了。如果能够主动去践行，踏着老师的足迹行，开悟其实就那么简单，也一定是必然的。不过你得好好学理论，如果像你这样给我的讲课录音做录入的人，有这样好的学习机会你都不能学好理论，没有理论素养，那你怎么弄、怎么修？

“夺人不夺境”就是当你执著于人的时候，就要你熄灭掉对人的执著，但是境界还让它存在；“夺境不夺人”呢？直接就告诉你这是个境界，让你不住在境界之中，能够自然映现就是了，这些始终是让你们去认识那个主人翁的；“人境俱夺”，就是当你这个境界与人合在一起了，都住了，那就必须要夺人又夺境；“人境俱不夺”，一说即是，当下进入合于道，无执无著的境界，即在当下觉悟。这几种方法都可以让人觉悟，这书里边都有，以后你们可以看。

大家要注意，口头禅不好，但是连口头表达都没有也不行。不执著于口头禅，而是按照所学的、所理解的正确理论去践行，把理论与实践结合起来就行了。

追求行为上自然呈现，不要把追求当执著。你们搞混淆了，把放下当放弃，把追求当执著，那么你这个人活得多受罪，是不是这样？人的这个意识修养其实很容易，像昨天那样，打一下就知道了，顿悟。自己敲打自己，回去了以后按照这个方法，踏踏实实地去学习、去践行，平常即是道。

关于平常是道，不知道你们能不能理解一丁点儿。什么叫平常呢？就是平常生活当中的每一念都不要去执著，那就平常了。可是这个平常就是不好做。不好做，你学着做不就行了？修身养性是很简单的，能够坚持下去、持之以恒就会形成习惯，习惯成自然，多简单。

你就不要跟有些人一样，没有什么念头是不住其中的，没有什么念头是不执著的；什么念头只要一强调就都是主观的了，就是这样的。反正大家要明白“愚昧智”是不需要修的，大家现在就是。（众笑）

棒喝与践行

棒喝能喝出什么

棒喝顿悟并不神秘

悟后方修道

真知灼见是实践的结果

不要纸上谈兵

对于当头棒喝的实验，我现在暂时不搞了。如果大家愿意刻苦修身养性几年，练功和修养意识并进，在几年内能达到一小成，也就是说涵养道德达到了相当的水平，功夫的基础达到了相当的水平，那时田老师会给大家带棒喝的。直接带，很快就可以出成果的，没有基础可能慢一些，大家练一练，基础好了可能会快一些。

棒喝能喝出什么

棒喝能喝出什么？棒喝能够喝出自性，喝出觉悟，喝出实相智慧！我们原本打算10年以后，给那些发大愿的真正修身养性的人开启智慧之门。如果今后10年间大家建立了基础，我们还是要推一把、拽一把的。但是，如果你们没有在点滴细行的过程中去修养意识，不能打好净化自我的基础，而且又不能提高自己的身心健康水平，那就没有身心活动的健康基础了。我们学习智慧文化的目的，就是为今后传承智慧教育文化服务的，为建立智能生命科学的研究储备一些高级人才服务的，为将来建立智能医疗体系服务的，为建立古今一如的智能医疗、或智能医学文化体系奠定基础服务的。不过那是20年以后的事了。

以我们现在的能力，只能是先帮助那些愿意接受帮助、愿意改变自己命运的人服务，我们想先帮一下这些同道。至于说那些想健康的人，我们可以每个礼拜给大家讲讲课，讲一些关于如何才能走向健康的内容，这些健身养生的理论内容和智慧教育文化的关系等内容，会把这些讲课内容编辑成书，以方便指导大家学习和践行；而且我们这里还有好几位老学员，可以给大家带场，以此来帮助大家调治身体。大家愿意的话，可以在这样康复、长功的环境中陶冶性情，使身心变得更健康。

大家不用担心带场人的水平。我们这里随便一个老学员，都是已经开丹田、开脉、开玄关窍的，而且每天最少练功十几个小时。专业的练功时间就是一次连续练功五个小时，其他时间，就是练功生活化、生活练功化。他们做得非常好，所以带大家练功是没有问题的，这是不需要担心的。

棒喝顿悟并不神秘

关于当头棒喝，大家不要觉得很神奇，应该用历史的观点、用辩证的观点来看待这一事物。

在以前那个封闭的、自给自足的小农经济的社会里，棒喝这个规律性是很难被发现的。只有个别的、少数的智者——我们的祖师们，他们才有可能发现棒喝的规律。它的规律在哪里？临济禅师有总结。由于当今社会生产力和生产关系高度发展，科学技术越来越先进，并在各个领域广泛普及，人们的思维意识也是空前的得以提高，那么健身文化中的组场技术发展到今天这样的高度，探索出了组场棒喝的规律性，这应该是个必然的结果。

社会发展到今天，禅宗这个棒喝文化，是我们人类社会发展的一个必然产物。我们是这样看待这个问题的。所以大家应该看一看或听一听我的讲课内容，关于我讲的棒喝机理。从临济禅师关于棒喝规律的理论内容来看，其中的很多方法我都运用过，还有对某一个人怎么用，或者对几个人怎么用，这些我都实践过了，而且也都见证到了棒喝的成果。应该这样说，我们已经认识并掌握了当头棒喝的规律。

我们能够见证这一规律，不是为了在大家面前标新立异，而是为了告诉大家，在科技文化高度发展的环境下，能够展示棒喝，是一种自然展现出来的智慧教育文化现象。请大家不要把这些东西当成是很了不起的、很神奇的事情。如果不是刘老师发现并掌握，总有一天也一定会有别人发现和掌握当头棒喝的规律，那么开发明心这个层面的智慧功夫内容也就不再神秘了。大家要用发展的眼光、辩证的思想、纵观历史的态度来看待这个问题，那么也就不会觉得有什么了不起了。人们对于每一个新事物的产生和认识都是这样的，开始会感觉很神秘，可是当掌握了它的规律，并在现实生活中得以展现其特性和功用的时候，就成为自然而然的现象了。

我们这里有些人，通过棒喝的方式，被喝开了玄关祖窍。他们多半都开在智慧祖窍这个层次上。所以大家不要觉得这个东西是非常新奇的，不是什么了不得的。当然对古人来说是了不得的，因为那时的社会生产力低下，文化传播的速度相较于现在的网络传播速度而言，那是要慢得多的，而且交通也不方便。因此，文化知识与技术方面的各种信息在交流的时候，都较现在要困难得多。那时的社会总人口是比较少的，所以真正懂得智慧文化的人也会比较少，而得道者则更是如凤毛麟角，因此能开个智慧祖窍已是非常了不起的事了。而今天我们修身养性的外部条件已经发生了翻天覆地的变化。

悟后方修道

有同学想让我谈谈自己的开悟经历。我有一篇讲禅宗棒喝文化的文章，你们看一看。其中说到过宋朝一位大修行家黄庭坚是怎么开悟的，我跟他那个顿开的形式和过程非常相似，有异曲同工之妙。其实参禅这个东西是要参的，要有疑惑，在参的过程中去破惑。当一个疑惑在脑子里存了很多年，偶然有一天突然顿开了，那就是开悟了，我就是这样的。

但是，开悟才是刚刚开始步入修行，才是刚刚跨进修大道之门。古人说“悟后方修道”，悟后才是真正的修行的开始。

为什么这些年大家不能走到这个途径上来？不是大家练功不努力，而是流传到如今的、社会上能够见到的古经典并不多，不是拿来一本书就能称得上“经典”的，有智慧性内涵的才能称为经典。即使是的确流传下来了一些真正的古智慧教育文化经典，比如《道德经》、《南华经》、《金刚经》和《薄伽梵歌》等，但由于是古文化，所以现在的人们根本学不懂；即使是有现代的翻译本，但基本上都偏离了古智者圣人的创作原义，或者说离开了作品中的智慧真实义。即使是现在有一点当代版的修行文化，大家在学习修身养性的理论方面也没有认真地去进行研究、践行与总结。如果每一个人都能够认真地做到探寻与总结，我想，自然会有人践证到较高的功夫水平和智慧境界的。

真知灼见是实践的结果

我也是在偶然的机会里，掌握了这个棒喝规律。不过你存在有主观想法的时候是开不了悟的，即使是给你棒喝，那也开不了。只有自己处在没有任何主观想法或愿望的境界中，处于完全不执著的状态下，哪怕这种境界的出现只有很短的一刹那，只要是能够与老师棒喝的当下相合，那就肯定能于当下呈现开悟的境界。也只有在这样的情形下，人才有可能获得开悟的机会。对于顿悟，大家也不要认为太神秘了。

在2000年以前，我的身体还不是很好，也没有什么水平。开悟、松腰、开中脉，都出现在2000年那一年。此后我的身体一直在发生着质变，但是真正整个身心活动发生巨变，那也只是最近几年的事，尤其是2002年身体发生了更巨大的质变。按过去大德们的说法，每天都生活在轰轰烈烈之中，始终不离“那个”，每一天的身体都在日新月异地变化着。

开了智慧玄关祖窍，就知道从上丹田开始往下练的内容和过程了；如若不然，从下丹田往上练是不可想象的。现在我这里带出来的有两类现象，一类是还未开到玄关窍这个层面上的人，虽然他们也开了三个丹田，身体里面的反应也会出现或小或大的变化，但都只是量变的范畴；还有一类，他们都是开在智慧玄关祖窍这个层面上的，是从智慧玄关这个层次开始练开三个丹田的。在智慧玄关这个层面上修炼身心，那么他们的生理和意识方面的反应就要大得多，这些反应的大小就决定了这个人的身心修养进程和境界。

按照传承的智慧教育文化来修养身心活动，应该是既科学又符合生命运化规律的方便法。从上丹田往下练，这一整套的练功方法，是应该针对每个人的情况来进行具体指导的。一个老师能否把周围的学生带出来，关键是老师自己要懂理，要明法，要见证到理就是法，法即是理，理法圆融，理法不二的境界。所谓的理法不二就是“昔之得一者”的那个“一”的境界。而且老师所讲的东西一定要是他自己证明过的。大家应该明白，人的功夫和智慧是一定可以见证出来的，但是需要走一个正确的途径才行。

如果我们有好的机会不去尝试一下，只能说是缘分未到，就是那个时空点还没有真正运化到自己的身体上来，只能这样说了。其实我们也知道，对大多数人来讲，真正要走到既符合生命运化规律、又符合修身养性原则这条道上来是很难的。就拿改变人的思想观念来说，那确实是很难的。因为你用的那个偏执的参照系里面的内容，用它来检索自己、检查自己，就鉴别不了真与假、丑与恶。当自己有错误的时候，当自己做了一些不符合生命规律的事情的时候，自己检查不出来，就好像那个真假美猴王的故事一样，要明晓真善美与假丑恶的关系，就需要“如来”、或用“恍惚”与“惚恍”的境界来进行衡量。这是个非常重要的问题，有必要探讨和总结。

归根结底，平常人没有智慧，就是因为自己的参照系里的内容与衡量万事万物的标准太粗糙、太僵化、太偏颇的缘故，从根本上来说，是没有符合道的属性特征，没有符合宇宙自然的运化发展规律——循环往复不止、生生运化不息的规律所致。

不要纸上谈兵

希望大家不要学了理论就觉得自己理论高。任何老师的理论写得好，那都是因为见证到智慧的整体性的缘故。所以其对践行经验的真知灼见概括与总结所形成的理论，都一定是老师实践的结果。我们在座的人，无论你学得多好，哪怕是你能够把老师的理论倒背如流，一个标点符号都不错，那也没有用。因为那不是你的理论，那是老师的。只有当你通过实践一步步把它践证了，那么这个时候就成为你自己的理论了，就成为自己生命中不可分割的一部分。我们的智慧教育理论就是这样践证出来的，就是通过这样身心行为的实证而证明出来的。当然也是对老师所教的理论进行亲身实践的证明。

所以我们讲的理论，既是对老师理论的验证，也是我们自己实证的结果。当然大家可以通过学习看得出来，我们的讲课内容既有智慧整体观的味道，也有智慧辩证法的味道，这是一个混然不可分的整体。对于古今大德们的理论，大家哪怕能证明一点也行。

过去的老师说，练形体的时候气要走尾闾，从尾闾的正窍进去，尾闾那个地方会撕着痛、刺激着痛。我不知道大家有没有这个感受。气入骨髓、气入脊髓的感受是什么，是不是刺痛感与酸麻涨的感觉呢？它一定有一个生理上的反应，每个人练功，反应内容与反应现象应该基本相同。谁要是说“我这个情况特殊，我练出来不是这个感受”，我告诉你那就错了，一定是错的。是人，你只要气走到这个地方，就一定会出现类似的反应，有的还会伴随产生幻觉或别的什么反应。

我这是举个例子，就是说你只要把练气入骨髓的感觉讲出来，我就知道你的气在那里边是怎么样的，不需要用功能去查，没有必要的。只要你到了这个层次，你说出来的话就是内行话，是过来人的话。过去功夫界有个说法叫“行家一出手，就知有没有”，“功夫有没有，只要伸伸手”就知道了。你不用伸手，你一说我就知道了。你是不是内行，你践证到了哪个阶段、程度、状态等，只要一讲出来，就能知道是不是那么回事。因为我就是这么走过来的，你们长功夫、开智慧要经历的内容和过程，我都已经践行见证过了。

如果你们真的想要个借鉴的话，那就是全然地进入到修身养性的践行之中，不要纸上谈兵。如果在那儿光讲理论，把理论谈得多么好又有什么用？关键是要践行、见证，哪怕是通过践行而见证到一点也行！那你不就是长智慧了吗？

存在决定存在的本身

理行并重

从根本处着眼

拿智慧功夫讲话

存在决定存在的本身

存在即合理

觉迷一念间

理行并重

你们不要自我感觉良好，觉得自己懂得很多就不思进取、不学了。理入是一个漫长的过程，大家一定要深入进去。理入涉及人生的方方面面——工作、学习、生活……从小到大，直到生命的衰亡，面非常广。

佛祖在外出修道之前，基本上是把当时能够学习到的所有修行理论都学过了，而且认识深刻才去修苦行的。依佛祖的地位在那时修行，还会有诸如接受上师灌顶等各种功夫传承教育的内容，这些都是必须的学习过程。所以大家一定要从理上入，理入是非常重要而必不可少的内容，是学习具体理论内容并用来指导自己修身养性的实践内容与过程。

当然大家也不要错误地理解禅宗六祖慧能没有从理上入的过程，如果像这样去认识那就大错特错了。虽然六祖慧能不识文字，不等于说就没有学智慧传承教育方面的文化。文化包括传承教育、教育经验、知识文化和社会文化等内容，而六祖的社会文化和智慧传承教育修行方面的经验文化应该是比较多的。尤其是六祖开悟以后，关于修行的根本道理他都懂。六祖的这些智慧教育文化理论知识与经验，并不是生而有之、生来就懂，而是借助于先天的禀赋在后天成长的过程中学来的。

任何人只要他自己愿意学习，那么在他走过路过的时候，都不会错过学习的机会。哪怕只是在走路的时候听到某一句话，只要于自己的成长有利，都应该无条件地接受，这样才能学习到东西。所以才有六祖在途中听到“应无所住而生其心”并因此开悟的结果。还有，六祖慧能开悟以后在猎人群体中经历了15年的生活磨砺，这都是智慧教育性的经验文化的积累过程，也是理入与行入的磨合过程。

如果你觉得“六祖没文化也能修成，我也可以不学”，那你就大错而特错了。那是你自己主观上不愿意学，找理由的话茬，那是你自己愿意把自己放到无知的那个层面上来看，这样你就自动地向着愚昧的方向发展去了，这就是固守自以为是的观点而导致的结果。

从根本处着眼

大家由于没有学透这些智慧修养文化方面的教育理论，所以有的人自己就在家里瞎糊弄自己，比如有了瞌睡不睡，干耗着，这样做就不利于自己的身心健康，更不利于开发智慧。这都是些进步比较快的人出现的现象，有些人进步得较慢，自以为是的想法还不太多，就暂时还出现不了这样的现象，这是因为学理不透而造成的结果。你们不可以用自己想象的观念来指导自己苦修苦练，不可以用固有的观念来指导自己人生成长的过程。

还有你们不要盲目仰慕那些出了名的佛学大师或法师，智慧不是通过名气展现的，而且在现实中往往实与名是相背离的，名不是衡量智慧的标准，而且你们自己也无法分辨出虚实。虽然很多人讲起佛学来口若悬河，天南海北，旁征博引，讲的故事精彩得不得了，但是，只要他们讲到根本处就稀里糊涂了，那就说明他们还只停留在知识的集合阶段，而并没有见证到觉悟智慧的境界。如何认识虚寂实相这个根本处所，如何讲解见证虚寂实相这个根本内容，就可以鉴明这些人是否达到了现道之境界的分水岭。

学习智慧教育文化理论，无论是古时还是今时的理论，都应该从理论立论的根本观点去看，以是否讲透道的属性特征、是否符合生命运化法则的根本要求、是否符合自然运化规律及社会发展规律为根本原则，比如学习《道德经》和《金刚经》等。我们学习智慧教育文化的原则，是指引我们尽量不走弯路，不走偏路。如果认为应该学成“名师”那样就好了，那你们的观点就错了，这是典型的把知识当成智慧——以识为智的观念和想法在作怪，这样一来就完全搞错了方向。我们要强健身心、开发智慧，必须以“明师”为榜样，从虚寂实相这个根本智慧的处所着眼做起，只有这样才能成就见证智慧真理的人生理想和目标。

真正的修身养性是需要有师承的，泛泛而学是不可能学到真知灼见的。我讲的内容就是包含这样的一些道理。你们现在需要的是一步一个脚印，可别去幻想“我自已也探讨出一条修行之路”，现在告诉大家，你们还没这个能力，只有等你们自己完全觉悟以后再去做，那时的你已经是没有执著、分别和妄想心了，等到了那个时候你就会出现无师智的境界，到了那个时候就会有无数条路任你走。

拿智慧功夫讲话

你们现在还没有上路哪，还没有达到最初级的入法性之流的层面。过去的初果罗汉都是开了悟的，不觉悟就根本没有罗汉功夫。不要简单地认为罗汉没有什么功夫水平，而在那里妄想“我是修菩萨的，我是修佛的”。如果你连罗汉的功夫水平都没起来，这菩萨行的智慧功夫内容你们就根本做不了。因为罗汉和菩萨这些都是需要用智慧功夫说事的，不是拿空洞的理论来讲的。一定要明白：人的大智慧是拿觉悟智慧层面的功夫来讲话的！

所以，你们看，《金刚经》中罗汉有四个层面，是放在前面的第九品中讲的，菩萨行的层面是放后面讲的，佛的智慧功夫层面也是放到后面讲的。为什么？修行菩萨是行大乘愿的过程，需要罗汉的智慧功夫作为基础，这些都是必修的功课内容。对这些内容都不能偏颇，如果产生偏颇的认识，那么你就不可能彻悟，就不可能走上真正的圆满觉悟智慧之境界。这样以后就会堕入到“只强调说理，不强调修功夫”的无知无明的愚昧境界中。

还有很多大师，佛学的文化知识非常丰富，理论也讲得挺多，内容也很广泛，但佛法的真义却讲不出来。为什么？因为智慧层面的功夫不够，见地不透。智慧功夫的水平不够，没有通过实践深入到根本的实相智慧层面，所以就根本不知道实相的净寂境界，这样就更不明了因实相智慧而生的分别智和应化智了；只能是因学理而明白了一些道理，不曾因功夫践证到，所以见地不透。所谓的见地不透，就是所学所见的内容还没有达到需要见证的目标。简单地说就是未达到目标，这样理就落实不下来，那自然就讲得浅了，只能讲出形式与现象这样的表象的层面，而深入不到事物的内核——内容与本质。

所以有些学佛修道的人其文化素养还是不错的，只是由于自己不懂得做功夫，智慧功夫的层面不够，所以才见地不透。他们花在学习修行文化上的功夫，应该是比他自己进行智慧修证的功夫要深刻得多。大家知道吗？对于智慧功夫而言，你只要证到了，那就可能讲出来。如果没证到，那就肯定是讲不出来的。即使是勉强去讲，也就是在那里想当然地说理、进行搜肠刮肚地说理，这样一来，所说之理就显得非常苍白了。

就比如说在数学中，如果你不懂“幂”对函数的影响，你去讲函数，那简直就是不可能的。函数要画坐标，画线的运动轨迹，要列方程、解方程。函数方程的解比较多，其根本点就在于“幂”的变化。如果你对“幂”不了解，那你讲函数一定是讲不清楚的。

你们说没有理入行吗？而且有了理入，没有行入也不行。如果在行入的过程中，你不能做好报怨行、随缘行、无所求行和称法行，那也同样是生活在地狱里。什么叫无间地狱？就是你有无数个相、无数个观念把你的根本自性给锁住了、框住了，而且这些观念还是在连续不断地障碍着自己，所以人的自性就呈现不出来。佛讲地狱，讲人的身后事，应该是讲给活着的人听的。地狱是指人在活着的过程中体现出来的痛苦、曲折、磨难、蹉跎……而不是告诉大家只有到死了之后才碰上的事。

如果你脑子里的念头太多，杂乱无章没有间隔，没有清净的空间，那么自己所堕的地狱就是无间地狱！实质上佛祖讲的是思维意识空间的规律性。一个人如果有那么多的选择，有那么多的条件，那你怎么可能从这些选择和条件中脱离出来？你不就在思维意识的空间里边遭受矛盾的罪吗？这就是无间地狱。如《地藏经》的本质内涵，虽然那是描述人在死了以后才堕地狱的内容，可实际上是指人在活着的时候都已经生活在地狱中了。如果人在活着的时候很幸福、很快乐、很自由，那么在死了以后怎么可能会堕地狱呢？

活在执迷与烦恼之中，就是身在地狱之中。就像书里讲到这样一个故事：有一个人去旅行，他发现那个地方的墓碑上刻着“某某，生命长度3天6小时”，“某某某，8天9小时”。那个人很奇怪，为什么这个地方的人都活这么短。当地人告诉他，墓碑上刻着的时间是这个人生命中快乐的时间，他们认为一个人生命中快乐的日子才是自己真正的生命。所以我们看《地藏经》所说的地狱，难道是说人这个身体亡故后的事吗？其实是说人的精神、思维意识的迷失，这就等同于死亡，就等同于地狱，不是吗？

所以说“修行本是平常事，不离柴米油盐；悟道定是大丈夫，全在行住坐卧”，这句话的内容就是需要你们在当下进入，当下达到什么境界？“无我便是”的境界，没有我执了。就这么一幅对子，其内容既通俗又浅显，却把如何修道的内容和过程都淋漓尽致地表达出来了。从古至今的修行人都是这样走过来的。

当然，一开始你们不可能一下子就完全做到无我。如果谁说人能够不需要理入与行入的过程，一下子就完全做到无我，那就不是人了，那就变成虚幻不实的神了，那修行就修到迷信的神道上去了。人们越来越脱离身心活动的整体性、脱离心行如一的智慧修证之本质，盲目地追求妄想中无所不能的神。

现在迷信佛教的人们，基本上已经偏离了佛学经典中智慧性的内涵而走到迷信玄幻的神佛之路去了，迷信道教的人们也已经走到虚玄之路上去了。他们不谈智慧功夫的修证，也没有什么身心修养的功夫可谈，而是堕入到迷信宗教神我、外求膜拜的泥潭之中。西方的宗教在发展的过程中，很早就偏离了其见证智慧的原始教义，走到迷信幻想中的天堂这一神权之道上了，为什么？这是有历史根源的。因为耶稣只行道布施了三年就被钉在了十字架上。对于当时他展现智慧功夫的现象，后来的人们根本就不能理解这些看似神奇的现象中涵藏的智慧性，这样信徒们也就自然地走向了迷信虚幻不实之神学的境地。

有一位哲学大师说："耶稣是整个犹太人智慧的顶点，奇怪的是犹太人却不接受他。这种事情一直在发生。佛祖是印度修行人智慧的顶点，印度的教徒却不接受他。苏格拉底是希腊人智慧的顶点，希腊人却把他给杀了。这种事很奇怪，但却一直在发生。我们为什么不能接受那个智慧的顶点呢？问题在哪里？犹太人为什么不能接受耶稣？他们一直在期待着耶稣，他们一直在盼望救世主，盼望着基督的到来。他们还在等待，但救世主已经来过，却又走了。不过这位救世主是他们帮他离去的，可他们还在等待着他。"

人类渴望觉悟智慧，可是自身的认知高度却总是障碍着自己对智慧者的接受，最后他们弃离智慧者，而固执于那些表面化了的非智慧性的内容，于是宗教迷信、宗教神学和宗教玄学就产生了。因此现在的利益宗教不但不是智慧性的传承教育，而且往往还是反智慧性的迷信神学文化。宗教形成过程中的很多内容在发展之初，在开始的时候，就已经受所谓完美的知识性和所谓严谨的逻辑性的制约，出现了偏离智慧性内涵的现象；在以后的发展过程中，也逐渐地脱离了智慧内求的本质，变成了外求膜拜的迷信宗教。

古宗教中的智慧传承教育文化离开了现实生活的这个土壤，那么人们对宗教的接受自然就转而追求神化、玄化的内容了。所以我们对什么是觉悟智慧要有一个清醒的认识：没有脱离现实生活的觉悟智慧，才是人类自身所需求的。大家一定要知道，人的觉悟智慧就在应对平常的事理时呈现，平常现道！

修身养性不需要什么大学校，大学校就在日常的生活之中，就在行住坐卧之中，就在应对柴米油盐的事物中，这是智慧传承教育的道理。《金刚经》实质上也是讲的这些内容，但是有的人把《金刚经》一读，说是读出了智慧性的“空”境，他就没有从《金刚经》里边解读出现实生活中的“有”；而有的人在学习了《金刚经》的内容之后，又认为其内容全部是讲“有”，脱离了智慧空性的真义内涵。其实《金刚经》的内容是讲智慧修证的全过程，其中既谈人智慧的空性，又谈智慧存在的妙有，更强调了不住、不著的觉悟智慧境界。

这些内容的本质内涵表达的全是过程，全是内容，全是当下，全是结果，全是下手法，般若智慧就是个整体。就跟老子的《道德经》一样，你无论从哪个角度看，它都是智慧教育文化——教育的理论、经济的理论、社会的理论、医学的理论、兵法的理论……什么理论都是。

在中国人认识宇宙自然的理论中不说轮回，中国人对智慧的见证更实用。佛学般若部的经典主要是研究智慧意识的，这些认识非常深刻，它的用途就是用来了悟人生的，也是从根本上去度化人的。古印度的修行人，如果不能践证到人的实相智慧这一根本真理，就很容易走到那种纯粹的精神修炼境界里，就是所谓的一切唯心造的观点，会走到宇宙之心与人之心不分的客观的“唯心造”、或主观的“唯心造”上面了。

按照中国《道德经》的传承教育性理论来指导进行智慧修证，其度化人是比较客观的，是主客无别的。可是这种客观性也会因人的智慧境界的不同而产生分别，从古至今只有极少数的人合于自然之道，他们认识到了老子所讲的《道德经》的重要性，但是绝大多数的人却没有践证到道的智慧层面，所以就很自然地落入到庸俗的、主观的形而上学唯物论，或纯粹的客观唯物论观点中了。《道德经》

可以说是主观与客观相统一的智慧性的整体辩证观，用中国传统文化的观点来说，《道德经》从头到尾都始终贯穿着自然道德观。

其实，宗教本身存在的意义就在于帮助人们、救度众生，但是发展到后来却没有达到这种效果，反而逐渐滑落成为一种不可知的、虚幻不实的神学。中国老子的道学，也是帮助人们认识自身、认识宇宙自然规律的，但是这种帮助人们认识自然、认知自身的方式，就是需要通过遵循符合这个自然的运化规律来改造人的主观世界，使人的这个能动的主观世界，包括所谓主观的思想意识活动和客观的思想意识活动，这二者同时改变，以使之符合自然之性。所以说老子的《道德经》五千言涵盖了既改造自己、又认识宇宙自然的内容，同时还包括认识人类社会的内容。庄子的思想也是这样的。

对于古今的人类文明，我们需要去进行一体同观。同观什么？宇宙自然和人类社会以及我们人自身的身心活动所形成的整体性——同一性与统一体关系。

比如说，有的人在否定佛学的时候，根本就没有认识到佛学诞生于古印度，没有认识到古印度文明的实践方式和表达方式。他们是通过因果律来看待人生的，来看待人跟自然及社会之间的相互关系的，它是通过人之心——虚寂实相来看宇宙自然之万有万象的存在的，所以这种文化的发展有其地域文化的特殊性。如果不能从此跳脱开去认识，不能深及到其本质内涵中去，也就自然地变成主观的了。

实际上我在讲《金刚经》的时候已经讲出来了，所谓的宇宙之心，实质上是人的根本智慧见证到了宇宙万有本源的绝对信息存在——道，人之心跟宇宙万有的绝对信息存在具有同一性。所以说人之心即宇宙之心，我心他心即你心，皆是众生心，众生心即宇宙心。这就是一切唯心造的根由，它是从这个层面讲的，如果单从这些方面来看也是客观的。但是经由那些未见证到实相智慧的学者和修行人来演绎，就变成了后来的客观或主观唯心主义了。

这都是由于古时候的修行人参悟古智慧经典不透而造成的结果。

过去见证到根本智慧和绝对真理的人太少太稀罕，才使得那些见地不透的学者们和修行人按照自己的主观意向来解读古智慧经典，因此他们通过理性的思辨和辩论会等方式来发展宗教教义，于是就导致了这样的结果。由于当时知识文化的不发达，对于很多感性的东西和不可思议的境界不好用抽象的语言来表达，所以就用人格化的方式去讲，以便帮助人们理解。另外，通过修行，人们认识到了各种各样的生命存在形式，但是由于智慧功夫的境界不够，出现了各种幻想，这样就为造神提供了依据，最后就逐渐演化形成了神幻化的社会、神幻化的天地。其实“神”在古时候是对各种各样自然规律的泛称。

中国古智慧文化里的修行观也受到本民族、本地域、本地区气候等自然条件和人文基础的影响，因此形成了符合自身属性特征的理论体系以及发展轨迹。有的人通过自己修行练功，在功境中出现了幻想幻象，发现了所谓的天人存在，这种现象是造神说的依据，这样人就会依此去妄想升上去做天人。当然，在任何时候都不可能一概去否定还有其他形式的生命体存在，但是不能通过妄想去追求自身这种生命存在的异变。

古代的智慧传承教育文化是从人的身心这两个方面来讲的，它强调人与自然及社会之和谐存在的整体性。这是一个非常巨大的生命探索工程。在践行身心整体性和大智慧的这个过程中，由于每一个践行者的修行功夫层面不一样，不一定都达到了智慧功夫的境界，而且即使是都达到了智慧功夫的层面，其境界也会存在很大的差异。所以就会出现这样的现象，比如对同一部经典——《道德经》的认识，就会产生不一样的见解。像这样发展的结果，就使得人们逐渐脱离开道体德用的属性特征这个根本内涵，而逐渐演化为外求的教育文化了，大家就会从“外”的各方面去着手来培育人了。

所以智慧传承教育文化的形成与发展，既要注重人之身心整体——根本智慧的见证，又要注重智慧于各种自然和社会关系中产生的用，二者缺一不可，而且是靠内求呈现出来的。在智慧文化的传承教育中，虽然会用到大量的外在现象去释解，但重心却千万不能脱离开这个内求的智慧性之根本！

在古印度，人们都知道去遵循因果律，都会了解一些生命轮回的现象。因为在古时候人们总是像这样去研究，这样人的思想意识就不自觉地拣择需要的内容，而往这个方向发展。不管是精神的主观存在，还是物质的客观存在，都是个宇宙自然的自然存在。古印度的行者们为了了解这个存在，就从与心相关的内容上去走，结果就看到了轮回现象的存在，就把生命轮回的现象固定化、模式化了，生命的轮回学说就这样产生了。其实，大家可以把这个轮回理论看成是古人对宇宙自然事物发生发展的运化规律的认识，只不过后来的人未见证到其实质，而走入到对轮回现象的解释中去了，也就自然地越发展越偏颇。

中国的修行家强调人是宇宙自然的一部分，人的生命运化规律是与宇宙自然运化规律相符合的，都是在宇宙自然的环境中循环往复不止、生生运化不息地发展着的，因此就要求人们主动去符合遵循宇宙自然这一规律。在这样的情况下，人们就会追求个体生命的身心健康和圆满觉行的智慧功夫，这样也就自然地避免了轮回现象的认知范畴，而是达到了整体的高度，道的高度。所以在中国，各种文化现象的发展都会在自觉与不自觉的过程中结合黄老文化的本质内涵。外来的文化也是这样的，如大乘佛学为什么来到中国之后就能扎根，就得到了发展呢？其根本原因就在于中国有博大精深的古智慧教育文化体系。

中国人注重文化思想的传承，这一点与古印度存在差异。在古印度时期，整个社会已经形成了一整套多神论文化体系的内容。而现在的印度，社会上已经看不到大乘佛学的文化内容了。为什么会出现这样的现象？这是与众多的因素有关的，如地理位置、自然环境、生活环境、文化的起源、民族的特点等，是由这些因素决定的。

存在决定存在的本身

不管人是来自于自身的进化，还是来自于所谓的光音天，不容否定的都是来自于宇宙间自然规律的运化与发展，来自于生命存在形式的进化。但这些都不重要，重要的是：任何事物存在形式的本身，就决定了这种存在的内容。古印度智慧文化的存在，决定了古印度智慧文化的本质内涵；中国古典智慧教育文化的存在，就决定了中国古典智慧传承文化的本质内涵。

存在决定了存在的本身，存在的形式决定了存在的内容，存在的内容也同时决定存在的形式，存在的内容与形式决定了存在的结果。虽然这句话很抽象，但在任何人的生活、工作和学习中都是最现实的写照。你用到生活当中无一不对应着生活的每一件事，哪怕是一丝一毫的小事，如文如其人的现象等。

人存在的本身就涵盖了存在着的一切，包括物质的和精神的都涵盖了进来。只要是存在，它就是这样的。但是你要具体地讲，你可以讲文化的存在、科技的存在、生产力的存在、生产关系的存在、美的存在、爱的存在……都是这样的规律。我讲的这个内容，是个规律性的东西，你们把它记下来，理解不理解没有关系，以后可以慢慢消化。

应该怎样来理解这个存在呢？存在的本身既是客观的存在、外表的存在，又是内涵的存在，可以是形式的存在，又可以是本质的存在，等等。所以人在展现自己身心活动的过程中，既不要否定一切，也不要肯定一切，而是个自然的辩证发展过程。可以说人的精神活动存在，决定了精神存在的形式、内容、过程和结果，物质的存在决定了物质本身存在的形式、内容、过程和结果。这也就是说：存在决定了存在的本身、存在的内容、存在的形式、存在的过程和存在的结果。

打个比方说，刘老师的现在是刘老师的存在。看上去这个说法好像说了跟没说是一样的，但实际上不是这样的。如果你这个说法一点意义没有，那“存在决定存在的本身”这句话就没有存在的意义了。这句话是什么意思？说我这个人存在了，存在的本身就是很客观地存在着。大家应该怎样理解我这个存在的本身所包含的那些具体内容呢？我这个个体生命存在的具体形式和具体内容，都在里边。你们看，我穿了一件白褂，肚子偏大，这是我具体形式中的内容，这个具体的形式是由什么来决定的？是由我这个个体的生命活动内容所决定的。

因为我身体中的混元窍开了，因此而引起的上腹部偏大。如果是下丹田开得好呢？那自然是下腹部可能偏大。是因为打开了混元窍的这个内容，决定了上腹部大的现象，那么这种形式的现象把这个开混元窍的过程也包含进去了。由于混元窍开了十多年，它把十多年开了的过程都记录在里边了，有这么个身体，有这么一些运化内容在其中，这个结果来源于它开的形式、内容、过程。已经打开的混元窍，包含了它这一事物的整体特性和完整的内容，其发展的、运动的、变化的内容全部在里边。所以说，事物的存在不是形式决定了内容，而是形式就是内容，现象就是本质，过程就是结果。

当然我这么打比方你们就会觉得好理解一点，不打比方你们没办法理解。我们再拿这个冰箱来打比方。这个冰箱的存在，决定了冰箱存在的本身。这个冰箱不仅有自己的存在形式，这个存在的本身还含有冰箱的功能态，是冰箱这个事物整体特性的体现。这个冰箱的整体特性是怎么来的？是由这个框架结构的组合而来的，然后冰箱的功能就是冰箱存在的内容，也是其存在的结果；再次，在冰箱的内容里边还包含冷冻、储藏食品的功能和运用的过程，以及生产的过程、生产的内容、生产的结果、使用的过程、使用的内容、使用的结果，等等，都包含在里面了；还包括冰箱现在的摆放形式，摆在这儿的整体的功能等，使用的过程、通电以后的结果等，都在这儿了。智慧整体观的内容就是需要我们像这样去理解。为什么说“存在决定存在的本身”，它是涵盖了智慧整体观的内容在里面了，你们大家说说看？

学生：这张桌子存在就是本身，它包含着所有的功能，它的价值、材料决定了它的存在内容，以后再腐烂等等这样一个过程。

你这么理解还是不符合整体观的要求。就这个桌子存在本身的意义上来看，它有形式、内容、过程和结果。那么它既有生产的形式、生产的内容、生产的过程，也有生产的结果。生产的形式，包括它用的什么树，锯子把树锯成一条一条的，用刨子把它刨光，它的内容就是所有拣材的过程、所有选材的过程，包括人的思维、制作的过程等，都包含在其中了。它的结果是这样的：每一个小材料都是一个结果，每一个刨花都是它的内容。这是生产的过程、生产的内容、生产的形式与生产的结果，那么它还有使用的过程、使用的形式、使用的内容和使用的结果，还有它存在的形式、存在的……你怎么能说得完整、说得清楚呢？你是把生产的内容说一点，把存在的内容说一点，把使用的过程说一点，而它都包含其中，这是个整体存在的属性特征与本质内涵之间的关系问题。所以才说你讲的不符合整体观要求。

学生：我理解的这个程度就是在支离破碎的层面，您讲的内容，我来讲还是不能讲好。

存在即合理

我们知道这样一句哲言——“存在即合理”，为什么说只要是存在的事物，不论好的坏的、善的恶的都合理？这个合理性是哪儿来的？它之所以以那样的形式、内容出现，以那样的规律生化运行着，以那样的结果显现出来，其原因是什么？是什么决定了这一切？就是“存在”！存在的这个事实，决定了它正好是那样存在着。它既是因由，又是结果，还包含它本身以及与它相关的一切存在因素。所以说存在决定存在的本身，存在的本身恰恰是其存在的合理性的全部因素，这个因素的来源和结果——就是“存在”。我们也可以把“存在”与“存在的本身”看成体与用的关系，体决定用，用包含在体的整体性中，二者是同一而统一的。

我为什么这样讲？因为修身养性的内容需要证到智慧的整体性。所以我们学习身心修养的文化、学习智慧教育文化，非得从理上入不可，理入与行入相结合。理入与行入你一接上，“啪”地就开一朵花，打开一下就悟一块；多少个层次、层面的悟以后，就肯定会顿悟了，以至于到最后彻悟。首先是开悟，开悟只是开悟，开悟离觉悟还有一段，觉悟与圆满觉悟还有一段，圆满觉悟与完全的大彻大悟又是还有一段。

生命的存在是有真谛的，人的那个虚寂实相之根本智慧是能够衍生演化出无内无外、无始无终、不增不减、不垢不净之觉悟智慧的，那该如何描述实相智慧呢？只有通过对实相智慧的属性特征进行揭示，才能阐释出其智慧性内涵。道的体性可以从纵的方向看，从横的方向看，从深度的方向看，从六合上看，从多维空间的存在上看，从实相上来看，它都是不生不灭的、不增不减的、不垢不净的、不断不常、无涯无始、无边无际、无内无外……，对根本实相智慧的存在，有各种不同描述的词语。运用这些不同的词语来描述，并不是因为实相智慧存在着不同的层面，也不是因为在其运用的时候需要用不同的方式来涵盖其内涵，不要有这样的想法！如果有这些想法，那肯定是不对的。对于实相智慧而言，任何的描述都是对其本质内涵的描述，但不是智慧存在的本身！

觉迷一念间

智慧修证就在于当下进入。就跟这位朋友一样，昨天要他进去洗澡，洗澡本身这件事就是一种存在，他进去洗澡了就是这种存在的内容。存在决定了存在的本身，在你这个脑子里面，存在本身的涵义就在洗澡的过程中体现了出来。要你洗澡，你自然就会先洗这个脸盆，你一看这脸盆有水，心里面是否这样想：“这水会不会很脏啊?”你看，这些想法就是存在本身的内容、形式、过程及其结果，这些想法来源于你的境界，是智慧的、还是愚昧的，是贪欲无明的、还是灵明妙觉的，就会在与事物进行应对、混化的过程中显现出来。

你有什么样的境界，才会生什么样的想法。你是什么境界？就是存在本身的那个境界。有个什么境界？有个你心里边明白的境界。你是怎么想的，那个境界你是知道的，而我是不知道的。我们就拿这句话来讲就行了。所以佛祖说“所有众生若干种心如来悉知”，什么意思？就这个意思，就这一句话就解决了。

任何人都会有念头存在，只要你不著任何念头，那么头脑中有多少的念头都没关系。你有了念头如果一著此念，那么这一个念头就挡住了人的智慧。说一相一重山，有一相在，就有相相在，就会因此念而生出一百个念头、一万个念头。人的这无数的概念、观念和观点，就是因为这一个念头而形成的。所以我说：“一相一重山，相相万条河。重山与重水，淹没了佛陀。”人的色相观念就像有那么多的山和河挡在自己的面前，已经给你挡住了，你的心肯定就不清净了，这样也不可能呈现自性了。

人执著了一个念头，就障碍了自己，因为这一个念头障碍了自性呈现，而且还会因这一念生出无数个念头挡着，挡住你的那个根本。所以明透一念就是一念清净，一念净，念念净。净念相续，念念相续，则念念都净。这一念净是净到心性之中了，所以不觉悟的人就什么都听不明白，会想：“这一念净怎么会念念净呢?”一相一重山，相相万条河，有的人会说我不理解。是啊，你这一件事不理解，那么就会因此有无数个不理解的东西在后面，都是因为这第一个不理解造成的。“迷却多罗大丈夫”，一念迷，念念迷，一念觉就万念皆觉。

打个比方，有个人一脚踢到石头上了，他可能会出现当下一念——“啊哟”，这个当下一念如果呈现清净心，那不就开悟了吗？紧接着他那个当下的念头就是："这个该死的石头，他妈的是谁把石头扔到这儿了，害得老子把脚踢了……"你们说这里边已经有了多少个念头！这都因为那一脚踢的，一念生出了万念，念念都跟在后面，就这么绕了一圈子。所以行者智慧修证是千万不能马虎的，千万不要大意！

『当下』即是智慧

道场与气场

自性呈现只在当下

泯灭自我的偏执性

当下 悟性 全然投入

多一点宽容 少一点计较

改变参照模式

道场与气场

刚才这位同学讲了组场接信息的感受，说感觉到自己融入了这个场中。那个感觉不是你的真我，只是你的感官功能感觉到的一种觉受。

人呈现真我，就无所谓这个感觉或那个感觉了，也无所谓对这个场和对那个场的感受，同时又能自然映现任何感觉，千万不要把某种感受当成虚寂实相之真我。因此，只有当人处在那种不主观分别任何环境和任何事物，不贪欲各种感官觉受、感官对象与感官刺激，不偏执于任何生活方式和社会关系的境界中，同时还能够做到于行住坐卧中保持清净无为的思想言行，那才是真我之道场的呈现。像那样的生活环境，才被称为道场。以上条件只要有一条不具备，自然无法呈现人的真我，自然无法形成道场。为什么这样说？因为人的真心自性与道之体一样，都具有无内无外、无边无际、不增不减、不垢不净、不断不常等属性特征。

能量信息场或称气场，跟道场相比，是存在本质上的差别的。神与气之间有差别，虚与神、气之间也有差别。气是以神来带动的。

但是在道场里面，在虚寂的兼容遍透中，神气是合一的，质量非常高，而且具有均匀无别、无内无外、无边无际等属性特征。所以，生活在道场里的人，至少要懂得让自己的身心行为活动能动地符合道、自然运化规律、社会发展规律、生命运化法则的同一性与统一体关系。人也只有在这种情况下，才能自然地与生活环境及社会关系达成动态平衡的关系，才能符合道之兼容遍透的特性，才能在与不同事物发生关系时遵循其属性特征，才能真正地了解和认识生命活动与身心行为活动之间的相互关系。

而能量信息场或气场，则只有当人的神对其进行统帅时，才能对一定的事物和某些层次的生命活动及其运化功能的功能态产生影响，或使之出现变化。在这种情况下给人带来的变化多体现出了低层次的兼容特性。

自性呈现只在当下

如果这时的自己能够在当下合人道体之中，能够真正地全然地融合其中，那么人的真我之主人翁就自然而然地呈现了出来。人的真我只有在那个刹那间的当下顿然呈现，开悟就是指那个当下发生的。

对于一般人，你说要他暂时放下是可以的，但那不是彻底的。于事事的应对中都能够呈现真我之主人翁，从古至今的几千年以来，确实没有几人能够做到。如果在应对不同的人、事、物时，能够驾驭自己的身心活动，能够做到于每个当下呈现实相智慧之真我，那可了不得。为什么？因为人的生命活动就会在这若干个刹那间发生质变。哪怕自己只遇见了一次那个一刹那间呈现的当下，人的生命活动也会发生质变。所以能够自觉做到当下合道，只有真正的过来人——见证者才能明白其间所产生的不可思议的效益。真正地、自然地融入道场之中，那种情况是很少见的，也不能说就完全没有，只是说尽量去像这样做，把自我泯灭掉。这就是说，给人发功也好，给人带信息场也好，怎么样带？最根本的问题就在于你的心和道场要连在一块儿，形成一个整体才行。刚才那位同学如果经常参加这样的活动，那就自然能体会到一些无法言表的奥义。

泯灭自我的偏执性

现在讲讲我在这方面的体会。我以前在江苏新沂曾讲过一次养生康复的报告会，当时有不少人听讲。当时的我就是在既紧张又专注的状态下开讲的，结果也产生了非常好的效果。直到吃饭的时候，都还有听众过来跟我说效果好、讲得好。

为什么会出现这样好的效果？因为人在精神高度集中专一的时候，是处在忘我的境界里。但是，这个忘我的境界与完全泯灭掉自我以后所呈现出来的无我境界还是存在着很大差距的。

以前我在辽宁的葫芦岛，也讲过一次报告会，是一位朋友邀请我去的。会后有很多人都觉得效果很好，其中有位驼背在听了我的讲课后，身心活动发生了巨大的变化。后来我仔细回忆，那一天我的身心都放松得很好，精神状态也很好，所以在讲的过程中所呈现出来的气氛和场能也就特别好。

这是讲如何合理地运用场中的能量信息，从而为提高组场质量服务，为提高场效应的利用率服务，讲一讲我自已的亲身体会，举这些例子。讲这些内容并不是为了炫耀自己的本事，而是想告诉大家如何更好地运用这个场。从这个方面讲，能够让人知道，群体效应的和谐度与场的同频共振效应之间存在的关系，并以此来帮助大家认识到，通过这样的方式也能起到泯灭自我个性、消损自身存在的不良习气、克除我执的作用。

如果你能真正地，哪怕只是在某个刹那间做到当下放下假我、习气、或偏执性的思想言行，那也同样会获得非常不错的效果。这个质变没有办法去形容。你要想找这个质变怎么找，我可以建议你多看一点禅宗的资料，看他们是怎么讲的。当然，现在也有老师讲过，当人呈现自己的意元体时，其脑细胞也会随之发生质变，脑中的智能效应功能也会在这一刹那间发生质变。

过去古人讲了很多关于克除我执的下手法，但要求都在当下进人。公案中有用棒打的教育法，有大喝或狮子吼的教育法，还有指月法等教育法内容，在众多公案里，也有非常高级的属于智慧性传承的教育法内容。这些公案在流传的过程中，虽然会被很多人学习，但却极少有人能够解读出其中的智慧性内涵。而且虚寂实相本身是没办法用语言文字表达的，一切理法、一切语言都不是“这个”，因此只能意会而不可言传，只能通过理法的引导来感而遂通。因此古人才有个勉强的说法，那就是“如人饮水，冷暖自知”。

我们在学习智慧教育文化时，一定要注意这一点：人的实相智慧之真我是不可能慢慢地逐渐地显现出来的，必须是当下顿悟。人能够呈现觉悟智慧的根本原因和条件是什么？根本条件就是：忘我，或处在无我的境界中。因此，人的觉悟智慧绝对不是案头研究或相互探讨、相互交流就能呈现的。

我知道，任何一位有智慧见地的人要讲出或写出自己见证到的养生理论，也是会结合他所在的那个时期、那个地域的生活特色、语言文字的表达方式等来展开，这样更方便为当时当地的人们所接受，实相智慧是能够呈现出这种分别应化智的效应的。那么对于现在来说，就可以结合一些现代的科学知识，比如结合生理解剖学等内容。

当然，创作养生理论的关键就在于把自己亲身实践的成果、经验、途径、方式方法等践行见证的内容与过程都总结归纳出来，像这样写出来的东西才有实用价值。这些东西一定是通过渐修的积累、通过在生活中的某一个当下来实证的，是这样顿悟出来的。人泯灭自己的这个假我，一定是需要经历这样的内容与过程的。没有任何一个方式说我慢慢修、慢慢练……自性就像慢影一样，慢慢地显现出来的。从古至今，绝对不能有这样的现象。

开智慧只有在当下把参照系破了，那个真我才能自然地于当下呈现出来。如果你有一个“私”的念头，当那个“私”的念头在要形成但还未形成的时候，那就已经不是真我了。所以学会集中精神，或让精神进入到高度统一的境界，是修养身心的入门条件。大家应该知道，古今的大德们所讲的理论再好，也都只是一个拐杖、一个工具而已。

只要有人产生了想探讨生命科学的愿望，我们就会无条件地帮助他，帮助他学会专注于智慧传承教育文化。有人问，世上的每个人是否都有开悟的可能？我可以肯定地回答：是的。虽然世上的每个人都是有可能的，但是开悟却是人处在“无我”这个特殊状态下的产物。所以有明师指导就显得非常重要了，因为明师能够给你播撒开悟见道之慧命的种子。

我记得在1993年、1994年的时候，老师曾经在大礼堂给我们讲课的过程中，搞过当头棒喝，当时虽然没有人当下觉悟，但是这个信息的种子已经种下了。如果没有老师当年搞当头棒喝，即没有撒下种子，那么我就无法想象今天的成就。

关于当头棒喝的内容、或教育法这些方面的东西，我告诉大家，那是没有办法讨论的，只能是这样说说而已。对此我也做不到一下就把这些道理讲明白，只有你真正地经历了一次喝开的觉受，才会了解我所讲的这些东西。你要是没有那一下开的经历，那么你怎么讲都不是的；你有了慧命，那怎么讲它都是！

什么是一般的泯灭自我的偏执性？那就是暂时地把自己的身体忘掉，暂时忘掉一下身体，暂时忘掉家里面的一些事，然后当你和虚空的混元气一结合，它产生的这个效益也是很大的。但有人以为精神高度集中是因为自我逐渐呈现出来的，其实不是这样的。练功确实是要精神集中专一，但是那个真我绝对不是慢慢呈现出来的。你能集中去做一件事，这就叫精神专一，说忘掉自我，这只不过是个语言表达方式，就是让你集中精神，专一心念。其实这个提法是比较好的，既实用，又能够帮助人们理解生命活动需要以整体和谐的运化状态为基础。

不过在这里，我也告诉大家一个好消息：我已经掌握了当头棒喝的规律。棒喝开悟是古智者发现的一种开发人之根本智慧的方法，我是通过自己的实践活动证明了棒喝的，同时也揭示出其规律性。

2003年，我在九江初次试验，当第一个人的智慧祖窍被打开的时候，我就已经认识到了这一规律性的本质内涵，并且能够掌握及运用。在这之后的四次实验中，每尝试一次都是灵验的，都是成功的。在实验的过程中，我就是循着这个棒喝的规律去做的，只需要在某个刹那间，就能把人的那个智慧祖窍的整体性喝现出来。

我成功地运用了组场棒喝的方法，像这样做也是前无古人的。古人没有通过组场的方式做过。以前也曾有其他老师做过，但在那时条件不成熟，道气不够，如何进入的规律和方法也不完备。而我在这一方面，直接继承了古今大德们的启智开慧的理论和经验。发现并运用棒喝开智的规律，是对生命科学、对智慧教育文化的丰富和发展。

当下 顿悟 全然投入

渐修是为了呈现顿悟那个当下而做的准备工作，今后在机缘成熟的情况下，能做当头棒喝，让有成熟机缘的人当下进入，像这样做才是最直接的入门方式。到那时，大家如能在觉悟这个层面上讲出符合智慧整体性之涵义要求的内容，那就有意义了。

虽然有些人在学理与践行方面，已经有好几年的经历了，但依我看，这些人在理入与行入方面还做得不够扎实。

我以前学理论是这样做的：比如在站庄的时候，就听老师的讲课录音。既练了功夫，又加强了理论学习，理入与行入这两方面都是非常必要的。

我在秦皇岛的培训中心待了两年，从今天来看真是没有白待，在那里留下来的目的就是为了学习老师的讲课，即学习大专教材。在当时的情况下，全国也只有这么一个学习健身理论与养生文化的大专班。在当时，我留校的想法就是为了学习大专教材。对于学习健身理论与养生文化，我又是怎么做的呢？人家大专班的学员是由老师亲自面授，而我只能在两个月以后才能听到老师的讲课录音。

怎么听？康复一部对大家的要求比较高，当时康复一部的部长给我们学习的时间很少，一个礼拜听两次课，我觉得跟不上，如果这样听下去的话，那么两年就没办法学完。我就提建议把老师的讲课录音借过来听，经允许后，借了录音自己找时间听，我每天都要听两到三个小时的讲课录音。在这样的情况下，勉勉强强地学习了大专教材的关键部分内容。

其实，听讲课录音学习理论的这个方法很好，学完了不一定记得，但是通过实践经验的积累，在一定的情况下，你会自觉地把老师所讲的东西拿出来。到那个时候，你讲的既是老师的东西，又是你自己的经验。因为你放在脑子里面，已经消化了，而且是通过实践活动来消化它的、来证明它的，这才是最关键的。这是一种便捷高效的学习方法。

当时我在康复部工作，万老师给我介绍了罗老师是如何消肿块的过程之后。第二天我就开始实践运用了，就是还没等罗老师回来，我就已经掌握了消肿块的方法。虽然在当时自己没有见证到“现象即是本质，形式即是内容”的觉悟智慧境界，但我所运用的学习方法即是于当下进入的智慧技巧。

从那之后，我消肿块都是用这样的方式方法，在刹那间就使之消失了，而且效果不错，之后还在不知不觉中教了好几个人。学习东西就在于你平时做人要有悟性，你要把自己的身心都投入进去，这个才是关键。我这里的人以后都应该学会这些东西，我会把这些方式方法都教给大家。学习这些内容并不难，只要于“我一说”的那个当下去做就是了。

调治的方法很简单，它也没有具体的原理，当功夫践证到了一定程度的时候，现象就是本质，形式就是内容，过程就是结果。因为这些东西很简单，我在这里说了，你现在立马这样去做就行，这样你就会消了。讲话是形式，你做出来就是内容，形式和内容在你实践的行为活动中得到了统一。你尝试一下，只要你有信心、有诚信，就能够成功。

多一点宽容 少一点计较

练功这个东西，关键是要练。我可以向大家介绍一下，我们这里的学员，我不是光指导他们怎样练功，更多的是指导他们平时怎么样去改变自己的思维参照模式，净化意识，怎么样学做人。每个礼拜都聚会一次，聚会干什么？很少讲功法，主要是讲做人，如何做好人，如何在生活过程的点滴细行中去做一个量行合度、行止相宜的人。

有的人会问：“我生活了几十年，难道还不会做人吗?”是的！其实大家在应对现实生活里的具体事物时，根本就不会做个称法的人。人提高身心健康素养、提高自我思想意识的修养水平就是学做人的过程。人在干工作时要学做人，在做买卖的过程中也要学做人，在学文化、搞学术研究的过程中还是要学做人。什么叫做人？我们以前总结了几句话，不知道对大家有帮助没有，做一个人其实是很容易的：宽以待人——多一点宽容，少一点计较。我们在平时的生活当中就是这样去做的，所以很多事我们就慢慢地过来了。

当还没过来时，会有很多的曲折，命运上、感觉上的等等。比如你给人家做了很多事，你没得到人家一句表扬的话，甚至于人家贬损你。当你真正过来时，这一切也就都变了。但是这个东西怎么讲呢？当你做到的时候，你就体会到了；你做不到时候，怎么讲也没有用。所以我才在这里反复强调理入与行入的重要性，并要大家按照这样的要求去践行。

改变参照模式

我们这里的人练功其实很简单，就是呼吸操、梳头操、转腰和蹲墙。你们有没有听说过，每天抻气抻200次，像这样坚持抻了两个月，就把非常严重的肩周炎抻好了的？原来整个手臂只能抬起来一点儿——手臂与身体的夹角只有30多度，再往上抬就抬不动了，但是他在这里习练了呼吸操、梳头操与抻气操以后，这样的病很快就好了。他在做抻气操时，一般情况下都只做200次的抻气动作，三个月下来就完全康复了。

而你们以前做抻气操，哪一个不是做千次以上，至少也是半个钟头，一个小时的？不过，这里的人在做了呼吸操与梳头操以后，只需要抻气抻200次、100次、几十次的，蹲墙最多100个，不需要蹲几百个，就这样练，骨刺什么的都开始变软了、消失了，身体发生了巨大的变化，为什么会出现这样的效果？关键就在习练呼吸操与梳头操这个环节上，因为只要人做呼吸操与梳头操，那就容易积攒内气，这样一来，当人的内气起来了，就能够加快康复的过程。对于这么好的健身方法，我自然就想到了把呼吸操推广出来。呼吸操的出现是以临床经验和疗效作为基础的。

当然，一个新生事物的出现肯定会有很多人不理解。可是我这个人已经习惯了面对和应对这一切。1998年的时候，我借给别人钱人家还骂我，连我祖宗三代都骂了，当时我还看着他笑。我为什么会看着他笑？人需要修养意识来净化自己。怎么修意识？我是在这样的情况下修的。当你帮人家，人家还不说你好，你还得继续去做，像这样去净化自我意识，那是很难的。刚才不是有位同学也谈到了这个问题吗？真正修养意识的时候，这个苦是最难吃的。因为自己参照系里的内容和那些所谓的标准都在障碍自己。当自己有“不舒服”的念头时，这个就是思维参照模式和标准需要变化的时候了。

我们要把自己参照系里面的内容变换一下，不舒服你要把它变了。参照系里面的内容如果改变了，那么人的德行品质就会随之而变，而且自己的身心健康状态也会跟着变的。其实参照系内容的变化确实是非常难的，因为我们人常常认识不到这些内容，可是我们必须要做的就是完成这些改变，改变偏执的思维参照模式，形成智慧性的整体辩证的参照系模式。

今天我就讲到这里，希望我所做的这一切，能够起到帮助大家的作用，能给大家带来快乐，带来健康，带来获得解脱的希望。

智慧功夫篇

风动 幡动 心动

智耀千年的公案

不同层面的切入

内求诸己 外现无为

直指人心的教育法

不悟不证 不证不悟

（编者按："风动，幡动，心动"这个公案，我们应该在高中时就学过，并且把这个作为佛教唯心主义的典型案例来批。后来在学习《坛经》时也参这个公案，也没有参解透。听了刘老师的讲解才豁然明白。现把刘老师的讲解整理出来，供大家参悟。）

智耀千年的公案

学生：刘老师，我提一个与上次讲课内容有关的问题，如何对待杂念？对于"风动或幡动"的命题，六祖慧能认为是心动。一般人理解，六祖慧能是用心动来解释风动、幡动的，用心动来否定风动与幡动。我觉得不好理解，这是不是六祖的原意？或者怎么样去理解风动、幡动、心动？风动、幡动、心动的关系怎么把握？是不是因为这与念头有关系，是不是说假如我心里不动念，那么外界对我的影响就没有了？

这位学员提出的问题多，也提得好。那我现在就开始讲讲，这个关于"风动还是幡动"的命题。

首先，我们大家应该知道，这一命题讨论的是关于解决如何做修养意识功夫方面的内容，也就是说，是讨论如何直接应对平常生活中念头与杂念的问题，也是讨论修炼开发根本智慧过程中如何面对起念消念的问题，更是探讨怎样从根本上去认识产生念头与杂念以及如何起觉的问题。只有通过一定程度的探讨，引起大家足够的重视，人们才会去探智根、寻慧源，所以这个命题，也是对慧根实相的本质内涵进行的探讨。

对于“风动还是幡动”的命题，六祖慧能的回答：“心动!”确实是六祖慧能回答这一命题的原意。这种答案正好体现了六祖慧能的修炼境界——一个大觉悟智慧者的见地。

传说六祖慧能出道的时候，到了那个庙里遇到了这样一件事：有个师父在上面讲法，让大家对风动或幡动的命题进行辩论，是风吹幡动，还是幡自动。有一派人这样认为，是风吹幡动；还有一派人则是那样认为，是幡自动。辩论的过程非常激烈，是公说公有理，婆说婆有理，没有结果。这个时候，六祖慧能从人群中站起身来说：“既不是风吹幡动，也不是幡自动，是心动!”

最初我看这个小故事的时候，那已经是十几年前的事了，是从一本漫画书上看到的，当时是非常不解的。心想：怎么回事？难道不是风吹幡才会动的吗？怎么会是心动？是哪个心？心又怎么会动呢？再说了，幡插在那里，肯定是不会自己动的，如果不是风吹这个外力的作用，那么幡怎样会自动呢？我们大家都知道，任何事物的发展，如果没有作用力与反作用力，那么事物肯定是不会发生变化的，难道不是这么个理吗？这不就是我们在上初中时学习过的力学原理吗？应该是牛顿力学的基础内容。

我当时想，可能那时科学不发达，还没有这些科学知识出来，所以才产生了这么荒唐的讨论，竟然还有更愚昧的人会提出“幡自动”的结论。我心里还想，可能在那时还没有辩证唯物主义的哲学产生，所以才会有形而上学的唯心主义的结果——心动！关于辩证唯物主义的哲学内容，我们不是在上高中或上大学的时候都学过的吗？这么简单的道理应该是一看就知道的。看样子古人是非常愚昧的，还说这个和尚是个大智慧者，简直就是开玩笑。我心想：我们现代的科学技术发展该是多么好啊，就这样简单地把愚昧消灭了。

但是六祖慧能为什么非要确定是心动呢？而且在流传了千年之后，还把这段故事拿出来讲，其心动的这个结果之意义何在呢？我的心里在那个时候就起了疑惑。

我看过这个故事，也因此而产生了疑惑，记得当时的心境是既觉得古时的社会落后及古人的愚痴，又觉得只有今天的科学才能为人类的文明作贡献。不过虽然是这样想了，但一个大智慧者为什么要那样回答，心动与智慧到底是什么关系？而且回答心动的这个人，据书上记载是中国佛教历史上非常了不起的人。因此这些东西在我的内心世界产生了不可解的矛盾，这些矛盾不仅我自己解答不了，而且周围的人没有一个能够回答，所以这个矛盾就自然地变成了疑惑。

对于这些疑惑，由于无人可解，因此就这样在我心底里潜藏了下来。这些东西在我脑子里装了十几年，一直装到今天，才被这位学员现在问起。

不同层面的切人

六祖当时的答案是心动，从人的觉悟智慧这个本质的层面上来看，六祖说得很对。从人认识自然界客观事物之间的关系角度上来看，风不把幡吹动起来，那幡肯定是不会自己动的，这是一个非常客观的、唯物的、自然的现象。一个幡挂在上面，风一吹它就自己动了，怎么还有幡自动的说法呢？以前我认为是风吹幡动。可是经过九年修证智慧的磨砺以后，我知道了，六祖慧能的“心动”的答案是正确的。这是通过自己的修炼实践见证到了的，是印证到了六祖慧能所说心动的觉悟智慧境界。因为，在宇宙自然中的任何客观存在，在其事物之间都是本然的运动状态，而且在任何事物之间和任何事物的内部的这种自然运动变化发展状态，都既是和谐的整体存在又是不断运动、变化、发展着的。因此，在它们之间，运动、变化、发展的相互关系同样也是处在这个和谐性的整体之中。

命题中说风吹幡动，我个人认为是对的；说幡自动，我个人认为也是对的；那么答案是心动，我个人认为还是对的。因为，没有人的观点、观念和概念，哪有人对宇宙自然的认识？如果没有个体人的这些主观世界的想法，就不会存在人类的主观世界的意识形态，所以人类共有、共用、共享、共存的意识形态构成了人类社会的社会意识形态。

在这个人类社会意识形态的大象中，存在着不同的民族、不同的地域、不同的文化、不同的教育、不同的习俗、不同的环境等因素，所以就产生了不同的文明现象、不同的观念、不同的习气、不同的认识、不同的智能和不同的觉悟智慧层面。就因为有了这么多的不同，才产生了各种各样人的认识素养、文化素养、智能素养和觉悟智慧的素养。还因不同的人，所站的角度不同，所用的观念、观点和概念不一样，那么其思考问题时所参照对象的角度、层次、环境就不一样，这样人的内在主观世界与作为客体的外部世界的和谐度及整体性的层面就不一样，因此就会自然地产生出不同的认识，会得出不同层面的结论。即使是对同一事物，人们都会有不同的认识及产生不同的结果。风动、幡动、心动这三个答案，正好说明了人在认识事物时主观世界所产生的多样性结论。

所以，我分别站在这三个不同的层面上来看风动、幡动、心动，就会得出风动幡、幡自动和心动这三个结论。大家一定要明确地知道，这是对风、幡、心这三个事物之间发生不同关系的不同认识。从这三个层面来看，这三个结论都是正确的。

比方说，有的人在一楼看东西，他可能觉得是这个答案；如果站在第二楼看事物，也有可能觉得也是这个答案；可是当自己站在三楼看的时候，他就可能会得出另外一种答案。人的主观世界对事物的认识、见解和见地，因自己所站的角度、高度、层次、层面不一样，自我的智商智能条件、觉悟智慧的深度不一样，那么得出的结论与结果就不一样。

所以，在任何人的主观世界里——思维参照模式中的标准，决定了自我的主观意识与客观存在之间的整体性和谐度——结论与结果。这种对宇宙自然，对人类社会中各种事物的认识、了解、掌握和运用，及其运化内容和运化过程的所谓结论与结果，无论其是否主观或客观，与更高级、更符合公理、更符合定律、更符合自我心意、更能满足感官功能的心念活动的结论和结果相比，都是唯心的，也是形而上学的结论与结果。因为在不觉悟的层面，人的一切认识，都是主观唯心的认识。

人只有站在道、实相智慧的高度——成就圆满的觉悟智慧境界，才能与宇宙自然及人类社会的万事万物达成和谐性的整体存在。在这种境界中得出的结论，才能呈现出人的主观世界与客观存在事物之间完美的、整体的和谐性。人也只有在践证到根本真理——实相智慧，与宇宙自然存在的绝对真理——道，二者成为不可分的统一整体时，才能真正呈现出既是主观的又是客观的智慧结论与结果，那就是人觉悟智慧整体辩证观的产物。因此，在这种觉悟智慧的境界中得出的结论与结果，都是分别智运化的，已经没有主观与客观的分别了。

当然，只有人站在真心自性这样的整体性上来看此问题时，即人的整体特性被证明出来后，站在整体性这个高度上来看待这个事物的时候，确实是“心”动了。人的心既是一个根本的存在，也是个“玄之又玄，众妙之门”的存在。怎样理解这个说法呢？这就要求我们大家一起开动脑筋——悟！要知道佛法教育人，不是使人追求外在事物，而是对自我内在的那个“心”之根本世界来进行求证的；是通过照察起心动念的过程，来帮助人达到觉起念消的目的的；是通过对起心动念的这个下手法的运用，而来成就人的觉悟智慧的——最后呈现神守一如的智慧禅境；是通过这些内容和过程，来净化自己的生命活动——获得身心整体健康的，使自己达到自身生命的存在与万物运化发展混然一体、心不动、自然无为、无为无不为的这种觉悟智慧层面。

任何人只有追求真理，才有机会证明自我的根本真理存在。当自我证明出来的时候，如果你内在的那颗心——主人翁，不因外在事物的运动而运动，不与外在的万事万物发生关系，不寄生于外在的万事万物的时候，人才有可能呈现“人我同体，万物同观”的境界，从而展现出人的身心整体与宇宙自然及社会整体的和谐性。在这样的情况下，内心的那种觉悟性才不会被任何杂念影响，也不会受任何念头的影响，而这时人脑子中自然出现的各种念头就会自然流走了、消失了，完全显现出人的实相映现功能的智慧效应——映又不应的大智慧境界。

内求诸己 外现无为

大家一定要明白，任何一个具有正常身心活动的人，是不可能没有念头产生的，包括那些古往今来的智者圣人、高功大德们，也都是一样的。人的觉悟智慧是怎样体现出来的呢？人有念头，但自己知道，即使是有了各种各样的念头也是很自然的。人的那个“映又不应”的实相映现功能的智慧效应，是会让其自然流动、自动流走的。请注意！这种实相映现功能的智慧效应，就是人的那个最根本的主观能动性，能够让念头自然流走的，就是那个最根本的主观能动性的自然无为之效应使然。

所以说，不管是风吹幡动也好，还是幡在风吹时自己动也好，跟你的那个根本实相——“心”没有关系。跟你自己的那个真心自性有什么关系？没关系。当你要去识别外物的时候，认识他事的时候，是因为你的心动了，当把自己的“心”寄于他物的时候，那便是外求。六祖慧能说的是这个层面的智慧性涵义，是要大家不要外求，而要内求！

那么判断内求与外求的分界线在哪里呢？从古至今，至少是五千年以来的那些见证到根本真理水平以上的智者圣人们，他们共同地认为，是以人的感官功能自然需求为临界线的，是以满足人生命活动的自然本能需求为临界线的。当然也是能否证得觉悟智慧的临界线。如果人的感官功能——“眼、耳、鼻、舌、身、意”这六根，对六尘“色、声、香、味、触、法”之觉受，从功能的自然需求，转而衍生演化为享受的要求、甚至是贪欲的要求，那么人就自然地堕入到外求感官对象的邪见之中。

人如果仅仅在符合自身生命活动运化法则的境界中，对自己感官功能产生了自然的需求，这样便不会破坏人的自我身心健康的整体性与和谐性，也不会破坏人与自然及社会之间的整体性与和谐性。而当人对自己的感官功能提出了要求或产生了贪求的欲望时，那么在对感官功能有主观的要求或产生欲求的那一刹那，人自身健康的身心平衡就被打破了，人与自然及社会的那种和谐性的整体平衡关系也就开始出现了分裂。

所以，人对感官功能的自然需求，与对感官功能的主观要求或欲求，就成为觉悟智慧的人与贪欲无明、愚昧无知的人的分水岭，或者说是标志。

对于以上所讲的这些内容，在描述几千年前历史故事的古印度史诗《摩诃婆罗多》里涉及开发根本智慧的一段插话——《薄伽梵歌》中，在中国的古智慧经典《道德经》中，在佛学的般若部经典中，都有论述，都已经认识得很深刻并透见了本质，把开发根本智慧的本质内涵都已经揭示了出来。今天获得了圆满智慧的觉悟者，也同样见证到了这一事物的本质内涵。所以大智慧者证得的圆满觉悟智慧无古今，由此诞生的智慧传承教育文化无古今，而且没有国界、没有民族、没有文化的区别，合道顺德的大智慧颠覆了人们对时间和空间的认识及定义，超越了时空界限。

佛法是一个让人探求自身生命存在、呈现自性真理的学问，是一个实践的学问，它是这样一个内求的根本层面。如果你自己内心一念不生，所谓的风吹幡动，还是幡在风吹的情况下它自己产生的动，还是你心动，就都不会起障碍己心的作用了。你内在的心都不动了，自然会表现出视而不见，充耳不闻，食而不知其味的自然质朴之性（这里的三个“不”是不执著的意思），那么对于质朴自然的生命活动而言，还有什么是动或不动的呢？人的真心自性——你自己那个真我之主人翁，本来是寂然不动的，为什么会动呢？是因为你与外界的事物发生了关系，为外物所牵缚才动的。六祖慧能回答的心动，是在这个层面上说的，是通过这个案例让人内求真心自性的。

六祖慧能讲述的是这样的一个道理，不要把自己的心念系于外事外物。什么是外事？人的一切思想意识活动，包括自己的各种观念、观点和概念，以及感官功能所引起的各种活动，既包括意识的，也包括生理的，还包括行为的，都是属于外事的范畴。什么叫外物？一本书、一个电脑、我的儿子、我的丈夫、我的父母等，都叫外物。要知道，我们为人处世，或处世做人的智慧条件，就是需要懂得唯自己的主人翁才是真正的主人，这样人才不会迷失方向，才会在应对任何事物之时不离本位，才不会被情感和利益所奴役，才会自然呈现清净无为的智慧身心行为活动。

如果人把心系于自己的手、脚、眼、耳等器官、感官上，这样叫不叫心系于外事与外物呢？与真心自性的觉悟智慧层面相比较，还是叫系于外事外物了。你的心总记着这个形体、记着气，为形体或气所牵、所扰、所障碍，不再回归到“法性长存”的这种属性上，扰动了心本然的净寂状态，这个过程叫“心”动的过程。

所以，佛法是非常不容易讲好的。不好讲在哪儿？你没证到就不好讲，证到了就好讲；没有证透就不好讲，如果证透了就好讲。人的觉悟智慧有根了，而身又有基础了，到那时，就没有哪个案例是不可以讲的。但是，现在我不可能把所有了解知道的案例都讲给大家听，要不然你们就不会去反思、自省、自悟了，也就不会主动去内求了。老师把结果都讲了，你剩下拿什么作疑问？没有疑问，你参什么禅？参禅不是在那参死禅，不仅仅只是在那打坐的内容，在那打坐是参木头禅，参石头蛋子禅，参枯禅。

但是，大家也需要明白，参禅不仅在打坐中，而且还在行住坐卧之中。唯有彻悟精证之人，才会把古人所有案例的精髓讲出来，而不是仅停留在文字上做文章、用功夫，跟随见地不透的那些所谓的“大师们”蹚浑水。为什么要这样说？不是讲“仁者见仁，智者见智”吗？是，但是大家不明白这个“仁者见仁，智者见智”，是对大智慧者在应对社会生活中，关于那些柴米油盐、行住坐卧的点滴细行方面所产生的精思妙想，或对行为活动分别智的说明和赞叹！而不是用来描述或形容那些没有见证到觉悟智慧的人，在犯无政府的自由主义时所产生的自我意识的偏执妄想与荒谬分别的行为活动，或文字文化内容，等等。

当然这个“仁者见仁，智者见智”的真正内涵，在社会利益文化的驱使下已经消失了，同时也被现在社会流行的商业化了的资本科技文化、资本社会文化、资本教育文化、资本艺术文化、资本工商文化等利益文化的大师们用烂了。不仅如此，由于宗教的教育文化受资本主义崇金拜物的思想观念与社会经济关系的影响，也被打上了资本的烙印，这样一来，宗教教义的智慧教育性也在发展经济的浪潮中变成了现代版的资本宗教文化。

资本宗教文化的传教士，同样是打着“仁者见仁，智者见智”的招牌，糟蹋古宗教教义中智慧传承教育文化的内容。同理论之，我们也就知道了，这种崇金拜物的思想观念是促使社会文化、科技文化等文化内容和文化形式发生变异的原始动力，而这个原始动力的根，就在于人们为了最大限度地满足自我感官享受的欲望要求。这种文化现象已经蔓延、渗透到社会经济发展与社会生活的各个领域之中。

大家知道吗？这种现象不仅出现在中国，而且更早地出现在西方发达国家。要知道以积累资本来刺激消费的经济发展模式，是现阶段人类社会维系经济发展的共同模式；而这种以牟取资本利益为根本目的的经济发展模式，是社会发展过程中孕生毒瘤、制造障碍、产生金融风暴现象的根。

在这里，我们把形成资本怪兽——孕育金融危机的原因找出来，让社会上的那些领导们和精英们，从形成金融危机的形式与现象上去认识谋求资本极端发展的后果，从内容与本质中去发现不顾经济发展规律而无限积累资本给社会关系及生活秩序带来的灾难，并帮助领导们从灾难的后果中了解资本的本性，从而做出明智的判断，从而引起精英们足够的重视，促使其去探索经济发展规律、社会发展规律。不过，中国的老子早在两千多年前就已经把社会发展规律给总结了出来，并将其属性特征也都揭示了出来，而社会经济发展规律只是社会发展规律中的一小部分内容而已。

这样人们就会知道，形成资本怪兽的根，又是来源于人对感官功能之欲望要求的执著，是人要求享受感官功能的直接后果，是人要求满足感官功能的心念活动外化的必然结果，也是造成拜金主义泛滥、物欲横流最根本的原因和处所。所以，人类自身应该主动去遵循社会的发展规律，让资本为人类社会自身的健康发展与福利生活服务，而不是使资本的积累为资本的自身服务。发展资本经济，强化精神文明建设，是人类社会发展智慧文明的必然之路。

我们认为：应该让资本作为社会精神文明建设的基础，在发展资本经济的同时，强化全社会的精神文明建设。那么发展精神文明建设的基础内容，就是让社会中的人，去充分认识人的自我意识净化是精神文明建设的核心内容，而人的自我意识净化就是从人的感官功能所产生的各种心意活动开始的。

人的各种感官心意是形成人一切思想意识活动的处所，也是产生人一切行为活动内容的动因。这样我们大家就知道了，如果不从自己感官功能的这个层面去克除我执，那么人的偏执性就没有办法得到纠正。如果每一个个体的人，其意识形态中的偏执性不能得到纠正，那么人类社会的社会意识形态也就是偏的，那么发展人类的智能文明就是一句完全彻底的空话。

这种现实就告诉了我们，人生在世是多么需要我们人自身具有觉悟智慧，具有整体和谐圆满的觉悟智慧。而不是那些不得真谛的偏见，在社会中流行、挡道。大家也应该知道，虽然我所讲的这些内容都是按照古今大德传承教育的内容践证的，但是那些不合乎社会运化发展规律的知识文化——所谓的科学内容还是泛存于社会之中。当然，人的思维参照模式，还有很多其他的内容，也都是由我们父母、亲人、老师和各种社会关系来教授、影响的；人身上的很多不良习气、习惯，都是在生活环境中、在潜移默化中、在浑然不觉中被熏染的。大家还要明白，在现代社会的利益文化中，刺激人感官功能欲求的广告文化，是以销售利益文化为龙头的，并广泛地以各种各样的方式进行传播，这样也就加快了社会中人们的精神异化。这一切都是以发展经济、积累资本为龙头的，使人性逐渐地被资本这头怪兽所驯服。这些都是资本经济所诞生的资本利益文化教育模式下产生的结果。

而现在绝大多数的人，从出生开始就接受这样异化教育的文化成果，从小到大到老，在无形之中，在不知不觉之中，在不费吹灰之力、在从被动到主动的情况下，就完全地承袭了这些资本利益文化教育的习气，同时也完全践证到了资本利益文化教育模式中的各种内容。所以大家应该提高自己的认识，清醒自我，加强学习智慧传承教育文化的内容，走个体自我意识的净化之路，以此来促进自己身心的整体健康，从人性的这个根本上去开发人的觉悟智慧。

如果大家只愿意学习理论，而不去注重生命科学探索的实践，那么现在你们即使是听得再明白，即使是会讲了，智慧也同样不属于你生命本身的东西，所以你还必须得通过内求的实践去证明它。修身养性的人需要留下疑问好参，以后像这样的公案大家最好不要提。如果我把这些公案都讲完了，那你们在修证的征途上就少了疑惑。你要开发般若智慧，如果没有疑惑点可破，那就很难进入了。

还有一个道理需要大家明白，我肯定是不可能把你们在修证过程中出现的各种各样的疑惑都讲完。即使我真把你们所有的疑惑都讲完了，完成了这一不可能完成的任务，那么我可以大胆断言，你们就肯定不可能成就觉悟智慧了。因为，你们的智能境界总是停留在外求的过程中，你们就没办法调动起主观能动性，没办法建立起内求诸己、外现无为的警觉意识。

另外，即使你们把我所讲的内容以及其他所有老师所教授的内容全部背下来，哪怕你一个字不掉，连音符都不掉，连语气都不掉地全记上，那复述或回放的也是老师所讲的内容，而不是你们自己的那个真心自性、那个主人翁变现的方便智慧。

“风吹幡动”是人通过外求的方式，认识到外因的作用所引起的事物外在表象的一种现象，这是人在认识事物的过程中，看到了人体以外的外部事物之间发生的一种自然的运动变化现象。这时，人的智能境界仅仅停留在人与自然及社会之间的那种不和谐的、分裂的存在关系的认知层面，这是标准的形而上学的客观唯物主义观点。

“幡自动”是人通过内求的方式，认识到外因的作用所引起的事物本身内在的运动变化现象，这是人在认识事物的过程中，主观地看到了人体或事物内部的运动变化内容，并没有发现人与事物外部环境之间存在的和谐关系。这种外因作用于事物，而显现出事物内部的运动变化，也是一个很自然的现象。这时人的智能境界仅仅停留在人主观的自我境界中，完全割裂了人与自然及社会存在之间的相互关系。这同样是标准的形而上学的主观唯物主义观点。

“心动”是人通过内求诸己的方式，认识到了宇宙自然与人类社会中，任何事物的内部与外部的运动、变化、发展，都是内因与外因之间相互影响、相互作用、相互制约、相辅相成的运化过程；是人通过自己的身心实践活动，而践证到了人与自然及社会的整体性和谐存在。这时的人是处在自然无为的觉悟智慧境界中，是对人性的最根本、最智慧、最整体、最和谐的认识，也是对宇宙自然绝对真理——道体德用的根本认识，是天人合一整体辩证观的全然呈现，因为这种见地已经超越了唯心与唯物二元论的束缚，呈现出自然无为的觉悟智慧之见地。

为什么会得出以上的结论呢？因为人的思维参照模式与行为活动的标准，都是以自我的思维参照模式为主体的，以自我的见解或见地为中心的，以自我的智能或觉悟智慧境界的层面为背景来展现的，所以每个人才有可能得出自己的结论。而且大家必须明白，人整体的思维参照模式，在对一切事物进行认知的过程中，是既不分内、也不分外的，也就是说内外无别的。

现在大家也就知道了，为什么我们那么强调人必须从根本上去改变自我的思维参照模式。在这个觉悟智慧的层面上，人的那个真心自性不动，即为自然；如果动了，即非自然。非自然是相对那个寂然不动而言的；但是更要清楚，人在践证到圆满的觉悟智慧的层面后，人的那个主人翁——心，不动为自然，动也即自然。

刚才所讲的这则公案，说明了人的生命活动所处的不同时间、不同阶段的不同见解和见地。见地到了的老师，跟人怎么讲都自然而然；如果见地不到，那么怎么说都不自然。现在还是回到过去老师们说过的一句话：理不是讲的，而是实证的。

直指人心的教育法

我以前也说过一句话：参禅不是参，坐禅非禅。前几天听说我们这里有个和尚能够长期做到晚上睡觉不倒，成年累月的晚上坐在床上，坐着练功，坐着睡觉，一宿一宿的。难道这样就是有功夫、有觉悟智慧了吗？请大家搞清楚，唯其证明生命真谛的存在，证明自性实相的存在，才能了悟人生，才能展现智慧。

所以，命题中的“风吹幡动”，第一个观点风动，第二个观点幡动，第三个观点就是六祖慧能讲的人的心动。他此时此地、此情此景中所说“心动”，也符合后来临济禅师总结棒喝规律的四料简中“夺境不夺人”。六祖慧能像这样讲，就是直指人心的。大家明白吗？这就是禅宗的教育法——开门见山。

从五祖弘忍创中国禅宗起，由六祖慧能开始，才把直指人心、直证菩提的顿悟法门发扬开来，并把《金刚经》作为印证是否开悟的纲要。因此，慧能才说既不是风吹幡动，也不是幡自动，而是你的“心”动了。他的这种见地，是直指人心的教育法，与《金刚经》的智慧性内涵如出一辙。听者如能言下见证真心自性，便了然开悟，或者说是根尘脱落。脱落什么？脱落你旧有的参照标准，让思维参照模式完全打开，让人衡量事物的标准体系完全翻个个儿，成就无形无象、现诸相非相之实相。

讲到现在，大家应该知道是怎么回事了吧？风吹幡动，是你参照系里面的内容，是你参照出的答案，不是自性的本身；你所作的思维参照判断的结论，也只是第七识的内容，还是属于你的神外求于外物，并与此结合所得出的结论，完全不属于自性本源。

幡自动，它也不是你的自性本身的映现。这就好像我们大家现在健身练功一样，自己总是停留于所谓的气感或能量中，虽然通过这样的锻炼活动也可以使你的身体发生一定的变化，但那不是人获得身心整体健康的根本法，也不是开发般若智慧的方便法，而是你用自己思维参照模式的内容和标准去分析它而得出的结果。这同样是心系于外物的结论。这都是没有见证般若智慧的人认识所谓的客观世界的思维方法，也是俗世之人认识一切存在的思维参照模式。这时的人，其认知、认知者、认知对象和认知思维参照模式都是相分离的。

大家都知道，六祖慧能是一个见证了自性真心的人，其认知、认知者、认知对象和认知事物时的思维参照模式都是一个和谐性的整体存在，是一个呈现了和谐性整体的觉悟智慧的大德。六祖慧能所表达出的不仅是直指人心的觉悟智慧境界，而且还是直指人心的一个教育法。这种方法是直指人心说话的，是指着自性说话的，是指着你的那个所谓佛性去讲的。所以我们要去学习智慧教育文化的理论，我们想要了悟人生那就得参。参什么？参不能解决的“这个”。

不悟不证 不证不悟

大家可以从公案入手，还可以从平常生活中的事和理上去进入。现在给大家介绍一个方法——观音，所谓的观音法，就是通过人的听觉功能展现的，因为人的听觉感官功能的智能效应是向内的，与眼的视觉功能效应向外的特性不一样。通过学习这个方法，我们大家可以从观音法进入到修养意识的境界中。这种方式方法是人走向自我净化入门的途径之一，也可以是个很好的走上觉悟智慧的方法。让我们自己听自己的心，观自己的心念，从而观入到自本性的境界中。不要单从眼入，单从眼入去观非常难，从耳入去观、去听那个弦外之音，并在一定程度上去结合视觉功能，通过这样的方式去观就容易一些。为什么这样说？因为，人眼耳的感官功能是经常联系在一起的，用眼耳的感官功能，学会驾驭它们，那么就很容易进去了，而单纯的眼睛感官功能是往外看出去的。

过去说直指人心是天下第一大法，是谁的法？谁能讲出来就是谁的法，谁能因此而见证到真心自性就是谁的法。第一大菩萨是谁？是文殊菩萨，智慧第一。如果我们要直证人心，直证自性——顿悟，应该先从哪个法门入？在十二圆通法门中，第一个入的是顿悟智慧法门，除了这个法门之外，那就是从观音着眼，从观音法门入。什么是观音法门？“观音”是中国民间的说法，其实就是观自在的那个法性——观自本性。观自本性就是通过内求而呈现身心整体、呈现真心自性的。

从入手法来说，我们可以从六根往内返，比如说一个比较方便的方法就是从耳朵听觉入。声音总是往里面听的，它本来是往里走的，不是往外放的，这是个顺生的方便法门，是通过观“音”而入，同样可以指人心、证自性的。观音“观”什么？观弦外之音，这个“音”不是我们简单认识的“声音”这个含义，而是显现出的“声”

与本质的“音”和合的整体性，以此来表达现象与本质合一，其涵义也就是要我们返观根本——观自本性。

在觉悟智慧的层面，观音是既可以通过听觉来观，也可以通过视觉、感觉等感官功能来“观”的，是把听觉感官功能中的能听所听和其他感官功能的能觉所觉等两个以上的功能合一的那种整体状态，那就是人的觉悟智慧状态，整合好了可以出现“听、看、觉”三元归一等等。

我想这三个月以来，在座各位之中有很多同学开始入功夫之门了。像有的学员说的练功感受内容，就是三个丹田要开的象征。比如，总听带功音乐和讲课录音，在听录音的过程中，同时出现了在胸口里面听到讲课声音的好现象。一般的人不会理解，听讲课的声音，怎么会跑到胸口里面听去了，跑到脑子中心听去了，跑到下丹田里面听去了，等等？这些都是开始要进入到那种整体性的整合状态的比较初级的现象。但是，你们要明白，人在修身养性的过程中，只出生理上的变化，这是远远不够的，修养意识才是最根本的内容，所以大家对于智慧教育文化理论的学习和实践也都要跟上来才行。

做人要学会反思和省察，要学会放下。佛法中讲放下即是，放下即是什么？大家自己要去悟。其实六祖慧能讲了几十年的法，就讲了一个问题——你心动还是什么，一辈子就讲这么一个问题。我们的《棒喝与禅》也同样是围绕着这个内容来讲的。

如果只是围绕着生命活动的健康讲，那不叫“智慧书”或者“金刚智”，那应该叫铜墙铁壁的常态智能，而“金刚智”是永恒的、不朽的，这才是我们要讲的真正大智慧的内涵秘要，是这样的开发永恒不朽、无坚不摧的根本智慧之书，是成就大道之书。

作为平常人，作为一个没有见证根本实相真理的人，他看到的事物可以是风吹幡动，看到事物本身的内容还可以是幡自动，但是人如果没有践证到真心自性的本质内涵，那么就是你的心动了！心随念动，因此呈现出的就是那样的分别、执著、妄想心。

在此我给大家一个建议，以后像公案这样的问题少问，问完了你没有疑问，如果自己没有了疑问，也就没有了切入的当下，那么人就不好修了。因为，如果公案讲解多了，你们自己就不思考了，而且很容易住在结论中、著在理上，变成你们脑子里面的知识而不是智慧，那就成了滋生知见的方法，而不是当下进入的方法了。

证入，悟入！你自己不悟不证，不证就不悟。如果没有学理的内容，缺少了践行的过程，那么这个理就只能成为知见，公案也就失去其存在的意义了。只靠思维的理解是不行的，你得用“心”。

对于你们提出来的这些问题，不是我回答不了，你问什么都可以回答，问题是你自己怎么办？由于自己习惯于外求，你那个心性怎样呈现？与老师一起学习，一起交流，一起探讨，一起修身养性，最关键的就是如何让我们的心完全相合，彼此无间。就是看你的那个心，和我的心在一块儿去成为一个圆，而不只是相交。让你心与我心成为完全相合相融的圆。

我与无我

对立统一的我与无我

体用一如的无我与大我

力以智现 善与道合

做一个整体智慧的我

感觉不是智慧

顿悟的反应与机理

出世入世 看水看山

行在当下放下

从改变参照系入手

道无所指 理行证入

智慧修证即是学做人

现在讲一讲我与无我，讲一讲我、无我和大我之间的关系。

通常人们在社会交往中对我、你、他认识得比较清楚，尤其是在文化上认识的人称代词“我、你、他”。代词就是具体事物的指代名称，“我”这个具体事物的名称是人，即在社会关系中用我、你、他来代称，这种人称代词是从不同角度来表达对人的称呼。不过，在智慧传承教育文化的内容中，在佛学文化的范畴里，对人呈现出自性的那个境界，也称“我”。

所以，这个名词——我，在不同的环境中，就有了不同的用法，也表示了不同的涵义。

过去的修身养性之人，通过自我身心的砺炼①而成就了根本智慧，达到这种称之为如如、如来、自性、佛性、心性……的虚寂实相境界，即是一种无我的境界。那无我的境界又是怎样的呢？我们今天就尝试着讲一讲无我。从古至今，只是有人说无我，并没有人比较系统地去论述无我的境界，将其智慧性的内涵释解出来使界限明确一些。我们今天尝试着讲一下，试着把它说明白一些。

① “砺炼”，即磨砺锻炼，强调磨炼精进；“历练”，即经历世事而受到锻炼，强调经历、阅历、经验的丰富过程。本书按照句义表达的不同，对二者进行区分应用。

对立统一的我与无我

什么样的状态叫无我？不管你是在世俗的社会，还是在出离了世俗的社会，不管你是在思想意识活动的内容里，还是在展现行为活动的过程中，都不是以自我为中心而呈现出的境界，就叫无我的智慧境界。简单地说，就是不以自我为中心而自然无为地呈现出的自我觉醒状态，叫无我。我们是这样定义的，也是这样来划定界限的。

很多人都爱说这样一句话：“你这个人的自我太强。”区别一个人有我还是无我，不能以自己的主观观念来衡量，关键要看人的思想意识和行为活动在那个具体的事物当中是否是以自我为中心的；在那个实际的行为活动过程中，是否把自己主观世界的偏执性显现出来了。当你在说话的时候，即使不说“我”字，但是只要你有某种贪欲心与占有欲，或者说非常小、非常微不足道的妄欲，哪怕只有一丁点，并把它表现了出来，那就是这个有欲求的“我”显现出来的。虽然你没有说“我”字，但还是体现了一个利己的我的境界，也就是自己的那个“假我”。

虽然在生活、工作或学习的过程中，经常会出现因方便交流而不断地说“我”字的现象，但只要你不停留在“我”的这个主观世界中，那就没有对满足感官心意、满足感官享受、满足感官对象与感官刺激的欲望产生执著，没有对金钱财富或物质利益产生妄想，没有对世俗情感产生占有欲的分别，那么在交流的过程中，你即使是说了一百个“我”字，也只能算是描述自己的身心行为活动的一种方便法而已。像这样的状态，也是一种无我的境界。

关于我和无我，一方面，如果不把它们的内涵揭示出来、区别开来，那就不能解决修身养性之人正确认识自身及其社会活动的这些内容，以及升华过程当中的那种状态；另一方面，在世俗社会的平凡生活当中，我与无我的存在也是不能分开的。

其实，我们每个人都有无我的时候，都有有我的时候，这个有我与无我是相伴而生的，是相对相生、相反相成的关系，是既对立又统一的。对立的时候，就表现为对物质利益的占有欲望，对情感利益的占有欲望；统一的时候，就表现为自我个人的利益是他人的利益，是家庭的利益，是社会的利益，也是自然的利益，是我心即你心、你心即他心的和谐的利益，是“圣人无心，以百姓心为心”的那种觉悟智慧状态下的大公无私的整体的利益表现。

人具有善良形态、情感欲望形态与愚昧形态这三种自然品性的意识形态存在形式，这是古印度智慧经典《薄伽梵歌》所讲的内容。而且人的这一辈子，归纳起来就容易执著于两个方面的内容：一个是因偏执于感官的心意享受而产生的情感利益，像这样的贪执形成了人的情感欲望形态；另一个就是因人对金钱的占有、物质利益的盲目追求而产生的愚昧形态。

纯善、真爱和慈悲的善良情感，是呈现根本智慧的自然品性的基础，可以使人启智明慧；而情欲与愚昧的那个假我，可以使人堕落。

比方说这小孩是我的，这妻子是我的，这丈夫是我的，这兄弟是我的，这朋友是我的，等等，这一系列的意识和行为，都属于什么？都属于对情感的占有。难道你不说妻子是你的，你这个妻子本身的名分，在这个社会规范、法律对人生的规范与要求中，你的妻子就变成人家的了吗？你们不还是那个客观存在的家庭关系吗？可人们总是用这个假我来占有情感，来占有物质利益。

人占有利益的这种心态表现在方方面面。很多人说话中也说我、我、我怎么怎么样……但是如果他没有自我的存在，没有表现出对情感利益、对物质利益追求的时候，那么说100个“我”字也是没有关系的。为什么？他说的这个“我”字，只是一个代词的名称而已，是一个代称，是对这个事物的代称，就好像桌子就叫“桌子”、杯子就叫“杯子”一样。

如果我们不说“我”字，改用另外的名词来代替“我”字，就好像有些人在讲课中，虽然关于“我”这个字他不说了，但是他会说“王老师”这三个字，这一下王老师就变成了妄老师了，为什么？因为脑子里面反应更复杂了，妄想也就随之增多了。本来用“我”这一个字就可以搞定的，现在为了避免我字的出现，而说出来了三个字，更多了一层自我妄想的做作。难道王老师不是我？难道你说完了王老师这三个字，就已经放下了自我观念中的那些观点和概念？就不是对自己的称呼“我”了吗？这样一来反而把事情搞得更复杂了。

为什么复杂？一个避免说我，一个要取代我字，这样的两种念头的产生，都是偏执于自我观念的妄想，也是分别心使然。其实，不管你说不说“我”字，不管现象上你是怎么表现的，如果不是以我为中心，并不与念头发生关系，那就是无我的智慧境界。人只要一动念头，那就已经显现出我了，再一看其通篇的讲话，那自我的妄想心就太多、分别心就太强了。

所以，一个人是处于有我还是无我的境界中，不是看你形式上如何表现，而是看自我产生思想意识的那个根本点的状态，是否是处在觉醒一如的智慧境界之中。

“我”字作为对自己的称呼，并不是自我心太强了，而是对一个客观事物存在的本来描述。这样的状态一定是需要通过语言来表达的，因为语言是人与人之间进行交流的工具，它只是一种交流的媒介，是一种自然流露过程的方便法，这不是占有了什么。

如果当一个人要占有某个事物的时候，那就是以自我为中心的小我，世俗的我。世俗的我就是这样的：我的女儿，我的儿子；这是我们家的，那是你们家的；这是我的钱，那是你的钱……当人家的东西成为自己的东西的时候，就认为是自己的了，这就是一种占有的偏执欲望。像这样的情况在我们的生活中是无处不在的。你不用说出“我”字，但是可能会体现在某个眼神里，或面部的表情中，或是不经意的一个小手势等行为活动上。人的心只要有一念分别、一念执著、一念妄想，那就是以我为中心的无知境界，是有我的愚味境界，是假我的贪欲境界。

体用一如的无我与大我

那什么叫“大我”呢？要想明白大我，那就要先见证无我的觉悟智慧境界。人只有达到了这样的境界，那才会自然地明了无我与大我之间的关系。

无我，是一个人在不断地通过修正自己生命活动、意识活动以后，觉行圆满的智慧状态。对于古代修身养性的理论来说，那就叫心性的智慧圆满状态，法性的圆满状态，佛性的圆满状态，或称为“王大”的人道圆满状态。在智慧传承教育文化中，它的代名词是什么？就是无我的觉悟智慧境界。对这样的一个关于觉悟智慧之我的境界，我们就把它称为无我的境界。

无我，是人的根本智慧呈现的境界，也是人自然质朴之性呈现的身心活动状态；还可以说是当人思想意识活动没有任何执著的时候，所呈现出的空性的境界。这个“空”不是什么都没有的顽空，而是什么都有，但什么都不住的性空蕴妙有境界。无我就是实相——道之体性的呈现，它呈现的就是什么都不分别、不占有的圆满的净寂状态，或者称为“朴”之性。

那什么是大我呢？当人见证到这种无我境界的净寂状态的时候，呈现朴之性的时候，人的生命活动在这个生存的自然界中、社会环境中，在各种事物的应对中，所展现出的整体和谐性的智慧内容，这就是大我。大我就相当于道之用——德的展现。因此我们就知道了，人的那种无我的智慧境界，需要在不断运动、变化和发展的自然与社会现实中来展现出其生命活动的内容和过程。像这样展现出来的智慧内容就是一个大我，一个圆满了的大我，一个自然而然地标志着人这个客观事物的存在境界的我。

怎样才是大我？人的智慧展现出“形式就是内容，现象即是本质，过程就是结果”的这样一个自然的和谐整体存在状态，这就是大我的展现。简单地说大我，大我是人于自然无为状态下展现出的具有和谐整体性的思想言行，或者说是见道者以分别应化智来分别应对万事万物的那种始终呈现出动态平衡的身心行为活动。

所以，无我的智慧境界必须通过大我来展现其用，展现出生命活动与自然和社会的各种关系。要想展现出大我，也必须达成无我的根本智慧——实相的境界。二者体用一如，不能分割。

可是从古至今，一提无我，很多人都认为是讲空的，是讲忘掉自己这个客观的生命存在。这就是没有明透道与德的体用一如关系。实相之体的空性，就是相当于道的净寂之空性，是性空即有的，它能够呈现万有。所以，无我不是说“我”没有了。没有“我”，你还有身体存在吗？如果有身体存在，不是死了，就是活着。你现在不还活着吗？你这个活体的生命不是还在运行吗？

从佛学方面来讲，无我即是法身境界，法身与报身和应化身是三位一体的，它们都不能单独存在。报身就是人的身心活动的整体呈现，在这样的境界里，人在应对不同属性特征的事物的过程中，根本智慧所展现出的内容就是分别智。所以，报身成就的分别智就是大我的境界。由于分别智对各种各样事物的应对是自然无为的，那么就会出现根本智慧映现时的不同功用，如境界般若、文字般若、方便般若和眷属般若。

从道学方面来讲，无我就相当于“虚其心”、“道常无名”的虚无境界，这种无状之状、无物之象的体性不是空，而是空性之中的妙有；这种妙有的“有”即是虚中有冲的那个“冲”。现在怎样理解这个冲的涵义？老子所讲的“惚恍中有象，恍惚中有物，窈冥中有精”中的“象”、“物”、“精”都是冲产生的内容。这样我们就会知道这“其精甚真，其中有信”的“真”与“信”，是被古今中外的智者圣人自身的生命活动实践印证了的，所以才会有“自古及今，其名不去”的说法。对此应该怎样理解呢？就是说，人可以像我们一样通过生命活动的践证来映现这一切真实——兼容遍透世间万有的绝对存在。所以，人在“弱其志”的状态下践证道的体用之性的玄德之功，即是人之大我的智慧境界。

了解了这样一些内容，我们就知道该怎样面对自己，怎样处理人在社会中、在人世间、在亲朋好友之间的关系了。一个无我的人，他的社会和谐性是非常强的。其实在社会生活中，我们每一个人都有过无我的状态。

在我的身边就有一位何老师，她在单位里，一般情况下从来没表现过她的这个自我存在，很多人愿意跟她讲话，没有矛盾。她这个人走到哪个地方都没有矛盾，没有人嫉妒她。为什么？她从来没有指责过人家，没有去讨论过人家。人家在指责的时候，她在那儿笑一笑也就过去了。如果有人在不断地说闲话，或论别人的长短，她也就通过点头或微笑应付一下，并不会与别人一起说长道短。遇到矛盾或冲突的事，了不起就是点个头，“嗯”几下，然后就劝解人家“算了，别这样”。

她的这些思想活动与行为活动，并没有表现出一个分别的自我，也不以自我为中心。在处理人与人之间关系的时候，她总是不以自我的存在而存在，所以在她周围的生活环境和工作环境中，没有什么矛盾存在。何老师工作了这么多年，在单位里、社会上、隔壁邻居之间，没有人对她有特别的反感。为什么？就是因为她自然呈现了这样一种不偏执的状态，而不是张扬显摆自己。

一旦你表现出强烈的个性时，那就是小我或有我、假我出现了。当小我占有了人的整个身心，那就是人的自我私利出现之时。即使是人的小我私利完全地显现出来，又能够真正地占有什么呢？所以这么多年来，何老师这个人，可以说是在方便了自己的同时，也方便了别人。

那么人在说话的时候，是不是要表达“我”？是的，要表达一个我字。不然的话，你这个生命的存在拿什么作称呼？把“我”这个代词改了也行，改成叫“镜子”也可以。这样一来，不就又多了一个关于“我”字涵义的“镜子”了吗？不就又多了个名词吗？大家想想，我在与人交流的时候，本来是可以简单地说一声“我”就行了，可把称呼一变，我还得称呼自己为“刘老师”了，这个所谓刘老师指的不还是我这个人吗？不还是我这个个体的生命存在吗？刘老师既然还是我，那么像这样称呼，不是又多了两个字吗？

如果说人表现一个以我为中心的强烈欲望，即使是不称呼，也同样有人的这个假我的概念或观念存在。那么原来说一个“我”字，现在用三个字才能代表，你不还多占有了两个字吗？那你的占有欲望不是更大了，多增加了几个字？

对人的这个“我”的认识，咱们要用辩证的观点，要站在整体观的高度去认识。可是有的人一说起来就是“你这个人自我太强”，那就是他不明白在哪个层次上进行界定——什么叫我。

世俗的我、利益的我、贪欲的我、占有的我、想象的我、享受的我、困惑的我、蹉跎的我、名誉的我、漂亮的我，等等，这些都是指自我主观意识中的我，还是符合满足感官享受的假我，对此也称小我。

没有对利益的追求，没有对情感的占有，这个人是不是就无我了呢？是的。有的人就打比方，傻子他就是不占有情感、不占有物质利益的。傻子他不知道啊，在一个层面上来说，傻子的这种状态不是智能的状态，这种不占有的状态是非常低级的，是浑然不觉的。但是，我们可以从他身上看出来，他在某些方面适应自然的能力较我们正常的人要强得多。你看傻子吃起来没完，那么冷的天穿得少少的；可我们正常人不行，因为你有了自我的观念存在，你得穿得多多的，因为在自己的观念中有冷的概念，所以你在参照这一事物时，就有了冷与热的标准，就产生了冷与热的分别。

你可别这样说，“刘老师讲得很有道理，那做个傻子，他也算得道了吗?”不对的。一个非智能状态的人，他不具有完整的人的形态，那不能叫做完整的人。傻子只是具有对生命活动基本的本能需求，他们的意识与行为活动根本就不能和平常人的智能相提并论，更谈不上觉悟智慧了。

以上就是对无我所讲的内容。很多人会问，那怎样才叫有我的境界？有的人他分辨不清楚。但可以这样理解，人与人、人与事物之间发生关系时，所表现出的那种占有的贪欲心，以及因此而生的分别执著妄想心等，这就是有我的境界。例如，在俗世之中，人们都是这样生活着的，比如人与人之间谈话，他非要谈赢；与人抬杠，他非要抬赢；与人一起吃饭喝酒，他非要吃赢、喝赢；与人一起打牌娱乐，他非要打赢……

人只要有了偏执性，那就肯定会出现这样的现象，这也就符合了意识偏颇的理。人如果有了偏执的参照系标准，那思维的结果就是这样的。以我为中心的人，他就一定要把你说赢了，直到你认输才行。这样表现出来的不就是一个有我的状态吗？是因占有欲引起的自私自利之假我而表现出来的思想言行。人想占有什么？要占有输或者是赢，他有占有的欲望。你说我一句，我得说你三句，说完了以后我赢了。这个我是什么？就是符合人感官心意的小我，是愚昧无知的我，是一种贪欲、偏执和占有的我。

力以智现 善与道合

我们得把我与无我讲清楚，讲清楚以后，大家就知道用什么样的标准去做人了。它对于人们如何学做人至关重要，这不是做个明白人还是糊涂人的问题，而是做个有觉悟智慧的人、做一个利己利他的人的问题。做这样的好人，存在一种什么样的准则？不是一看这人挺善良、心肠挺软的就是“好人”。当然，这也算是世俗社会中的好人，但这是世俗社会中伦理道德参照标准下的好人，而不是合道顺德状态下呈现出的觉悟智慧之人。做好人的行为规范准则是利己利他！

人怎样才能做到利己利他？人能够获得身心整体健康，成就圆满的觉悟智慧，这就是利己；通过自己的身心健康和觉悟智慧来影响他人，使他人也走向符合事物运化规律的健康之路，并能帮助他人展现出无我境界的觉悟智慧，那么这就是利他。像这样的境界，人如果没有大的觉悟智慧那怎能做到?

所以，在世俗的社会中，存在有太多那一类所谓的好人。他们虽然心有善因，但却没有能力把这个善缘展现到人与各种事物发生的关系中。如果你不能把善缘展现出来，那肯定就会出现背道而驰的现象，把好事办成了坏事。这就是没有呈现根本智慧的缘故！既能把事情办顺利，又不损害人的身心健康，还不破坏人与自然及社会各种关系的和谐状态，这样才是“善”，善与道合！如果你没有觉悟智慧，那就没有这个能力和力量来利己和利人。

一个人如果没有践证到觉悟智慧的整体性，那就自救不得，又何以救人？这就不是在修二入四行，而是在修害己害人之行！我们要做个什么样的人，才能对自身有利，对他人有益？怎样才能做到常保人与自然及社会的和谐？这个问题是非常重要的，值得所有发善心的人去思考的问题。

又有人说：“刘老师，你这个人蛮有‘自我’，你不是一直在那儿强调要人做呼吸操吗？你反复强调难道不是‘我执’的表现吗?”对了，这就是我要在有我与无我的第二个认识标准中进行讲解的内容。

前面讲到是否以我为中心，是衡量有我还是无我的第一个标准。那么，衡量人在事物的应对中有我还是无我的第二个认识与识别的标准：当别人认为你是存在有所谓的执著的时候，那就要看一看，你是为自己谋利益，还是为别人谋幸福。这是第二个准则。

不是为了自己，不是为了个人的利益和幸福，其实这种境界就是人的慈悲心！以上的这些内容也是总的原则。不以自我为中心，而是为他人、为他人的健康和幸福着想，这种所谓的执著，就是分别智的展现。人处在这样的境界中去应对事物的发展，就叫什么？叫爱心，叫慈悲心。

那么在以前的故事里，说济公活佛他那么“执著”于自己所做的事，从中我们可以看出什么？那是执著吗？人家叫他化缘，他又何必执著于化缘呢？还从千里迢迢的云南那边去弄那么多的木材来，还花那么大的力气将这些木材用神通搬过来。坏人专门做坏事，长了瘤子，济公活佛说：你要做好事，它就小一点；你要再做坏事，它就长一点。你做好事，瘤子就消了；你一做坏事，瘤子又长出来了。这说明什么？说明了济公活佛的慈悲心。当他为别人着想的时候，也是一种所谓的执著——分别应化智的展现。

济公活佛这种表达爱的方式，并不是你有病我就帮你治这么简单，而是有教育法的内容在里面。是好人他就会帮助你完成心愿，这是对于行善的鼓励和肯定；是坏人也会给你机会，他会通过各种惩罚性的方式让你明白——善恶有报。当你善心一发，病就自然会好起来，事情也自然地向顺利的方向发展；但你恶心一现，病就会恶化，所做的事情也会障碍重重。他就是这样来点醒你、度化你的，让你弃恶从善，自己从心性上转变和修正。这就是大慈悲心！

我们讲过一课《爱是什么》，爱不只是关怀这一种表达方式，而是无数种。赞美你、反驳你、甚至训斥你，都可以是爱的表现形式。没有一点儿为自己的私利念头，而是为了全然地帮助你，这是爱——慈悲心的展现！所以说爱别人，是要通过某种表现形式给它表达出来的，并展现出这种行为活动的意义。如果济公没有一个向前看的这种发展的慈悲心把他的爱表达出来，这个事物怎么可能完成？对于思想意识偏执的人，也就失去教育意义了。

如果你们要是说这也是执著，那么人正常的生命活动也是多余的了、执著的了。如果人以这样的自我狭隘利益为参照事物的标准，那什么执著都没有了，你的这个生命也就消亡了。因为吃饭也是一种执著，那怎么办？你就“涅槃”吧，别活了，就死掉拉倒！

我们应该看到自然间、社会中，任何事物都不是绝对的、孤立的存在，只是相对的存在。如果说人在需要认识的事物中，有一个是绝对的，那就是道的存在。事物必然遵循道用之常而处于运动、变化和发展之中，这是绝对的。不管是大到宏观的物体，还是小到量子，甚至是小到了我们感觉到的气态的层面，都是属于运动着的存在。关于这些内容，其实早在几千年前，在我们的老祖宗那里，老子道德五千言里就讲过——“道可道非常道”。

道是什么？无以名状的存在。道是什么？恍兮惚兮，它就是绝对的存在。我们不管“恍”是代表什么，“惚”是代表什么，老子所描述的道的存在状态，那个无始之始，衍生演化了我们今天所能看到和感觉到的这一切存在，还有那些我们人类迄今为止不认识的内容的存在，而且这一切存在都是恒于不断运动、变化、发展着的。这是中国古人的认识。

咱们再看外国的古人，大乘佛学“空宗”里讲的空，认为一切事物的衍化发展都是从空而来，“空即是菩提”。大乘佛学里的“有宗”，认为一切存在的本源来源于实相的这个有，这样就说“烦恼即是菩提”。烦恼是什么？烦恼是有，是空中的有，有是一种存在。后来大乘佛学里还有个中观学派出来了，中观学派就说“即空即有”、“空中现妙有”，那也是对实相智慧能够兼容万事万物遍透性的描述，是对实相智慧具有化生万有因缘效应的描述。

不管怎么说，人如果修得了圆满觉行的智慧，其心量智慧所能映现的事物，作为平常人是做不到的。平常人的智能状态，只能认识到那些能够被自己固有的思维模式所参照接收和认知的各种事物及其信息、概念等，所以这样的认识是片面的、有局限性的。

圆满觉行的智慧者在展现自身思想言行时，是能够反映事物的属性特征及运化态势的。像这样去理解，才是对“心”这个事物存在的智慧描述，也是对形而上的事物的描述，是一种自然运动、运化着的状态。宇宙自然的存在是客观存在的，道与宇宙自然运化的发展规律是绝对的真理。

除了这个绝对的真理以外，由其运化着的事物全部都是相对的，没有哪个事物的存在不是相对的。就比如说我们的智慧整体观，它也是相对的，也是符合自然辩证法原理的，其中局部的整体、整体的局部都是整体观的内容。那么我们讲的这个“我”呢？也是局部的我和整体的我。局部的我是一个世俗的小我，无我是一个和谐整体智慧的真我境界。当达到这种觉悟境界的时候，就是一个整体的我的存在，那就是大我；当此整体性被证明出来的时候，即是实相般若，呈现的是无我的境界。我们得从这个层面上去认识。

当人的自性真心，它的体性被证明的时候，那就是无我的存在；展现人对任何事物的各种反映和反应，那就是其用之性，那就是大我的存在——分别智。要不然的话，在现实生活、工作和学习的过程中，如果你这个“我”字的人称代词不表达出来，并把这种不表达出来的状态当成是无我的境界，那就不对了！除非是你死了，死了的人就没有这个大我了，那就可以认为是顽空的无我了，那我这个生命都已经不存在了。

但是，只要你在活着的时候，能够见证到大智慧，那么人的自然质朴之性所呈现的就是无我的智慧境界，也就必然会展现出大我的生命活动状态，这样才是圆满觉行的智慧境界，是标志着人的整体特性的大我境界。我今天就把这个无我和大我之间关系给讲了出来。

做一个整体智慧的我

怎么样才能呈现实相智慧？我们还得从根本上来谈一谈无我的智慧境界，谈一谈怎么样走向无我。世俗的我就不用我们讨论了，在人一出生的时候就开始学了，我们的亲戚、朋友、父母都会教我们做一个世俗的我，可是却没有人教你做一个具有无我智慧的人，做一个具有整体智能的人。

怎么样去学会做一个无我境界的人，做一个身心合一之我的人？这就需要我们通过修身养性的途径来达成。人的这个整体智慧的映现就是大我，是无我境界的展现。不要执著，不要执著于这个大我，也不要执著于这个无我，二者就相当于道体与德用的关系，此二者同出而异名。

从古至今，任何一位具有觉悟智慧的人，都是在精神统帅下的个体生命活动的本质体现。过去谈实相般若的时候，有好多大德都说过，说什么是实相？“云在青天水在瓶”，“千江有水千江月，万里无云万里天”，“青青翠竹，悉是法身。郁郁黄花，无非般若”……只要能见证到般若智慧的整体和谐性，随你怎么说都行。那么，这些禅诗到底表达了什么意思？表达出人的那个觉悟智慧之我，在认识和反映人、事、物时的整体和谐性的境界，是对那种自自然然、自然而然存在状态的反映。因为这种实相智慧在认识与反映事物时的境界不好描述，当然也无法把这种境界中的人、事、物之整体和谐性描述出来。

有的人就喜欢谈智慧境界的空，并说无我是个空，大我是个空、是个无。实际上这个空是怎么体现出来的？这个空是通过“有”来体现的。没有这个有，哪来的空?！那怎么样在“有”的情况下，体现空性的存在呢？简单地说一句话，就是不著在思维参照系的这种功能态的运动内容和运动过程中，这才是空性，也可以称为是无我的存在。怎么去证明它？当这个无我的存在去反应自然和社会上各种事物的时候，展现出来的整体智能态就是大我的存在。我们今天暂时就这样讲得简单一点。

从生理解剖学的角度来讲，那个整体的智慧之我，是以脑中心为中心的智能效应功能的绝对存在。在大脑的下面、小脑的前面，即两半丘脑的中间，靠近第三脑室的一个区域，有一个很小的空间，要把这个空间的中心打开。注意，这个打开的意思不是让大家把脑袋砸开去找那个空间，而是通过内省、反思，修起心动念来呈现这个所谓打开的智能效应功能状态的中心。这个中心就是古今中外智者圣人已经共同见证过的智慧祖窍。我今天讲的这些内容，在古今中外的典籍资料中都有记载。要打开这种智慧祖窍，一定是刹那间打开——三元同时归一。其境界既是圆坨坨、光烁烁，其小无内、其大无外的，也是不在中之中，不在中之外，又不离中之外的那个处所。

在这里请大家一定要注意，从古至今对于这样智慧境界的描述有很多，但无论怎样描述，都绝对不是“开”时那一刻的智慧身的本身，或者说是法身的本身。所有讲解、描述的内容都只是个方便法，都只是为了方便说明和理解而勉为其难地描述一下而已。

当把这个神意的泉眼打开时，人的精气神在那一刹那相和合，就是在又不在、离又不离的虚寂实相境界，这就是顿悟。像这样出现的刹那间顿悟可以使人产生质变。若人能够呈现这样的境界，那么圆满报身、修炼中脉或炼丹道就会如高屋建瓴，势如破竹。到达了这样的智慧功夫水平，其努力精进的条件才算是具足了，这就是悟后方起修的根据。

什么是三元归一？在脑中心的位置，脑组织细胞形成的智能效应整体性和谐的功能态——意元体，意元体是一种均匀无别的绝对信息存在，其运动内容和运动过程，在瞬间所呈现出的智能效应功能的整体性是能看所看、能听所听与能觉所觉归元为一，即是三元归一。

视觉功能之能看所看、听觉功能之能听所听和寂照映现功能之能觉所觉，这三种功能态同时合一，而成为整体性和谐的智能效应功能状态，即当三种功能成为一个整体的时候，那就是三元归一，那就是觉悟到的实相智慧之无物不映现的状态，即呈现的是实相般若境界。对此，老子是这样描述虚寂实相的：“视之不见，名曰夷；听之不闻，名曰希；抟之不得，名曰微；此三者不可致诘，故混而为一。”人只有处在这种境界中，才能呈现出道的“其上不皦，其下不昧，绳绳不可名，复归于无物”的属性特征。

当我们人的视觉功能和意元体的功能态形成一种能看所看功能合一的时候，我们就会出现透视功能，或超视觉功能——超于常人的视觉功能；当能听所听的功能合一的时候，那就是千里耳，或者说是顺风耳，是一种超常的、特异的听觉功能存在；当能觉和所觉的功能合一的时候，那就是功能态里边的感知效应功能。所谓感知，就是你那个智能效应功能里想到的和觉察到的内容。想到的，就是能想所想之功能合一，那个功能被你证明了，感知功能就出现了。

当能看所看、能听所听和能觉所觉的功能整体合一的时候，那就可以叫慧眼境界，叫智慧眼。它不仅仅是智慧效应整体性功能的展现，而是对智慧功夫所达到的境界的一种描述。我们讲这个内容，当我们的能听所听、能看所看、能觉所觉这三个功能合一，那就叫实相，那就叫大实相，实相般若。当这三个功能在当下被统一的时候，成为一个整体不可分割的时候，那就是见证到了意元体之体性。以后再证到眼耳鼻舌身意的“能”“所”合一，那就进入到圆满意元体的境界，在这样的层面上可以称为法眼。什么叫佛眼？佛眼就是不仅眼耳鼻舌身意的能所合一了，而且于一切与自然及社会的各种关系中，还能明觉意元体的运动内容和变化过程，那就叫佛眼。

感觉不是智慧

我今天还讲了一些“五眼通”与意元体理论结合起来的内容。怎么去证明它？什么叫觉悟？一刹那间内在和外在的统一，内在感觉和外在感觉的统一，即能听所听、能看所看、能觉所觉这些功能的统一，那就叫明心。一定是要在同一时刻，同一刹那，不能分几个刹那。也就是说，我现在一听，听完了里边一响，那个状态不对，那个响声它不是合一时的境界表现。应该是映现声、光、觉的那个功能——灵明妙觉，即看到的、听到的和感觉到的是同时呈现的，而且是无有内外、没有分别的境界。这就是那个状态的智能效应功能，那个功能即“心”的存在，或称实相、或性体等说法。

说那个空是什么空？很多人执著地说：“庞老师书里边写得很清楚了——‘豁豁然空’。”我可以明确地告诉大家，老师写的那个豁豁然空，如果是我们讲的这种“心”的境界，而且这个境界被你见证了，那叫豁豁然空就没有问题，否则就不是！为什么这样说？因为不是这样的境界，人就不可能产生身心活动的巨大质变！

还有人说：“在我脑子里空了一块。”你那个是空了一块吗？确实是空了一块，但这一块空，仅仅只是这种空的觉受而已，其实是你的那个智能效应功能的感应、感知的念头的内容，那是你住在那个空的念头中的结果。那个所谓的空，是与你脑子中粗糙的“有”来进行比较的。我为什么会这样说？因为，在人脑中有很多层次层面的能量或混元气存在，而且这其中的任何一个层次层面的能量或混元气，都可以使人觉受出空的境界。然而，人的那个根本实相之真心自性，根本就不是你们自以为是的空，也不是你们想象的脑中的能量或混元气的存在形式。

你自己的智能效应功能，能有多大的能力？又能够识别到哪些层次层面的空呢？如果人没有对净寂实相这个根本真理的理论进行深入的学习与探索，那么就不可能了解净寂实相的属性特征；如果不能做到全面了解实相的本质内涵，而又没有明师带你一步一步去践行见证，那么你就不可能确立脑中关于真心自性之体映现时的参照标准；如果没有这种映现时必备的觉知映现标准，那么你自认为的空，就肯定不是实相智慧所映现的自然质朴的觉悟之性——空性，而是自我印象中空的心意念头！这种自我印象中空的心意念头，是你那个神经系统敏锐后的感官功能觉受到的一种心意活动，是对脑中不同层次层面的能量或混元气产生的一种生理觉受。说白了就是对能量或气产生的一种平常的感受而已。

如果自己不能够提高认识，那么就会停留在这种感觉之中，这样也就永远不能得现真谛！我再重复地讲一遍，大家应该明白这样不同层次空的觉受，其实都是人的自我感官觉受所产生的一种心意活动。这种心意活动的内容与人之心——实相没有关系，如果著意于此便是外求！大家听到没有，那个所谓的空，还只是一种觉受到的念空，是人的主观思想反应出的一个空的念头，人是住在空的念头上了。这还只是人后天的思维参照模式对空的认识，而不是呈现实相智慧时的根本空性。请大家不能把二者混淆了。

如果不把这个问题讲透了，大家很容易著在所谓空的念头上。如果单单这样直白地讲一讲，恐怕还是会有很多问题出现的。因为有很多人不明就里，仅凭自己的主观愿望来理解智慧教育文化理论中的内容，把自己理解的那个偏颇的观点当成了觉悟智慧的境界，这样就背道而驰了。

所以，今天我把这些见证到了的内容呈现给大家。如果我还像古人一样不肯分明说，这样就会使那些有缘人自然地堕入到迷魂阵的深渊中。当然，明心见性的理论不好讲，但是从古至今也有很多的智者圣人在不停地讲。而且，现在是知识开放的年代，如不竭尽全力地把那些不可思议的内容想办法讲出来，那么就会有很多人产生曲解，就会在那儿以假当真，觉得自己了不起了。他们会自以为自我空了、觉悟了。在这里我会告诉你，你哪儿空了？你空了以后，那你的身体里边能否出现质变？如果不能，那怎么能够叫空呢？如果是真正地开悟明心了以后，那么就会呈现实相智慧，实相的境界就如同道的净寂之性呈兼容。道既然是衍生演化万事万物的根本，那么实相的境界就是身心发生巨大质变的根本。

从古至今，在那些觉悟了的人中，虽然在当时被印证为是开悟了的大德，但没有出现身体质变的现象，我们认为那都是没有获得真正觉悟的人。我们说，既被印证为开悟，又显现出生命活动的质变，才能说是证到了觉悟的空性。而且只要是觉悟者，没有一个人不是发生质变的。如果开悟后，人没有发生巨大的质变，那么就不是真正呈现了无我境界的空性。

人在成就了大觉悟智慧以后，就会逐步展现出现象与本质、形式与内容是整体而同一的智慧境界。这时的人如果生命没有发生内在本质的根本变化，那就肯定不会出现生理方面相应的质变！只要在一刹那间三元归一——能够在刹那间映现出这种三元同时归一的功能，才是那个所谓的空性。

我们今天讲得更清晰一点。我们讲开悟，就是那样一个不是东西的“东西”，而且是同时的、不可分割的，内外是无分别的整体。

有的人问：“在印堂这里中指一点，脑子里边就动了，那算不算开窍了？”我说那不算，那是在两个时间里产生的动静，那是人的自我假想的念头；是在自我意想之后，点按印堂穴时，脑中心部位才产生了“哗！”的那一动，那个境界肯定不是，那个也不能叫合一。

三元合一的那个境界，是在极短的刹那间内呈现的，严谨地说就是当下，同时而又整体映现的实相境界。你往身体里边点，就那一点，身体里边就会产生一动的现象，那也是假的。因为那个时间太慢、太长了，不足以在不到一刹那的极短时间内，也就是当下，使视听觉三元同时归一，让人的智能效应功能产生整合统一。像这样的所谓点按是不行的，只有当外边的声音和里边的声音是同时并且同一、没有分别的时候，在里边看到的、听到的和觉到的动静，与外边这个响声合一了，那才叫三元归一，才是明心的觉悟境界。

对于明心的这个“心”的境界，老子也有描述。如“夷、希、微”混而为一时“心”的境界又是什么样的呢？“其上不皦，其下不昧，绳绳不可名，复归于无物。是谓无状之状，无物之象。是谓惚恍”，而且还进一步指出，三元归一的境界必须符合“迎不见（现）其首，随不见（现）其后”的条件，这样才能呈现智慧身的整体性。

如果没有出现以上所讲的境界，那就是假的，顿悟就成为了不可能。但是，我所讲的这个境界，也只能勉为其难地像这样描述一下而已。老子在《道德经》中所讲的三元归一不仅只是觉悟智慧顿现的境界，而且还是千古以来印证实相智慧或顿悟境界的一个标准。为什么会这样说呢？“执古之道以御今之有。以知古始，是谓道纪。”所以，对智慧生命活动的践行见证，必须是实事求是的，必须是通过亲身实践而检验的，必须与古今中外智者圣人见证到的觉悟智慧境界相符合。

人在真正开悟时的那种真实义境界，是无法用语言表达清楚的。必须靠自己实证到那一步，那时才能自然呈现出来。但是，如果我不说出一些内容来，不描述出某些内景的境界来，那么有很多修佛与民间修行的人，还以为自己那个空的感觉就是开了悟的现象。不是这样的！你必须呈现出三元归一那样的整体功能态，这是非常典型的特征。你自己如果实证了，那自己也就明了那个“不可说”的境界了。这样三元归一的整体智能态，就是人最根本的实相智慧的呈现。我把它形象地描述出来，那么你就知道了，你那个状态应该是什么样的，你就有了这样的思维参照标准。当然，这只是其中的一个内容而已。

如果你自己判断不出来，那么第二个内容，或说衡量标准，就是在你的身上会发生不可抗拒的质变——生理上的质变，即飞跃或者说是升华。你把三元归一的内景条件，结合自身的质变放在一起进行衡量也行。不过虽然我说了，可很多人还是会自以为是、稀里糊涂的，就是不去实证，而是凭自我主观的见解或认知来理解，那样得出的结论肯定是黑白颠倒、背道而驰的。

顿悟的反应与机理

希望大家把理入和行入的基础做好，一定要弄清楚顿悟的机理。大家要知道，顿悟的过程绝对不是通过理解来完成的。有的人通过学习古今智慧教育文化的理论，就认为自己懂了，或是悟了。像那样的可能性是基本上不存在的，一定要有非凡的践行过程和践证内容，从古至今无一例外。

除非你是通过了几十年坚苦卓绝的渐修，把自己的基础功夫修好，把四禅八定的功夫做好，这其中还包括理入的学问基础，都做好了才行。当然，不排除有大明师带的同时，又受外界的突然刺激而获得的开悟，或者是因接受大明师的直接棒喝而获得的开悟。不排除这样的情况，自己既没有很好的功夫基础，又没有深入的理论素养，而仅仅是受外界的刺激开悟的。不过像这样的人，即使也获得了开悟的境界，但所开的层面不会很高，其所展现的智慧层次也不会很大。

不过有的人还是会问："什么是不可抗拒的生理反应？人跟人是不一样的，难道我有了反应，非要与别人的现象一样吗？"人跟人确实是不一样的，也确实是存在着个体之间的差异。但是，人不是猴子，也不是树木，人类存在有共同的生理特征，其生理生化功能基本上是一样的。只是由于个体之间存在差异性，所以才会有个体特征的不一样，但总体特征是差不多的。

如果说开悟开在三元归一的这个层面上，人在生理上没有发生必然的质变，在头部里边没有发生巨大的质变内景和质变过程，那是不可能的。任何人在总体特征相似的条件下，所发生的这个巨大质变是必然性的，这是共性的体现。人与人之间的那些不同个体特征，其展现“开”时的景象与状态可能会存在一定的差异，但这些偶然性的现象，只是显现出形式上的差异而已。

大家应该学会，应该知道，任何事物的运动变化发展内容与过程，都必须是自然地遵循这一法则：偶然中有必然，必然中有偶然；共性中有个性，个性中有共性。它们之间是没有单独存在的可能的。所以，你们要学会整体辩证地去认识才行。

任何一个人，只要你是在这个境界中顿悟的，那你就必定会出现这个层面的生理上的变化。那就是在顿悟之后的两三个月左右，一般情况下会有比较清的痰，从头部的中心区域滑到会厌部。它直接就从上面滑下来，你都不知道它是从哪儿滑下来的，反正就是从头里边滑下来的。像这样的变化，大概会持续半年左右，或者更长，其具体情况和这种生理上的变化会因人而异。

但是，如果没有“顿开”这个前提条件而出现了清痰从头里边滑下来的现象，请不要误认为自己的身体发生了质变。有很多做呼吸操的人，在经过一段时间的习练之后，也会出现化痰、滑痰下来的现象。但这与开悟后的化痰滑痰现象还是不能相提并论的。

只要是顿悟，就会引起身体上的突变，没有这个不行！顿悟时的境界与之后身体发生的巨变现象是缺一不可的，可以说是内容与形式、本质与现象的统一，二者不是分裂开的两个东西。能否有一样没有另一样？绝对不会。

不过巨变发生时，具体的人表现出什么样的现象，其中有共性部分，也有不一样的个性部分。假如有这样的情况发生，没有顿悟的境界，却只有痰从头部里边滑下来，这也不能说明问题。顿悟时排出的痰与平时吐的痰，从形成条件到内容和本质都是不一样的。其原因是顿悟以后，脑中心的脑组织实体和智能效应功能态都发生了质变，而呈现出以脑中心的区域为中心的整体性智能效应功能态，其脑组织、脑细胞的新陈代谢水平和功能都发生了明显的改善，把沉积在脑部里面旧有的、粗糙的物质，化成了一种比较清的痰排出来，而不同于我们平时吐的痰。

如果有人说："我这个情况是那样开的，我没有出你所说的生理反应。"那我告诉你，如果没有出这样的变化情况，那我们就没办法说了，那就只能找你的老师去印证了。不过，我们认为三元归一的顿悟现象，是开发人根本智慧的一种临界标志，是人智能效应功能态的灵性智发生了整体性突变的根本标志。因为现在人们的生活水平都好了，谁都吃肉。你这个生活的时代，跟我这个生活的时代是一样的。你不是古人，你不是吃素的。吃素不一样，完全吃素的人所化的痰较少、较清。像这样的生理反应现象是不可更改的，是我们这个时代人的生理变化的特征。

像在这样的层面开悟后，即使是不怎么练功的人，他的身体也会变化。为什么？因为，在人脑的中心那个地方，相当于智慧神机窍或是智慧祖窍的区域。如果从实体结构上看，它都在丘脑的中心或向后一点。丘脑是两个半球，在两个半球的中间而且靠近第三脑室，在那里边有空间，要把那个地方打开；那个地方一开，五脏六腑都会随之而变，那是百分之百的质变。

我的讲课内容不仅以生理解剖的理论为依据，而且还以自身的生命活动实践为基础，同时还以康复临床的案例为佐证。在前面我已经对理论依据和实践基础的内容作了简单的介绍，现在我再从理论联系实际的方面，就临床的佐证内容作一个简单的介绍。

如肺癌患者王先生在打开了智慧祖窍的时候，我就告诉大家，说他的病一定能好。因为什么？那个地方既是五脏的"神室"，又是觉悟智慧的根本要窍！丘脑的两个半球——脑组织细胞形成了管理五脏的功能和五官的感官功能态，这种功能态就包含着五脏六腑的

"神"。视觉、听觉功能也都在那里，还有其他的感官功能——包括嗅觉、味觉、触觉等全部知觉功能都在那里！脑中心的所指区域就在那一块。

我们认识的东西跟以往宗教修炼家认识的是不一样的，跟民间的修炼家认识的东西也不一样。我们是建立在今天这个医学科学对人体的生理解剖的认识基础上的，并结合了传统的智慧传承教育文化。比如，对佛学里边的《金刚经》和《唯识论》的认识，对道学《道德经》中人天整体观的认识，以及现代混元整体理论的认识等内容，并依据自身的智慧实践而见证到的。我们的成长是这几方面结合的产物。

对于开悟的印证，现在可以不通过功能来察照。在这个形而上的层面，形式就是内容，现象就是本质。这不就是很好的证明吗？你能够把脑中心那个地方"啪!"地一下打开，而且这种开不是从外往里边开的。如果从外边往里边开，那只能算上丹田打开了。因为在脑中心的空间中，存在不同层次层面的能量或说混元气，这种不同层次层面的能量或混元气，有脑结构的、脑组织的、脑细胞的等不同层次的信息能量。

而明心的"心"既不是气，又不是那个能量的存在；既不是感受气存在的空，又不是那个能量所形成空的觉受，而是能够兼容遍透脑部一切气和能量信息存在的功能态的和谐整体性。这种整体性是诞生人脑觉悟智慧思维模式和各种思想意识活动的摇篮，即人思想意识的活动内容和活动过程达成了整体性的处所。注意，这种思想意识活动的运动内容与运动过程的整体性是不可分割的统一体存在。

我们对开悟的认识与见证，就是只有在脑中心的区域开，并且开在祖窍玄关层面，才能算是明心；如果不是这样的结果，那就不能算是明心。明心的这一下打开，为人脑的智慧参照系统建立了第一次映现的经验和拣择标准，同时也为人的智能效应思维参照标准建立了新的思维整合模式。用现代科学的语言来说，就是只有在这样的层面，才能够具备高级的不可思议的觉悟智慧的等离功能效应。用古大德见证道的属性来衡量，只有这样才能够与道的本质内涵——无内无外、无始无终、无大无小、不断不常、不垢不净的属性特征相符合。

所以顿悟的明心，一定是里边和外边同时发生的，在那一点上没有外与内、大与小、始与终、垢与净的分别，必须是同时映现的。

我们现在所讲的都是当头棒喝开悟的理论，它一定是从脑里边、脑中心开的。在练功的时候，意念是可以往里边缩的。但是，在打开的那一刹那，肯定不是缩进去的，因为平常的任何人在那一刻不具有反应事物的能力，所以想缩是肯定缩不到里头。它只能从脑中心“啪!”地一下开了，只能是这样的。

请大家特别注意：顿悟的那个刹那，其开的景象和觉受不是明心的“心”——实相；顿悟时是映现三元同时归一的那个——能觉所觉、能看所看和能听所听的和谐整体性，这才是实相之体，才是所明的那个“心”，它的体性才是空性！你如果认为实相是个空，我现在告诉你，那是如实的有，因为人的生命和成长过程中与之相关的一切万有，都是由实相衍生演化出来的。

所以，你说的绝对不是这种空性，而是你脑子中的那个空的感受，是属于印象中的概念空。那是一种觉受的存在，那是一念顽空。如果你要固执己见，那么就请你就守着那个空，你守吧，你守 50 年，守 500 年，那也不是人的觉悟智慧，那也不会成为什么，什么也不是，更不能说是无我的智慧境界。

借今天这个机会，简单地讲一讲我与无我的存在形式。因为这个内容没办法讲，就这样讲已经非常简单明了，没办法再讲了。你打什么比方，无我状态的那种智能效应功能是个什么东西？这种功能不是个什么“东西”，它也不是个“什么”，是能让你产生感觉的存在。你没办法去描述它，所以古人说“青青翠竹，悉是法身。郁郁黄花，无非般若”。

你说“郁郁黄花”怎么会是般若呢？般若是什么？你说一根一

根的竹子怎么是法身呢？法身是什么？古人也举了这样的例子：水和水波，水和波浪的关系。在座的大家都会认为，现代的科学技术已经到了非常发达的阶段，但是又有谁能把水和波浪分开呢？智慧的空性是什么？空性就好似水能够产生波浪运动的那种功能属性，那个功能状态。有谁能够做到把水运动的这个水波同运动过程中的水分离开来，即把水的运动特性的功能从水中分离开来，大家想想，有这个可能吗？水的这种运动属性和特性其实是不可分的。说那个是空，又有谁能证明那个空性？所以，只有当人践证到根本的实相智慧时，才能映现出人的这种般若智慧。

你的脑子里边空不空？你们谁能证明？像现在的科学家也证明不了。那个运动的状态，你说怎么叫运动的功能状态？你怎么分析都不是。

就像西医一样，西医说你身体很好，没问题，仪器化验的数据没有显示异常；而到了中医那儿一号脉，说肾虚或脾虚等。要注意，中医说的观点与西医不一样，二者理论体系的立论基础也不一样。中医师说你肾虚，这个肾的概念，是指你这个肾脏及生殖系统与生命活动的生生之性的整体运化功能状态，是指它出了问题。可西医哪有对你这个人的肾脏及生殖系统与生命活动的生生之性的整体运化功能状态进行描述的？没有。

西医理论认为，你肾脏坏了，那么坏了就坏了，西医是很客观地表达的，肾那个地方坏了，肾小管坏了那就得了肾炎，肾小球坏了就是肾小球肾炎。西医只能停留在对局部脏器的这个物质层面的运化功能进行检测和判断，进行物质层面的分析。这是现代医学科学的贡献，也是西医的长处；但是对于生命活动过程中的整体性的运化功能态与各局部功能关系的认识，西医就有极大的欠缺了。现代的医学科学也只能做到这些了，仅此而已。

在我们地球人类所能够认识的宇宙自然中，没有离开无形无象的存在而单独存在的有形有象的事物，也没有哪一种事物是只具有有形有象的有形存在，而与无形无象的存在没有任何关系的。在我们现在能够认识到的宇宙自然间，没有不展现功能的生命存在。那么对于像功能这样的无形存在，比如人体器官的功能异常，就需要通过中医来认识和把握；那么对于无形存在与有形存在的整体性认识，就需要通过人的大觉悟智慧的见证来实证了。

其实，物质存在和物质的功能存在，本来就不是两个东西；有它没我，有我没它，不是这样的！这二者是一个整体性存在的统一体。如果能够认识到这一层面和这个高度，那么无论是中医还是西医，是无形存在还是有形存在，就都不是相互矛盾和相互否定的关系了，而应该是相互补充、相互促进，互生互化、互离互合的整体和谐关系。

所以，现在我所讲的、所指的人脑的智能效应功能的那种三元同时归一的整体性功能态，就是意元体之体性的整体性功能状态。对意元体内部的运动状态和运动内容以及运动过程，那个功能的整体和谐性状态，上哪儿找去？那是个空吗？你上哪儿找那个空去？

在老师的书中，看到了一个“豁豁然空”的表述，大家就用来衡量自我的境界，觉得自己脑子里边空了一块，你空了哪一块？所谓的豁豁然空，那是智能的和谐整体性——觉悟智慧，是整体的智能效应功能状态。只有呈现出这种神守一如的境界，这时展现的觉悟智慧的本身就是一个和谐性的整体，这才是无我的境界；如若不然，那个所谓的豁豁然空就是假我的变现。

出世入世 看水看山

我们讲了这么半天，就着重讲了无我。无我展现的是整体性的觉悟智慧。是个什么样的我？是人的真心自性统帅生命活动那个整体性的存在，那就是无我。那个和谐的整体性所展现的一切内容和过程，就叫分别智的大我。

无我的境界，在世俗的社会里体现出来，那就是我不要占有，我不占有情感等。“这个是我的”，“你把我的占了”，“我帮了你这么多的忙，你还这样对待我”……你看这个我是什么？就是狭隘的自我，像这样的自我便是假我，是围绕着这个东西讲的。有的人说：“我这个人，从来不和别人发生什么。”不行！你这个我表达出来的时候，它就是一种占有欲，是妄想占有周围事物的那个假我。你说：“我什么都不要还不行吗？我什么都放下。”那也不行！因为你住在“放下”这个概念上了，你被这一个概念给占有了。

人的这个贪欲心与占有欲，不仅仅只是你外在行为上表现出来的那些据为已有的行为活动内容，从根本上来说，那个我所体现出来的占有形式，就是你的观念和念头，简单地说就是对某种观念和概念的执著。那样的我，就是小我，就是假我，同时也是世俗的我。

什么叫出世，什么叫入世？咱们今天重新定义一下。

入世，就是处在未觉悟状态的人所进行的一切社会生活和身心行为活动的内容，受世俗各种利欲的束缚。人在入世的这个阶段中，由于自身没有见证到觉悟智慧，所以自身处在对感官欲望的分别、执著、妄想之中。即使自己身居深山，远离人群，同样还是处在世俗的那个利益的假我的境界中。所以，人没有达到超凡脱俗的觉悟智慧境界就不叫出世。

如果没有见证到觉悟智慧的境界，或者说自性真心的体性没有被证明，那就都是处在入世的世俗社会生活里边。哪怕你一个人独居在山里50年，那也是生活在世俗的社会里面，也就是一个孤零零的可怜虫在那儿待着。即使你这样待着，不也还是个凡夫俗子？你不还是这个世俗利益社会的一员吗？过去心、现在心、未来心照样有，执著心、分别心与妄想心同样存在。为什么还会有这么多的凡心存在呢？因为在你的思想观念中，还是完全保留了世俗的思想观念和各种不良习气，那么你对事物认识的思维参照标准，不还是世俗的那种狭隘片面的思维模式吗？这样一来，无论你待在哪儿不都一样吗？

那什么叫出世？只有当你开悟明心了以后、觉悟了以后才叫出世，那时候你就已经不是世俗的那种以识为智的思维参照标准，而是能够使人的社会属性和自然属性合二为一地呈现出整体的“一”来了。我们在这个层面上去认识它，那就好认识、好理解了。所谓出世的涵义，就是人进入到超凡脱俗的大觉悟智慧的境界。只有当你见证觉悟智慧之时，当你见证到了实相之时，当你感受到它的存在状态的时候，从那时开始起修，才叫出世。

出世呈现的觉悟智慧境界没有偏执性，所以也就同时涵盖了一切入世的内容，由于不执著分别和妄想，也就不会停留在过去心、现在心和未来心之中。一个人如果没有了障碍，那么所谓的出世也就不存在了。没有出世和入世之分，那就是内外无别了。

混元整体理论中讲的“大我”，是当圆满意元体被呈现的时候，人所展现出来的那种自觉自由地应对生活内容与过程的行为姿态——分别智的体现。也就是说，人在社会生活中自然展现的自然无为的思想意识活动内容和行为活动过程，就是大我。大我就是智慧者在行住坐卧、柴米油盐的生活内容中自然无为地应对的具体体现。

这个大我不表现为对情感的占有、对物质利益的妄想与分别。例如，“我非要把我这个小孩培养成什么样的人才。”你这个想法不是要培养自己的小孩，你是在占有自己的小孩，“我就是要培养他……”但是我们要知道，小孩也是自然的客观存在，这就不一样了。还是你的小孩，但是你培养他这个个体的成长，不能以你自己的那个主观心意之我为前提条件来培养的。

很多人培养小孩是为了“我”，为了满足自己的那个假我，以自己的那套模式去培养，为了达成自己的某种心愿和期望。这样的方式就好像流水生产线生产产品一样了，像这样去培养自己的孩子，与现代化的商品生产模式有什么不同？所以，我们总是认为自己的小孩已经非常了不起了，当这种想法在自己心里升起的时候，另一个新的想法又产生了：“他是我培养的，他是我的小孩。”我们对小孩这个情感的占有，是一种什么样的情感？这种情感是一种自私狭隘的情感，也就是一种小我对情感占有的存在。

我们对呼吸操的态度，就像对其他的东西一样，不占有它。呼吸操没有特别的地方，你可以按照适合自己的想法改，你想怎么改，就怎么改，只要适合你自己练就行。虽然我们编排、编创它，但是不占有它。不过你要改编这个智能健身呼吸操，必须按照符合人的生命运化规律的内容来改，不能违背生命法则地乱改。

我们呼吁大家习练呼吸操的本身，就是想通过这样的方式唤醒大家对自己身心健康的认识。大家不愿意觉醒，那我们又有什么办法，我们不就是去喊一喊吗？就好比河边有条渡船，船快要开了，船老大就站在船上喊，让大家赶紧上船。但上不上来还得看每个人自己。我们就好像是这样的，像那个在船上喊的人，我们是为大家服务的，我们在吆喝健康，所以就在宣传它，“销售”这种健康身心的观念。就好像世俗中的人们一样，卖什么就吆喝什么。只不过我们是在无偿地“卖”这种健康的观念和完美身心方便法而已。

但是，你想“买”到健康、“买”到这个健康的方法，只能用什么？用你的谦卑心、诚信心，用意志坚定的恒心、耐心和决心来“买”。你得去做才行！我喊你上船，你得自己愿意走上来！我们只能唤醒你对身心健康的认识，教你获得身心健康的方法，但没办法替你做，只能由你自己通过实证，来实现自己身心整体健康的愿望。

什么叫明心？什么叫见性？明心见性了以后，卖冬瓜的还吆喝冬瓜，卖菜的还吆喝卖菜，做事的人他还是吆喝着做事，那个叫自然而然，那个叫看山还是山，看水还是水。觉悟了的人，不是像个木头一样什么都不知道，什么都不做。你说“我看山不是山”，那山是什么？看山不是山，是指能看到事物的本质，一眼能洞察到事物的本质，而不需要通过现象去看本质。但是，在这个境界层面，对事物的认识还做不到把事物的本质和现象看成是一个整体。

那什么是看山还是山，看水还是水？那是见性之人能够洞察事物的全貌和整体，在认识事物的时候，不需要透过现象看本质、通过形式来找内容，而呈现出“现象就是本质，形式即是内容”这样的整体性觉悟智慧。见证了这种觉悟智慧的人，他的生活和平常人一样，和世俗的人们一样，只是不会住在分别、执著与妄想心之中。

所以，《金刚经》中须菩提问佛“看沙是沙不（否）”，佛说“是沙”，可没说看到个空，看到个什么也不是。

古人说：小隐于野，大隐于世。就是说一个人隐居在清静的地方，那只是算“身隐”，是小隐；大智慧者不分辨处于什么样的环境，而是内在心性的清净明灵，这才是大隐。我们应该怎样去看待大智慧者隐于世？怎么隐于世？智慧者是“心隐”而不是身隐，对于世俗的一切事物需要反应的内容还是照常地反应，该怎样应对还是会怎样去应对的，只是心念不会住在这些外在的事物上，不会攀援在物质利益和情感的享受上。

大智慧者是“和其光，同其尘”的，没有什么地方不能待，在什么样的环境中，在什么样的境遇中，他的心都是自然清净的，能够做到常保中和之性，同流而不合污，随波而不逐流。只有这样，才能呈现身心整体的生命运化和觉行圆满的智慧。所以说大智慧者隐于世。隐于世，不还是自性自度、自觉觉他地来帮助大家吗？什么叫度人？度人就是从根本上去帮大家，帮助那些不觉悟的人，帮助那些走到悬崖边的人，帮助那些对人生的前途感到渺茫的人。

看山还是山，看水还是水，是因为觉悟了的人有大慈悲心！他站在自觉自由的彼岸那边，对世俗的人说：“你过来吧。”可是世俗的人却说：“你拽我干什么，我这样不是蛮好？”因为世俗的人，是看不出事物发展变化的真相的。但是，当我们能看出来的时候，发现世俗中那么多的人这样走下去不对，就拽他一把。如果做人没有慈悲的爱心，那就不是人了，那就是块石头！修身养性的人不是那样的，不是修成了一个石头、修成了一个木头。

其实，大我的境界，在每个人身上都表现过，就是平常人自己没有认识到自己也能够展现大我的境界。由于自己没有觉悟，没有见证到实相般若的无我境界，所以也就没有大我境界的那种参照标准的印象，你也就不可能知道什么样的思想言行才符合大我之觉悟智慧境界的要求。这就是没有对自我的认识，那么也就不能把这个大我展示的时间延长了。

平常人于不知不觉间展现大我，是一种自发的身心活动的整体状态，这种整体状态的境界非常浅，而且时间还非常短。所以，我们大家有时候也能体现一下大我，但那是什么？那个是偶尔自己呈现了一下，准确地说，应该是一种自发的智能现象，不属于自觉的智慧现象。呈现整体觉悟智慧的人，是一种自觉了的自然无为的生命活动现象。二者存在本质性的差别。

这样我们就知道了，社会上每个人都有觉悟，或者是曾经有过觉悟的，或者是将要出现觉悟境界的现象，的确是这样的。但是，平常人的觉悟时间不长，太短了。所以，我们就需要培养警觉意识。如果我们通过自己的努力，调动好自身的主观能动性来长一点觉悟智慧，能否坚持不懈地努力再长一点，小悟积累多了不就变成了大悟吗？时时警觉，一个个警觉点连在一起，不就变成了自觉自性的智慧吗？届时觉悟就完全有可能了。其实，人有觉悟并不奇怪，也不稀奇。

行在当下放下

人这个假我，在世俗的社会里边是多得很的。但是我们可以看到，在每一个人的身上都会有闪光的地方值得我们大家去学习。那有人问："如果你觉悟了还要学吗？"觉悟只是我们人的思维参照模式智能化的转变，人还是处于现实的生活环境中，要活着就需要生活。人的生命不息，那就应该对大智慧的践行不能停息。道不正是在生活的平常事之中吗？这是人必须要学习的内容，也是必须要经历的过程。佛度众生，众生度佛。这一句话的涵义是什么？大家应该思考才行。

看看我们每个人，在每个人的身上都是有光明点的，甚至于一个智能不完全的人都会有耀眼的光明。比如说舟舟，不还是智障音乐指挥家吗？指挥，他指挥起来不也挺像那么回事？但可惜，他就不是一个正常智能的状态，他是一个自发的低智能状态，是一种本能的自然反应。

舟舟从小就生活在歌舞剧院的环境中，由于他总是听、经常听，他对这种音乐的感受，是通过环境的熏染——重复、重复、再重复以后，在他的脑子里边已经与那个指挥的技巧、节奏完全结合了，时间长了，他的指挥技艺就在不知不觉中成型了。只要外边的音乐一响，他脑子里也就跟着动起来了；他这个手一动，也就自然而然地产生指挥技艺的整体性了。

这是一种什么样的觉？是一种低智能反应事物的觉性。他脑子里边就那么一根弦。但是，我们平常的人是脑子中的弦太多了，需要通过自我意识的净化，才有可能修成这样“一根弦”的境界。但是，人家舟舟是只剩下这根弦了。所以说正常人的智能环境与非正常人的智能环境是存在着非常巨大差别的。

关于人的空性是什么，什么是我、无我与大我的境界，这是需要我们思考的，也是需要通过自己生命活动去践证的。无我是不要占有——既不要占有情感，又不要占有利益，不要对物欲贪执占有的觉悟智慧境界。

大家应该知道，平常人都会执著于自我的情感利益，那么人的偏执情感内容是怎样体现出来的呢？如喜欢电脑上网的人，就会把自己的情感寄予到电脑上，这就是人对电脑和网络世界产生了情感的偏执性。大家可不要认为人只对人有情感，人对物也是一样有情感的，只是在这个小的方面体现出来而已，如“这是我的电脑，这是我的网站”等。人只要对事物产生了情感，那么身心活动就会被这种情感所左右。如果人对任何事物的态度都是“物来则应，过去不留”，那么这就叫什么？这就不是对物质、利益、情感的欲求，而是对事物提起与放下过程中的分别应化智的应对。

有人说：“老师，你讲的这些道理我听不懂，我不占有情感，那我们面对社会现实中的事，怎样才能不去占有呢？”那就是使用而不牵挂，消费而不妄想。也就是告诉大家，在现实的生活中，放下自我观念中的贪念、嗔念、痴念等念头，也就是要求大家行放下之功，放下即是道。怎么放下？不要计较便是放下，不要记到脑子里边去。这是我的，那是他的，这是你的……别去分别这些内容就行了。人要学会主动地去破除自己的这些观念、观点和概念才行。其实，修养心性、践证智慧的功夫就是这么简单的内容。

还有人说："你不晓得，我这个具体情况非常复杂，我这个情况跟你那个不一样。"像这样的想法或说法，都是围绕假我展开的思想意识活动，是以假我为中心而呈现出的行为活动内容。在座的各位难道不是这样的吗？自己心里想："我这个情况一定不是你那个情况，你要是遇到我这个情况，你还不会……"这些不都是以自我为中心的假我在那里进行幻想吗？

人只要显现出占有的心态，那你就进入到偏执狭隘的愚昧境界中，只要人产生了占有的想法，哪怕是一会儿，那就会偏执一会儿。人如果没有了占有的想法，哪会有特殊性分别的显现呢？某个事情办完了，你就放下，那你就不会对它产生执著的情感。如果说人之心不著于一物，那么人就会呈现身心和谐的整体性，这种整体性的和谐生命活动状态就是合道顺德的大智慧境界。

为什么会这样说呢？因为，道之属性特征就是无边无际、不生不灭、不断不常、不垢不净的，人只要处在不执著、不分别和不妄想的境界中，不停留在过去、现在和未来心的境界中，就正好符合了道的属性特征。

对此肯定会有人产生想法，难道说修养心性的人都没有情感？不是没有情感，而是个多情的种子。像这样的人，他对什么都有情感。过去不是说觉悟了的人是与众生有情，说是有情众生吗？但是，大家也应该明白，任何一个完全觉悟了的人，对什么事都处于不偏执、不住妄想、不刻意分别的那种觉醒状态，是处于行在当下放下的觉行境界中。他是既不会执著于观念，也不会分别情感，更不会妄想利益，因此才能够与众生有情，展现无我的清净心。

打个比方，有觉悟智慧的人在与其他人、事、物发生关系时，就好比是两个圆相交、相合了，成为一个和谐的整体。当两个圆分开了的时候，那么就是各自的圆满个体存在，这就是觉悟者的情感。

可是一般的人就不是这样的，两个圆交合在一块儿的时候，有交合点，有交合的共同内容在里边，两个人就这样合在一处，有一部分重合在一起，那个公共的部分就是共同的利益。如果相交、相合的部分分开了，那么各自的个体就都缺少了这么一块，等于是你这边拿开了，它就缺了这一个弧度，缺少了一块，没有了。

如果你懂得绘图，那么你就知道我所讲的这个比方的涵义。两个圆相交，在相交的时候，一般的人拿开了以后，他自己这边也缺一块；那边拿开了以后，那边也缺了一块。然后，自己会因缺陷而心疼。他心里面疼，心疼的原因就是因为缺那么一块。什么叫不占有？当两个圆拿开了以后，觉悟智慧者还是一个圆满的状态；可是平常人却缺了一块了。

我不知道这样打比方大家能够理解吗？因为一般人的情感，在当他付出了以后，当这个情感——一件事物变成了两个事物的时候，即离开的时候，他心里边就不舒服了，不舒服就是自己的情感失落了，自己的那个自我受到了失去的障碍。这个自我是在哪儿呢？是参照系里边，是意识本体里边的运动内容。那个所谓的内容，它包含着对各种事物的参照模式和衡量标准。人的这个参照事物标准体系的内容，是意识本体里边信息的运动内容。那个内容是什么？就是一种参照模式，是参照万事万物的标准系统。

从改变参照系入手

大家应该明白，真心自性这个本体是不垢不净、不增不减的，是净寂圆满的状态，而且我们每个人的真心自性都是这样的。

真心自性本身是不会得病的，人得病的原因，都是因为思维参照系标准里边的内容与生命运化规律不相符合而造成的，是参照的结果。人怎么得病的？是因为参照系里边的内容在参照着各种各样的事物，反应到里边来了以后，说这是红的，那是白的，它进行分别，它在里边起分别了。当你分别出的红的事物失去了的时候，要注意红的信息已经被脑子里边记忆了。当被记忆了的信息突然消失了，那么平衡系统就发生了偏颇。

人的意识本体所反映的是一种绝对的信息存在，对于这个信息的运动过程和运动内容，你要是能够认识到它只是个信息而已，那么你就可以理解了，这时你就可以不占有它了。人没有了占有的观念，那么不舒服的信息就会自然地消失。如果你能够认识其中的奥秘，不执著于自己的观念、观点和概念，那么你的生命活动很快就会发生质的飞跃。要知道，人有了什么样的心理活动，就会存在与此心理活动相符合的生理活动。健康的心理活动信息与不正常的心理活动信息，给生命健康带来的或正面、或负面的影响都是巨大的，也是毋庸置疑的。

所以，人就需要学会不断地观察自己的心理活动和生理活动，以期学会懂得生命活动的运化规律。如果能够经常观察脑子里面产生意识的状态，像这样久而久之地践行，那么就会在你脑子里边出现这样一种状态，会在明灵之中寂照到所谓的前念已去、后念未起的境界，那个状态叫做空性。空性是人真正的那个主人翁——纯粹的我。那种无我的智慧境界的出现，就叫不占有的觉悟状态。

我们现在所讲的法是非常高级的，我们讲的是意识本体的运动内容和运动过程。这要求大家把它听懂，人改变自己的参照系内容是要从这个层面上去下功夫的，如果我们理解了，那就好改得很。所以，大家千万不要说："很高级咱们听不懂。"所有的参照模式、参照系里边的内容，实质上就是意识本体里边的内容。参照系内容在参照事物的时候，实质上就是意识本体里边思维模式中各种内容的运动变化过程。

比方说，一看到吴老师，这个人好漂亮。这个"好漂亮"是什么？是意识本体里那个内容在起变化，是思维参照模式中美与丑的信息在识别和拣择的过程中发生了运动和变化。这个变化的内容和变化的过程是什么？它就是我所讲的人衡量、参照事物的标准体系。

说一看到吴老师这个人挺漂亮的，挺好，挺舒服。这么多“好”，是哪个里边的？是我们参照系里边的内容和衡量标准参照得出的结果，而不是那个虚其心的境界，不是实相智慧境界映现事物的那个灵明妙觉。

大家应该知道，参照标准的具体内容，既是意识本体的运动内容，又是其运动的过程。它是不断运动着的。说他好看，说他慈祥……都是在比较，比较就是人的思维参照模式中正在进行参照的变化内容，属于思维参照模式的内部运化过程，属于心性之中的内容。

这个参照系内容是在哪个地方？首先要明确，人的参照标准绝对不是独立存在的，而只能是存在于人的思维模式之中，这样我们就会知道人的参照系标准与智能效应功能是不能分开的，而智能效应功能又不可能与人的大脑皮层及各脑组织的功能分开，人的偏执性同样不能与思维参照模式的习惯性的优势反应灶分开。

关于这些内容，在这里只能做一简单的介绍，我们在智慧的规律性中都会讲到。我讲的这些内容，不知道大家能否听明白？所谓的参照系，就是参照人事物存在的美与丑、好与坏、高与低、黑与白、阴与阳，等等。什么是辩证，什么是整体；什么是邪门，什么是歪道；什么是好吃，什么是不好吃；什么是小孩，什么是大人；什么是男人，什么是女人；什么是我的，什么是你的，什么是他的……所有的内容都在人的思维参照模式之中。平常人的参照系，实质上就是智能效应功能对人、事、物映现的习惯性反应，也就是佛学中说的习气。

我们每个人都需要净化什么？净化思想意识的观念、观点和概念。这一过程，实质上就是改变参照系内容的过程，变换参照系内容的过程。

我们学习的过程，就是改变参照系内容的过程。思维参照模式要发生变化，说到最根本点就是参照系里边内容的变化，使不符合生命活动运化规律的参照内容发生变化，变成符合人的生命运化规律和身心活动模式的内容。对此，就需要我们去改变、去修正，把它转换成一个智慧的思维参照模式。

有人说，人圆满了以后就没有参照系了。那是不对的！活着的人，不管他多圆满、多有智慧、多伟大，他都必须有参照系标准。不过，人的这种参照系标准是否符合生命运化的法则，那就是另外一回事了。如果是符合不断运动、变化、发展内涵的整体辩证的参照系内容，那么形成这种思维参照模式就是属于觉悟智慧的。如果说人没有了参照系，那么这必定是一个死人。没有参照系就没有人这个生命活动的存在。所以说大多学佛的人，很难能够认识到这个层面上来。人要见证实相智慧，如果脱离开这样的智慧传承教育文化的理论，那么想践行实修则一切就免谈。

道无所指 理行证人

大家要知道，参禅不是禅，参禅的过程不是禅的概念本身，觉悟不是觉的念头。说我们参禅悟道，悟道不是有“道”这个字的概念，悟道的过程不是道，觉悟不是觉。你说我们来悟道了，你悟道的过程它不是道。道不是个过程，你只有证明了道不是个过程，它才是个过程。这个又搞麻烦了，搞混了，这样就复杂了，但这又是最简单的智慧整体辩证观的内容。

这样说的原因在哪里？就是不让你著，不让你住。觉悟不是觉，参禅不是参，悟道不是悟。你说“我来参禅，我来提高觉悟”，但觉悟的过程它不是停留在“觉悟”的概念上，因为人的任何观念、观点和概念都不是你的自性。佛学不是佛，很多人谈佛学，谈得天花乱坠，难道你学会了那么多的佛学理论，你就是佛了吗？所以说佛学不是佛。

有人说：“那你刘老师讲的是什么？”我们讲的是告诉大家，参禅不执著禅，学佛不执著佛，学习智慧教育文化的理论不要执著于智慧学！它是这样的一个内容。很多人总是搞混，在那儿一看，谈佛学一套一套的，有什么用？能当饭吃？能证明你的身体好了、健康了？能证明你的智慧出来了？能证明吗？不能。既然不能证明，光在那里说又有什么用？

说觉悟不是觉，学佛不是佛，参禅不是参。如果把参禅当作参，把觉悟当作觉，把学佛当作佛，那就如同人在化妆的时候，画口红时却去描眼角，描眉毛的时候却去画口红。人常常会混淆是非，颠倒黑白的。人们都喜欢搞形式、看现象，不注重内容与本质。就像我们现在的人穿衣服，那是用来装饰自己外表的，跟人内在的那个主人翁没关系。

说禅是什么？禅就是“思维修”，禅就是“修思维”。从哪个地方开始修？从二入四行的要求方面去修，达摩祖师西来意，全凭心意用功夫。达摩祖师来时，他传的是二入四行。二入就是理入、行入，四行就是报怨行、随缘行、无所求行、称法行。

人要获得身心活动的整体健康，需要开发人的根本智慧，那就需要从理与行这两个方面进入，从行入的四方面去实践、去证明。从理入，从行入，行入是理入的基础，理入是行入的保证。行和理是辩证统一的关系。当然行入和理入的内容是不一样的，行入不仅包含了行动，还包含着思维的运动变化过程。二者辩证的关系在这里。

如果你只是强调理，没有行动，没有实际的参悟过程，那么学习这个理又有什么用？这样理就变为什么？变为空洞的理了。如果你从行入，没有理来指导，你这个行就盲目了，人就会出现稀里糊涂的状态，变得没有方向了。理是过来人经验的总结。如果人家问你北京在哪儿？你回答说北京在广州那边，那你就糊涂了；如果人家问你上海在什么方向，而你又明明知道方向，但你却回答不知道，那你就是品质恶劣的人。理入和行入并进，丝毫不要偏颇，学智慧教育文化也是一样。从理上入的道理是什么？从理上入的道理就是以理开窍，这个说法是这样的。从行上入的道理是什么？从行上入的道理就是实践，这样才能进入到实证的过程中去。当然，行入有一部分是从修身的功夫入手，另一部分是在生活、学习和工作中进行的意识修炼的内容。

但是，现在大家证明了什么？大家练功夫已经有十多年了，证明了什么？是证明了你有三个丹田，是证明了中脉，还是证明了智慧身或法身？没有！有谁证明了法身智慧？这么多年来也就是看到老师一个人在那儿吆喝，吆喝智慧半斤，觉悟八两，就这么吆喝。大家也在那儿跟着反复吆喝开发智慧半斤，提高身心健康八两，可是吆喝了很长的时间却吆喝错了，因为什么？因为老师践证了这个内容，可是大家没有实践出来，只是学着表面的样子在吆喝。既没有做好理人，又没有践证好行人，练了十几年，身心活动的健康状态都还不行，而且还不知道从哪里下手。

我们现在所说的不是指平常锻炼身体的人，而是指那些有志向于实践生命科学的人，当时要立志取得个什么成就的、达到什么造化的人。你发了誓以后，你立了志以后，你在那里吆喝了半天，你吆喝什么出来了？没有用的。理人和行人，我们说的这个行人是行动的“行”，可不能单纯地理解为从形体上的“形”人啊。

那参禅参什么？从六祖以后，只有印证的理论，没有如何参禅的理论，没有。参禅悟道这个东西是没有理论的，不能立文字，否则的话不能叫禅宗。禅宗就是“不立文字，直指人心，见性成佛”，是不是这样？如果有理论就是这几句话，这几句话就是理论。

直指人心，不立文字。直指人心，现在你直指人心能行吗？现在的人，你还没指到他的“心”上去，你还没说到他身上的根本毛病上去，他就把你的祖宗几代都给骂了。当你在直指人心的时候，你还没指到他的心上说话的时候，还差那么一截子，他就开始不得了了，就开始跳起来了，说：“你是个什么东西，你还指导我？”这话也说得对，只能由那些不是东西、不是南北的那个“东西”，那个不是东西的“东西”来指导你，你才能觉悟！如果是个东西，是个南北，那就指导不了了，一指导你就变成东西了。东西指导你，你就变成东西了；南北指导你，你就变成南北了。

可是道既不是东西，又不是南北，还不在上下之间；道不在中之中，不在中之外，又不离于中之外。那是什么？那是实相智慧的空性。同时，道又遍布于东西南北上下之间，那是什么？那是整体性的兼容存在。说那个性体之态怎么描述？没办法描述。你证到了也是描述不出来的。我们上面所述也是勉为其难的。

历史上不是有一个很有名的大师吗？他在那里讲法，下面的听众有很多，听他讲法。法师的讲法是讲得非常好的，见解透彻。有一个成就了的和尚也到那里去听课，等这个大师讲完了就有人提问："什么是法身？什么是法眼？"这个大师说："法身无相，法眼无瑕。"这个成就了的和尚在下边笑了笑说："你说得没问题，但是没证到啊。"人家法师有谦卑心，马上就下来说："请教你，能不能给我指一条'道'？"

大家知道吗？在讲法的时候，人家下边是有很多听众的，有很多的人在下边听课的。这个法师听到和尚的话就赶紧下座，他下来走到那个讲话的和尚跟前请教，那种行为就是一种"弱其志"的谦卑状态。只有这样，他才有可能被那个既不是东西、又不是南北的"家伙"所指引，为他指引寻道之捷径，这样他才有可能证到"那个"，不是那个的"那个"。有那么个东西，那就不是个东西，那就没办法证到那个不是东西的"东西"。

只能这样！你有所指，你只要是有所指，他就得把你那根指头给砍掉，把你的脚弄断（编者按：此句意出自"俱胝断指"和"云门折脚"两则公案）。如果认为心性是可以有所指的，那么你再指的时候，师父就会把你指的那个手指头给砍下来，你还有指吗？没有指就变现智慧的空性了。道是没有所指的，佛性也是没有所指的，法身也是没有所指的，智慧身也是没有所指的。只能说勉强地打个比方，只能那样说。它只能是通过践行证到的"东西"。

智慧修证即是学做人

但是很多人就这样，提出问题说："刘老师，你这个讲得太高级了，咱们平常人的生活只是在市井之间，只想在人与人之间如何交往得好一些。”对！我现在所讲的这一切修身养性的理论、智慧传承教育文化的理论，都是在教你学做人！这就是关于如何学会做好一个平常人的学问。泯灭掉自我的个性，也就是不执著于自己的个性特征。学习如何泯灭掉自己个性的特征，使自己在世俗的社会里，在人世间，在社会群体之中不被障碍，那样才能赢得人生健康的和谐存在。

我们讲了这么一大通，好像是很高深的，实质上跟我们的日常生活是息息相关的。讲的什么？讲的是你不要住在自我观念之中，不要以那个假我盲目出现。关于那个假我，过去怎么说？说感官功能的六根——眼、耳、鼻、舌、身、意，由此引起的一切心意活动的六识——眼识、耳识、鼻识、舌识、身识、意识，都是假的。还有第七识——末那识，就是我们前面所讲的参照系，人的这个第七识，只要是执著于前六识而呈现偏执性的参照系内容，那也是假的，这些反应到我们头脑中之后所做出的判断自然就都是假的了。

我们现在不也讲的是这个内容吗？但是，我们归纳的就是两个方面的内容，可能讲得不是很全面，但是人从出生到死亡，就可以归结为外求两大利益——对情感利益的执著，对物质利益的贪欲，就这两大利益。如果还有没讲到的地方，欢迎大家指正，欢迎大家补充。

我们说放下，不是说要你不追求。如果一个人没有了追求，那就别工作、别挣钱了；如果不挣钱，那你不就没办法生存下去了吗？你还活什么？如果我们不学习做人的学问，那怎么才能和谐与家里人的关系，和谐人与人之间的社会关系呢？盲目地维系不是会有矛盾吗？

我们讲的内容，就是如何让你在社会交往过程当中，在人群交往过程当中，泯灭掉自己的个性特点，使自己的生命活动符合生命运化法则的要求，符合自然道德观之道德仁义礼的规范和行为活动的标准，符合宇宙自然的运化发展规律。

在现实的社会活动中，人需要学习和遵循哪些要求？有社会伦理道德的、法律与制度的、文明文化的、民风民俗和传承教育的，以及包括周围环境的，等等。我们得从这些平常生活方面去要求自己，从根本上去净化自我的意识活动，努力地提高自己的修养水平，做一个有觉悟智慧的人，那才是一个活脱脱的智慧生命。

希望我今天的讲话，不要成为大家的障碍，请大家行在当下放下。

智慧功夫的内容

- 顿开与回补
- 明心见性只是起点
- 自然无为之朴
- 智慧的体、性、用
- 寂照察

顿开与回补

大家要锻炼好自己的身心活动，就应该按照健身操与养生文化的要求去做；而要做好这一切，则需要把人体三个高能量集聚区锻炼好——首先形成三个丹田；当形成了上、中、下这三个丹田以后，还得重新整合三个丹田，扩展三个丹田的领域。只有这样才能使三个丹田储备更多的能量。当能量充足、气血充盈到一定程度时，才能帮助自身起到启智开慧的作用。

然后还需要分别在三个丹田中做凝神合气的功夫，使神意与气结合，达到神入气中、神气相合的功夫境界。像这样去逐步整合完三个丹田之后，再去和畅周身的气血经脉通道，以便逐渐达成《道德经》中“载营魄抱一能无离；专气致柔能婴儿”的智慧境界。

我曾经听老师讲过一段故事，讲的是关于过去的一位成就者的故事。这位践证智慧功夫境界的人的经历是怎样的呢？他首先形成了上丹田，随后顿然呈现了智慧祖窍——是顿悟的，这是智慧境界。然后从上丹田部位开始往下疏通五脏六腑的经脉。怎样理解这个过程？打个比方说，就好似股市开盘，有时会出现“跳空高开”的情况一样，然后再经历“回补缺口”的过程。

这位成就者通过了八年的刻苦努力，才基本上回补了生理方面的基础内容，这段经历就属于回补缺口的过程。回补什么缺口？由于以前身体比较弱，所以回补基础，弥补强化生理运化功能方面的不足。例如，迅速提高了免疫系统方面的功能、消化系统方面的功能、呼吸系统方面的功能、血液循环系统方面的功能和神经系统方面的功能等。在强化周身经络气血流通的同时，自然起到了活血化瘀、通关开窍的作用，回补了这些生理基础方面不足的缺口。

由于在这之前，那位成就者的中丹田未化开，下丹田化开的层面也很差，周身的筋脉皮骨肉及五脏六腑中经络气血的通透度不够，所以才需要回补这个缺口。当然，回补生理基础方面不足的具体内容，也需要根据各人自身的具体情况来定，视各人对身心要求达到的健康目标而定。

在开上丹田时，有人的内景会出现如乒乓球大小的白色球状能量团。开智慧玄关祖窍时的境界是非常美妙的，但是不好描述出来。开中脉时如果出现了类似于耀眼的银线，那是属于开脉开得比较好的景象，可以从中脉上的任意一点来开，当然也可以从混元窍的中心点向上下开。

讲开窍开脉的目的，就是为了告诉大家不要执著自我身心活动变化的任何景象，只要自己努力去践行，那么人的身心活动是会自然呈现各种不同的内景变化的。但是，无论自己的身心活动出现什么变化，都是暂时的生理活动或心理活动现象，不要关注这种内景，不要住在其中，需要继续从身心这两个方面努力，人才能在完美身心的过程中获得圆满觉行的智慧成就。

尽管我脑中心这个地方顿开了数次，但比较而言，身体中其他地方都很弱。比如，混元窍和下丹田都开了，腰椎关节也初步地松开了，这就是我当时的生理基础。那怎么办呢？回补缺口。首先整合好自己的中脉和脊柱关节的内容，因为这个地方能够统领人一身的阳气，人的气血能量在脊柱中和脊柱内侧的前沿这一带是非常强的，而且还是有上有下、有左有右的。所以，我就先来强化中脉。修炼中脉的功夫内容，很重要的关窍就是要把喉结化开，需要把骶椎骨关节松开，把任督二脉方面的内容修好。

2002 年农历四月初六晚九点多钟的样子，我站在公共汽车上，突然间发现自己的身体又一次发生了巨大的质变。当时的状态，整个身体好像是个透明的，而且与周围的环境及宇宙自然的空间成为了一个混然不可分的、层次层面分明的整体透明态。这种透明态不是视觉功能的效应，而是无处不在、无处不觉、无处不显、无处不透的兼容遍透境界。之后回家打坐，在身体中间又出现了一个类似于管状的东西。那个好似管子的中脉，其直径大约为一厘米，比这个小棍粗一点点。这是我第二次见证了人的中脉内景，而且它是从脑中心的智慧祖窍部位直到会阴穴的。如果把意念放在中脉的中间，那么在中脉里就能够自由地上下滑动。这样的境界出现后，还得继续强化这个中脉管。在这以后，还要在这条中脉的后面，加修一条中脉，即让其靠近脊柱的内侧，并与第一次打开的银线中脉相合。

从 2002 年以后，我就开始进行强化并重建的工程。这几年我就是这么修炼的。

2003 年 9 月 28 日，我在江西九江的时候，已经把喉结和心窍给打开了。心窍就在膻中穴的里面、中间的那个地方，是化开的，就像冰雪融化一样化开的。当时在中丹田，除了心窍的这个窍点打开以外，其他还有很多的穴位都还没开。像璇玑、华盖、玉堂、膻中这些穴位，这些都需要把它练开；后面的脊中、身柱与阳关穴等也都没开，包括前面的神阙（肚脐）、气海与关元等也没开，就只是个下丹田开了，所以说需要回补。如果像过去古时候的修佛者，那就不需要像这样来回补基础了。但是，我们跟那些践证佛法的人不一样，我们需要去搞生命科学，即探索生命活动的运化规律，就相当于要修“三身”成就，走出神入化的道路。所以就一定要有回补生命活动的生理基础的功夫内容。

以上所说的内容都是我个人的亲身经历，其中有很多的内景并没有讲出来，以免大家因此而产生幻想。当然，我身体的变化只是从 1999 年以后才开始发生顿变、顿开的，但是在这之前也发生了若干的渐变内容，只是不在这里进行详述而已。不过可以明确地告诉大家，做功夫是需要一辈子的不断努力才行的。不仅如此，而且还要做到理入、行入并重，学会刻苦、勤奋加精修巧练，才有希望见证智慧功夫。

如果是那些正在修证佛法的人，即使在见证了般若智慧以后，同样也需要回补基础课程，也需要若干年来调整膻中穴里面的中丹田位置，但是这些修佛的大德并不认为是在强化中丹田，而是在中丹田的部位持咒念诀。在这一部位持咒念诀，就相当于把中丹田的能量整合好了，只有在这个地方修持，才能呈现大悲心。另外，还要一刻不停地在感官心意的这个层面去做“察照寂”的智慧修养功夫。

明心见性只是起点

在这个之前，我没怎么去想察照寂的功夫问题。察照寂的功夫，就是要练人觉悟智慧的整体性和独立性，这是明心见性之后要做的智慧功夫。为什么要像这样去做？因为当实相智慧呈现出来之后，就需要练智慧的整体性和智慧的独立性！禅宗的六祖慧能，他的智慧功夫就非常好，所以才能证得智慧的整体性的信息，是智慧生命的整体性信息。这是由于生命整体的独立性证出来了的缘故。

明心见性以后的功夫怎么做？做觉悟智慧的整体性与独立性的功夫内容。做智慧生命的什么独立性？智慧整体的独立性——分别智，这是第一步。第二步是什么？智慧独立的整体性——应化智。之后还要做什么？最后就是需要把分别智与应化智的智慧功夫内容，在日常生活中自然无为地展现出来，呈现出无为而无不为的圆满觉行的智慧境界。

大家可以到古庙里去看看，看看佛像是怎样摆放的，摆放三身佛的涵义是什么。在一般的情况下是这样摆放的——中间是法身佛，东边是报身佛，西边是应化身佛。为什么要像这样摆放？因为人的智慧可以通过这样的摆放方式来表法：法身成就即是见证实相智慧的境界，也称无师智；报身成就即是分别智的展现；应化身成就即是应化智的显现。这就是三身佛——觉悟智慧的真实义！现在的人已经完全不懂得这其中的真实义理了。明心见性以后要继续地修炼这样的智慧功夫。

法身成就呈现出来的就是实相智慧，即在刹那间顿现的虚寂实相——根本智慧境界，是展现分别智和应化智的根本之所在。当然，虚寂之实相也是无师智的根，善知识的本。报身成就展现出来的就是智慧的整体性，即整体智慧中的独立性。报身成就是以罗汉的四果位的功夫为基础的，以菩萨行来成就分别智的报身成就过程。应化身成就显现出来的就是智慧的独立性，即独立智慧中的整体性。应化身成就是圆满菩萨行之后自然呈现出来的应化无穷的、无为而无不为的智慧境界，是法身、报身和应化身混然如一的整体性的圆满智慧的能动映现，也可称大圆满智。

我现在的功夫水平还只是处在智慧功夫的初级阶段，还需要不断地努力精进。不过在内部资料《金刚智》① 上发现了一种现象，有很多人只要把这本书拿到手上，就能够比较快地安静下来，而且这些人的身体还跟着起变化，或清凉，或温暖，或轻松愉快，或有暖流在周身运转等。另外还有些患有某些疾病的人，如患有感冒、发烧、胃疼、腹痛、筋骨关节疼等，他们在拿到这本书后安静地坐着或躺着，然后将书置于患处，静心地体会，身体就会自动地向好的方面转化。一般不敏感的人在拿到书时也会有点感受，只有极少数特别不敏感的人才没有感觉。还有，我写的字也有这样的现象。

《金刚智》这本资料源于我与大家聊天的讲话录音，是大家通过这些录音整理出来的，而且有大部分内容没有校对，把资料印成书以后就直接与大家见面了。但这本学习资料为什么会出现非常强的能量信息呢？这就是生命整体智慧的独立性的显现。什么独立性？智慧存在的整体的独立性，它出来了。这在过去叫什么？应化智；

① 《金刚智》是由刘战魁先生 2005 年至 2006 年的讲课内容汇编而成的学习资料。

也可以称作什么？可以称作是无量光的映现、无量智的呈现、无量寿的显现。当然，这些只是应化智比较初级的层面而已。

人在获得觉悟以后，还有没有功夫可做呢？明心以后，见性以后，照样还有好多的智慧功夫需要去做。有很多人认为明心了就是完成了明心见性的功夫，其实不然！在一般情况下，明心与见性是两步功夫，不要认为只要明心了也可以当作是见性了。关于明心见性的内容可以参考学习《我与无我》那节课的内容。如果明心了，那么还需要从明心的这个功夫层次上再做努力直至见性，在这中间有若干觉悟层次需要去践证，如“王侯若能守，万物将自宾”的智慧功夫内容。即使是见性了，关于智慧功夫的内容也还没有践行完；即使是顿悟一次性地完成了明心见性的实证，那么在这个基础上，同样还有很多的智慧功夫层次是需要去修、去见证的。

自然无为之朴

关于明心见性以后的智慧功夫应该怎样做？老子已经在两千五百年之前就已经说清楚了，如“道常无为而无不为。侯王若能守，万物将自化。化而欲作，吾将镇之以无名之朴。无名之朴，亦将不欲。不欲以静，天下将自正。”在这里请大家注意这个“朴”字的涵义，怎样理解朴？朴是宇宙自然一切动态存在的运动属性，无论是人、或事、或物，都自然会归于朴之性。怎样理解朴？用大白话来说，就是肚子饿了就吃饭，睡好之后就起床，是这种纯自然的身心行为，是人通过修炼之后达到的形神合一、行神合一的觉悟智慧境界。明心见性并不是智慧功夫的终点，而只是起点。如果认为见证到明心见性的层面就把智慧功夫做完了，要是这样想，那就完全错了。

过去禅宗走的是什么路？当明心见性之后，就只修智慧的独立性了，把自性真心的独立性证出来，把它呈现出来，就走人了——涅槃了。这就是那些禅宗的大德们在明心见性之后的十几年中所做的智慧功夫内容。当然，还有些禅师、有些人还只是刚证到明心的这个层面就去给别人讲法，没有能够真正地深入下去。像这样去见证佛法，那肯定是不透的，其结果是呈现出智慧能力低下的状态，有智而慧无源，只能展现干慧的境界。

所以，我们这里修身养性之人的目标，就是希望去见证这法、报、化三身的智慧成就。虽说近十几年不一定能修到出神入化的功夫境界，但还是会有几个人在精进的过程中去呈现根本智慧的。

智慧的体、性、用

真正的应化身就是应化智，而应化智也就是无量光、无量寿、无量智。大家知道吗？阿弥陀佛的涵义用最简单的中文去解释，那就是“应化智”。无量光是体，无量寿是性，无量智是用，这些是对智慧的体、性、用的描述，体性用三者是一个不可分的整体。当人的根本智慧——实相被见证出来的时候，那么就应该知道实相即是性体，是产生一切觉悟智慧之功用的源头。通过不懈的努力见证觉悟智慧，智慧的体、性、用，是既有整体性又有独立性的，而且还具有在多维空间的永恒存在性。

当然，大家应该知道，我们现在所讲的这些内容与宗教是没有关系的，只与修身养性的智慧传承教育文化有关系。讲宗教神学就没意思了，咱们不讲那个。但是，我告诉你们，你们在参观庙宇的时候需要搞明白一个问题，什么是中央佛，什么叫东方佛，什么叫西方佛。

其实，中央佛也可称为毗卢遮那佛，是属于法身成就的实相境界，具有无始无终、无涯无际、不垢不净、不增不减、无内无外等属性特征。

东方佛，也可称为东方琉璃光药师延寿佛，是属于报身成就的分别智境界，其中也同时涵盖了觉悟者自身的智慧功夫与文化素养底蕴的内容。东方琉璃光就是能量信息的意思，是觉悟者在展现智慧时所呈现出来的一种智慧能量态，或称智慧之琉璃光，这种智慧之光具有兼容万事万物的特性。“药师”的涵义就非常广泛了，世间一切教育的方式方法和文化知识等都是“药”，而“师”的涵义就是能够能动地运用这些教育法和各种文化知识等为众生谋身心的健康、谋智慧。东方琉璃光药师延寿佛的涵义就是：运用分别智的力量来帮助大家，帮助众生，是为众生祛病消灾、延年益寿的，是为众生救度一切苦难的。所以，分别智是智慧整体性的独立展现。东方佛是以身现智的。

西方佛，也可称为阿弥陀佛，是属于应化身成就的应化智境界。所谓应化智就是能够应化无穷、妙应无方的智慧境界，这种智慧具有无量光、无量寿、无量智的属性特征。那为什么是在西方呢？因为，应化智是以智现智、以智应智的，具有遍透一切存在、具有永恒的特性和无形无相的运化特征，所以应化智就是智慧的独立性的整体展现。当人呈现出圆满觉行的应化智慧时，才有一念诚信阿弥陀佛，就可以获得智慧能量的效应；一念挚信阿弥陀佛，就可以通达净寂之永恒；一念净信阿弥陀佛，就可以得到应化智的接引。因为，应化智具有兼容遍透一切存在的属性特征。

人的大智慧的这个整体性与独立性是在哪儿现的呢？在明心时现，在明心见性时现，这样智慧的整体性与独立性就有了，但是如果需要把大智慧展现出来，还得进一步地精修巧练，去把它实证出来。用什么具体的方法让其展现出来？察照寂。那就是《金刚经》里边的一句话。什么话？大家知不知道？好，那我提示一下，六祖因何开悟？

众人：应无所住而生其心。

对！就是这句话。人在明心以后，还要把整体性、独立性都见证出来，把性体的体与用展现出来。所以过去的老师在印证了学生的智慧之后说：“好，你现在可以了，到山里去继续修吧，等待因缘成熟以后再出来。”像这样的情况，通常还得需要十几年的时间精进才行。干什么？就是别让自己受闲杂人等的干扰，也别因此而受污染，就是别让自己掉觉，常保清净的生活状态，这样才能完全扭转先天因素与后天所形成的各种习气，使智慧的整体性与独立性在十几年的精修当中透现出来，然后再出世修行，再行救度众生的责任和义务。

为什么到这个时候才出来履行其责任和义务呢？因为这时的觉悟智慧者才具备了完全度化自我的同时去普度众生的能力。“佛度众生”的过程，就是“众生度佛”的过程。如果大智慧者不能呈现智慧的整体性，就不可能产生出符合身心整体运化的思想言行，不可能保持人与自然及社会的和谐共存关系；如果大智慧者展现的智慧没有独立性，就不可能完成对万事万物运化发展规律的认识。现在大家知道了吗？

众人：知道了！

察照寂

那怎么练？“察照寂”。在《金刚经》当中是怎样讲的？“应无所住而生其心”。六祖是怎么讲的？“慧能无伎俩，不断百思想”。你们大多数人现在可能还听不懂这些话的涵义，但这些东西对于修身养性的人来说却是很关键的。有些很关键的理论要点，也许你这一辈子都弄不懂，但绝不要有留待下一次再去听的想法，要懂得行在当下放下，要做到住在无所住之中，去应这个觉悟智慧的缘。

六祖怎么说的？“不断百思想”。关于这些内容我讲过很多次了，不知道你们在学习的时候脑子里在想什么，看书的时候看什么？我知道你们会说：“我看智慧教育文化的内容，我修身养性……”其实倒不如说“我是修猪八戒这一系列的”。（众笑）

我在讲课当中曾经讲过，在讲关于如何正确对待意念活动的内容里面也讲过。再想一想，“慧能无伎俩，不断百思想”的涵义，这句话跟佛祖讲的“应无所住而生其心”是不是一样的？有没有不一样的地方？本质涵义都是一样的！我们是怎么讲的？刚才我还讲了，还写在黑板上——叫“察照寂”，那是我隐居时练的内容。咱们就讲三个字，以前讲“觉起念消，念起觉消”这八个字，现在再讲八个字“觉起念消，念起觉迟”。不过这后八个字与前面的三个字的涵义也是一样的，只不过表达得更简单一些。

六祖讲了，对《金刚经》的认识就是“不断百思想”；佛祖讲，“应无所住而生其心”。你只有“不断百思想”，你不要有意去断它，自然呈现出来的那不就是心性吗？“慧能无伎俩，不断百思想”，让各种各样的念头自然流动就行了。我们的“察照寂”应该怎样理解，怎样做？返观内求于产生各种念头的源头，在源头那里做功夫。念一出便察，一察的当下就进入寂态；念一出便照，一照的当下就便进入寂态。像这样察照、照察地修，以后就会出现察照圆融—察寂圆融—察照寂圆融的境界，到时候就剩一个态，叫察照寂圆融的整体觉悟智慧态。

寂态不仅可以从静入，也可以从动入，还可以从戒入。静到寂，寂可生智，寂即是心性；通过戒、定，到寂态；通过动，集中精神，也可以在当下进入寂态。现在有的修炼理论就是想通过这样的“集中精神”入到寂态这里来。寂态是什么样的一种存在？这是很高级的内容，希望大家通过践行去见证。

寂，可以从净到寂，也可以从静进入到寂。寂态是即静即动、非静非动的一种绝对存在状态，在寂态中有静与动的态势，这就是寂态。人的根本智慧——实相也是寂态，宇宙自然的那个最根本的道同样是寂态。大智慧者，也就是圆满了觉悟的人要走的时候，所应该要进入的那个境界，也是佛所讲的涅槃态，也叫圆寂态。

寂态的性质是什么？清净无为！清净即是寂，清净态就是寂态。这个寂态具有无量光、无量寿、无量智的智慧功能效应。所以，行察照寂的智慧功夫，实质上就是见证到明心见性以后的觉悟者，在日常生活的行住坐卧中，如何使自己的心性在动态的环境中保持平衡、保持净寂的状态，对此老子说用“吾将镇之以无名之朴”来修养。

为什么这个“朴”能够解决觉悟者在点滴细行方面的问题呢？因为“道常无名。朴虽小，天下不敢臣”。这句话怎样理解呢？就是说天下运动着的万事万物没有不符合朴之自然而然的无为无不为的属性特征的，自然界中如有任何的不符者，那么宇宙自然的运化规律就会显现出“挫其锐，解其忿”来进行自然的规范，直至达到“和其光，同其尘”的整体性和谐为止。我讲的这些内容都是进行智慧功夫修炼的具体方法的内容，这种内容用三个字来表示，那就是无时无刻不用“察照寂”来做功夫。

我现在讲的这些内容，已经是映到你们的脑子里边了，如果真有一天你们出智慧功夫的时候，这些信息都是全部可以提取出来的。到那个时候，当你们能够显示出实相智慧的时候，如果再发现我现在的讲课内容，在某些方面讲得不彻底、有缺陷、有错误，欢迎你们批评指正。

正确对待念头与杂念

念头何来

念头与杂念的关系

神为念奴是愚之根

顺随自然 自生自灭

灭念与顽空之弊

念头与生命运化法则

觉起念消的智慧功夫

念头何来

人的意识活动，显现出来的也就是通常我们所说的念头，或者说是杂念。其实，不管是杂念还是念头，都是我们思维活动里边的内容，也就是人的思维模式中的参照系标准和虚寂实相这个本体里的具体活动内容。所谓虚寂实相，是指人的那个真心自性，或称质朴之性，或称佛性，或称真我之主人翁。

在人的生命活动中，参照系的标准是用来参照识别各种各样事物的具体内容的。其实，参照的内容是一个识别的过程，是通过比较分别后而产生的念头。人一旦执著于自己的思维参照模式，那么这个思维参照模式与衡量事物的参照标准体系就构成了人的假我。过去修佛的人称思维参照模式为第七识或末那识。人对一切事物的认识，即人在生活空间里所能够认识的全部事物以及因此所形成的观念、观点和概念，都源于形成意识活动的思维参照模式。简单地说，意识活动的形成与头脑中的那个参照标准体系有关。无论人形成了什么样的思维参照模式，这些念头都会在反应事物的一刹那，或更短的时间内涌现出来。不仅如此，而且还会因这些念头引起更多的念头，派生出更为复杂的念头的集合，这是人涌现出更多的无以计数的念头的原因之一，是人产生思想观念、观点和概念的过程，同样也是人形成分别执著妄想心的原因与过程。

一般人的智商——聪明才智，即人的智能效应拣择功能，在一般的情况下对这些念头的生灭循环都是浑然不知、昏然不觉的。可是，见证了觉悟智慧的人，却能够通过勤奋的自我意识的净化活动，精进苦修而践证出识别念头生灭循环的智能拣择效应的那种功能。这种智能拣择功能的效应，也就是人们常说的觉悟。

我们自己通过智慧修行的实证，与古人见证到的开发觉悟智慧的见地是一样的，都是通过修身养性实证的实践活动认识到，这种觉悟的显现通常都是在刹那间呈现出来的，准确地说就是当下呈现。无论是通过所谓顿悟法门修证，还是通过渐修法门修行，人只要能够呈现这种觉悟，其过程都一定是在刹那间完成的。大家也应该知道，能够在刹那间呈现人的觉悟便是顿悟，能够呈现这种觉悟功能的那个不可思议、不可描述的、净寂的功能态，就是人的实相智慧。

通过实证我们还认识到，人的这种觉悟效应，与呈现这种觉悟效应的实相智慧是不可分割的和谐性整体，这就是般若智慧的本质内涵。尤其是那些想通过修正意识而直证根本智慧的人，对于这些念头的认识就显得尤为重要。因为，人只有通过这样的内求方式，才有可能达到认识感官功能的需求、要求和欲求所引起的或产生的各种心意心念活动的境界，而后才有可能驾驭自己的感官功能，从而呈现出符合生命活动之自然本能需求的身心行为活动，否则人是无法把握自己的主观要求或贪欲妄想所引发的七情六欲的。

关于这些问题，我以前是经常讲的，但是没有像今天这样讲得深，没有从产生思想观念和各种念头的那个根本处所讲，没有从产生意识活动的源头上来讲，没有从思维参照模式的衍生演化过程来讲。现在看来已经到了非讲不可的时候了。所以，借这个因缘，我今天就把这些思维规律方面的理论给大家讲一讲。

修正意识的活动，不是非常难的过程，但也绝对不是一件简单容易做的事情。因为，在人静坐的时候，或在做什么事的时候，抑或在社会中生活的时候，头脑中都会自然演绎出很多乱七八糟的念头。对此，修身养性的人通常称之为“杂念”。所谓杂念，就是人在思维活动过程与行为活动过程中，头脑中产生了很多与当时当下的自我心意或心念不相符合的其他内容；这些内容是与人产生思想意识活动的那个源头、与人统帅身心行为活动时的主体意识观念相左的心意心念活动内容。这就告诉了我们，有时候人的念头是杂乱无章的，有的时候是会向着一个方向去发展的，就像故事一样，一段一段展开。像这样的一些心意杂念，对于每个人来说都是有的，只是大家不在意、不注意罢了。

除了死人以外，所有活人都有无数的念头，那么这些念头是怎么来的呢？大家可以通过修证智慧的实践活动而知道。人的心意杂念来源于人自身的感官功能，而且是来源于人满足生命活动的自然本能需求；来源于人偏执于感官心意、感官享受、感官对象与感官刺激时产生的各种主观要求及贪欲妄求，来源于人的各种主观愿望或妄想所产生的各种心意心念活动；而念头或杂念的本身又不能与实相的净寂境界相分离，也都是人脑智能效应功能映现的存在，所以这些所谓的念头或杂念，同时也是属于人客观的心理活动内容和思想意识的发生发展过程。就像水、与平静的水、与起波浪的水之间的关系一样。

往往在修身养性的过程中，需要修炼之人能够很快地进入静定的境界，或者把意念活动集中专一起来，很快地进入到精神专一的境界。但是，人往往在意念集中的过程当中，在需要入静的时候，头脑中反而呈现出更多更明显的杂念，杂念一下子就出来了。此现象的出现，对于每个刚刚步入修身养性行列的人来说，就会因此产生烦恼。其实告诉大家，我觉得大可不必因此而生烦恼心。

关于念头和杂念，希望大家这样去认识。当一个人真正走向觉悟以后，他脑子里边也会闪现出常人生活当中的一些念头，只要你这个生命还有一口气，那么这些念头就没有办法抑制，所以六祖慧能才说“慧能无伎俩，不断百思想”。那么对于任何一个未觉悟的人来说，念头存在的本身会因自我偏执性而扰乱自己的生活、工作和学习方面的秩序，就会影响自己的身心修养境界，包括心理状态和生理状态的境界。

念头与杂念的关系

对于念头，怎样处理才算是正确呢？怎么样去认真地对待？这是需要我们去深入认识，深化觉悟修为、智慧修为的一个课题。所以，正确对待念头与杂念，是我们修身养性之人应该具备的基本功，以及应该确立的基本态度。我想，对于念头和杂念的认识，需要我们通过理论的学习进行重新再认识。

一般来说，应该像这样去认识：如果当我们的思想意识活动没有受其他任何事物的影响，或者说我们的生命活动没有受自已生存环境的干扰，或是生活环境的干扰、生活质量环境的干扰，那么在这个时候，我们说念头仅仅只是作为一个念头的存在，是非常客观的存在；然而，当我们在日常的生活当中比较宁静、思想比较放松的情况下，自然出现了很多的念头，有时候会引起自已烦躁不安的情绪，那么这些念头就妨碍了人的自我主观意识状态，这样人们就会称这样的念头为杂念。

相比较而言，对于前一种形式下的念头，我们就称它为念头，其实不管是杂念还是念头，说的都是一个东西。

我们还可以这样来认识念头和杂念，简单地说：只要你有分别、执著和妄想心存在就会滋生杂念，只要你活在过去、现在和未来心之中，就一定会出现纷乱的念头。那么我们也就知道了，人的念头与杂念，都是人思维参照模式中产生的分别、执著和妄想心所引起的，都是人的主观世界住在了过去、现在和未来心的境界中而产生的必然结果。但是也要知道，当一个人真正地践行觉悟以后，念头也好，杂念也罢，还是在日常事物的反映与应对中自然呈现，但都不会再障碍觉者身心修证的内容和过程了，或者说是不会再障碍觉者生活的内容和过程。所以，六祖才说“不断百思想”。通过以上的讲解，我们就可以从中理解什么叫“烦恼即菩提”了。

神为念奴是愚之根

但是，当我们平常人出现念头的时候，人的主观世界通常是跟随自己的念头走的，这就是世俗生活中的人们为什么会出现苦恼、矛盾和困惑的根本原因。因为人的这个主观世界与具体的念头一结合，那么所谓的主观世界或称精神世界就成为这个渺小的念头本身了，这样人的偏执性就自然而然地产生了。大家现在知道了吗？认清这一点，是非常关键的。一个人是否见证了实相智慧，从实修者的生活经历或践证智慧教育文化理论的见地中可以看出来。

人之心从理论上来分析，可以出现很多的层次层面，但从意识活动的发生发展过程来看却不然。无论是平常世俗的人，还是已经获得了大智慧的人，其心性的净寂实相毫无分别。人的心性只要与具体的念头一结合，那么人的心就不是实相的净寂境界了，而仅仅只是念头的本身。在这里应该引起大家的特别注意，人的那个先天的净寂境界——大实相，由于与念头结合，就使先天的净寂境界变成了后天世俗的具体念头境界。大家知道了吗？这个后天的具体念头境界就是人的假我。但要注意，这个不与念头结合，可不是说觉悟者不产生念头，不反应事物，而是映而不应、应而不执地自然展现与事物之间的关系。

这些实证的东西与大家平常所学习的理论，什么逻辑思维、形象思维、运动思维、体察思维等内容毫不相干，因为那些内容只是对思维所体现出的功用性作的归纳与总结，而不是描述念头的产生过程。

平常人在思维的过程中如果能够发现自己的念头，并与之结合，那么这个念头就已经完全遮障了实相。这种现象就是人的“心”起了反应，这种反应可以说是人这时的全部主观世界。因为在这一刻，人的主观世界不再对念头周围的环境进行反应了，只被这一个念头所占有。这样人的那个假我——偏执性就会主动去帮助分别、妄想一切主观的心意杂念内容，人生的各种困惑与矛盾以及诸多的问题就会在重叠夹杂的内容中与复合繁杂的过程中产生了。

对此应该怎样理解？我们大家都知道，宇宙自然是由道衍生演化出来的，所以才有“道生一，一生二，二生三，三生万物。万物负阴而抱阳，冲气以为和”的说法。那么人呢？不同样是由先天的大实相衍生演化出来的吗？也同样符合“无极生太极，太极生两仪，两仪生四象，四象生八卦”等等这么发展过来的。人的心意活动与各种杂念的生灭循环，亦是如此。关于人的先天大实相的内容，可以参考《谈谈生命力》那节课的内容。

人的先天一气衍生演化了人的这个整体生命存在，那么在这个整体的生命存在内容中，存在着一个大家族。当然，这是比喻的说法，现在就着这个比喻继续打比方说下去。在人的生命活动过程中，存在着一个家族——一个祖宗养了六个女儿和五个儿子。这个家族在开始的阶段，由于孩子都小，这样祖宗就雇请了一个人来帮助管家、带孩子。因为祖宗爱清净、好无为，常住于恬淡虚无之中，所以平常的一切事就交付于这个既做管家又做保姆的人来管了，这样保姆管家就成为了这个家族中重要的管理协调成员。随着孩子的成长，这个保姆式的管家与大家融为一体了，所以大家就把这个管家当作了亲人，多年过去了，兄弟们彼此之间虽有隔阂或问题，但在彼此之间由于没有形成个体的偏执性，所以大家都相安无事，相处还是非常和谐的。

但是，随着孩子们长大成人，各自的主观要求与欲望就开始增多，那么因此而产生的问题就多了，矛盾也就多了。虽然这时大家还是处于一个家庭之中，但兄弟姊妹之间各自的个性都已经形成，此可谓是人大性大。这时的家庭就出现了和谐、问题与矛盾相伴。等到这六个姊妹和五个兄弟都各自成家立业了，到这时家庭就演变成家族了，这样兄弟姊妹、姑嫂妯娌、连襟之间的关系就复杂了。

随着关系的复杂化，那么他们之间的矛盾与问题也就开始复杂化、变得不可调和，其所发生的各种关系就会变得非常复杂，问题的出现也就多了。这时家族的管家就无法照顾这十几个家庭了，也无法解决这各家之间和各家的各自问题与矛盾。正所谓家大业大事情多，这样随着矛盾和问题的不断增加，那么这个家族的解体就成为一种必然的现象了。

通过这个故事，大家能否反思我们自己的生命活动呢？并结合这个故事的内容反过头来想想，到底与自己、与自我有什么关系？

在这里给大家提供一些条件，请大家把这些内容合理地放进到故事之中。人有心性之根——实相，还有思维参照模式，以及人六个方面的感官功能——眼耳鼻舌身意；不仅如此，还有人的元神与识神、真义与幻相、需求与欲望之间的关系等，这些又是如何与人的五脏六腑、四肢百骸以及筋脉皮骨肉和气血相互联系、相互制约、相辅相成的，还有人的精神活动是如何与生理活动进行相互协调的，人的神与生命的整体运化功能的和谐性是如何体现出来的，而人的感觉功能、五脏六腑之间的运化功能与六尘——色声香味触法又是怎样的关系？通过人的眼耳鼻舌身意看实相，通过色声香味触法看法身，通过五脏六腑的运化功能看自性本体，通过人的筋脉皮骨肉与气血的生理运化内容看元神，它们之间的根本联系是怎样的？

不仅如此，还可以把人的成长过程放进去。比如从出生至七八岁、至十五六岁、至三十岁、至四十五岁、至六十岁以后，人的实相——主人翁，与生命活动的自然环境是怎样的关系？人的自性真心与生命活动的社会环境又是怎样的关系？关于以上所讲的这些内容，又与人的念头及杂念有什么根本的联系？请大家好好地思考思考、想一想，然后帮我把上面所讲的这个故事的内容与情节丰富一下好吗？这个工作非你们自己来做不可。

顺随自然 自生自灭

人的意识通常会随着念头走，有时会把念头当作自己的正常想法，有时候会因杂念而受困惑。对于修身养性的人来说，杂念与念头没有什么可以分别的，一分别就都演变成干扰人入静或思想集中的障碍。这样大家就会认为，人的念头与杂念多了以后会影响自己修身养性。我告诉那些像这样想的人，其实杂念与念头都不会影响人的精进实修。

那怎样才能解决这个挥之不去而又非常恼人的问题呢？最根本、最彻底、最简单的解决办法就是“不理它”。这个不理它的根本内容，就是不与自己发现的念头或杂念发生关系，也不与随后出现的各种念头或杂念发生关系，而是让念头或杂念自生自灭，像这样使念头或杂念在自生自灭的过程中，顺随自然起落生灭的演化而流过。如此反映、应对念头或杂念，才是念起觉消的涵义，以后就自然会进入到念觉一如的觉悟智慧境界。

对于这些杂念与念头，只要你不爱它、不恨它、不遗弃它、不观察它、不紧跟它，那么这个所谓的杂念与念头就不会产生“后一代”了，也就“断子绝孙”了。如果大家有一天能够做到这样，那么这些所谓的杂念与念头就会自然地消失了，这时人的那个主人翁就会处在明灵睿智的净寂之中。

大家注意！前面我并没有说所有的念头都消失了，而是你的那个真我之主人翁已经形成了只映现而不反应的觉悟智慧境界，简单说就是产生了映而不应、应而不执的觉悟习惯，产生了能够识别、拣择杂念与念头的觉悟智慧，所以才说杂念与念头都断子绝孙了。

过去的很多老师，讲授了各种各样的方式方法，但今天我们从道这个层面为大家作了最根本、最透彻的剖析，希望大家通过自己的践行来印证我所讲的这些内容。不过人总是妄想掐断、割断、截断和拧断自己的杂念与念头，从而幻想自己轻装上阵，进行所谓的清修。我在这里明确地告诉你们，从古至今就没有哪一个圣人能够做到。因此，请大家放下这样类似的观点。这样人在任何的条件下，都能够做到所谓的集中思想、净念专一，“虚其心”地生活于社会之中，也就不会产生经常走神的现象，那么也就不会影响我们自己的健身养生活动和智慧修证了。那些影响我们提高身心健康水平、障碍我们呈现真心自性的念头，就被称之为杂念。

从本质上来看，如果我们认识到，当人处于精神集中的时候，处在精神安静的时候，脑子里边呈现出来的这种念头，实质上是反映出人的大脑皮层的智能效应功能在此时的兴奋状态，是脑实体组织运化功能在身心修养过程中出现的自然的兴奋效应；那么在平时，我们人做任何运动或处理任何事物的时候，自己是不会主动去反映脑子里面产生的这些兴奋性内容的，也不会去识别它是兴奋的还是抑制的。只有当人在内求的过程中——入静或集中思想时，才呈现出这种兴奋效应所产生的念头或杂念来。

无论是谁，都会出现这样的情况，这是人脑的智能效应功能态的一个反映规律。如果能够正确对待这个规律，那么修炼长功、出智慧就显得是比较容易的事了。这种规律告诉我们：人在内求安静的情况下，显现出来的任何念头，都是脑子里面平常最容易出现的，但是又不会觉察到的习惯性的兴奋灶反应。喜欢思考问题的人，其兴奋点会出现在大脑皮层的记忆和反应等区域内，比如驾驶员在入静时，大脑皮层里面的听觉区域、记忆区域、对外界的智能反射区域等，都会产生习惯性的本能性的兴奋灶反应。

由于每个人的生活环境、习惯、文化素养、性格等存在的差异，那么反应出来的兴奋灶，以及兴奋灶中显现出来的各种念头，包括由生理方面引起的和心理方面引起的思想意识活动，都是念头或杂念的不同表现形式，同样在它们之间是可以存在巨大的差别的；还由于每个人存在的个体生理和心理环境方面的差异，那么在修炼实证的过程中，其生理反应部位的不同所引起的思想意识活动的反应——念头或杂念也是不同的。在这里就不一一举例说明了，以后会在方便的时候再进行详细的论述。

灭念与顽空之弊

实质上，任何的念头对于修身养性者来说，都可以算是杂念。

杂念的出现正好映衬出我们因练功而长功了，映衬出我们在更深一个层面上感知到了念头运动的内容和过程，是这样一个思维的灵敏反应现象。只要不执著于杂念，那么出现这种杂念或念头的现象，对于念头或杂念的映现和察照，就说明你已经处在了警觉意识的境界中。

其实，在修养身心的过程中，能够反应念头与杂念的本身就是一个长功夫过程中的好现象，也是一个极其正常的现象。但是，往往我们有很多的所谓修行人却认为它不是一个好的现象，反而总是想方设法地去消灭它。大家一定要知道，我们人的这个念头，无论你怎么去灭都是永远也灭不完的，因为只要你有一个“灭念头”的想法，那么这个灭念头的想法本身也是一个杂念；你想要空掉念头，这个想“空”的念头本身就会引导你进入到执著空的念头之中，也就是说，使你在不知不觉中住在了主观概念的所谓空之感觉的顽空境界里。所以，古时候的智者们说“修空被空缚”。只有当行者践证到“一念断，法身即离色身”，才能明白这样的道理。

为什么需要大家破执著？只要你执著于任何的事或物，哪怕只是小小的一丁点，都会障碍人的那个真我之主人翁，障碍其自然呈现。从哪里破执呢？就从这里破，从产生思想意识活动的源头破，从起心动念之处破，这些都是修养身心的秘法与诀窍。

念头与生命运化法则

大家一定要注意：有念不追念，有念不灭念，有念不观念，即是破执著的最好方法。让念头如行云流水般自然流走，就好像我们站在路边看过往行人一样，各种各样的杂念都是会自生自灭的。在《道德经》里，不是有“君子终日行不离辎重，虽有荣观，燕处超然”吗？这几句话的大意讲的就是这个意思。但是，其中特别需要注意的是，能够警觉杂念的那个警觉点，它是构成人警觉性的根本内容，就是我们人的明灵之觉。长此以往像这样去践行，就一定会证现人的真我之主人翁——这个如来的本来面目。这样的方法，也是我们学会如何驾驭人的感官功能所产生的各种心意活动的切入点。

如果有念追念，有念灭念，有念观念，那么就很容易使自己的生命活动受到杂念的困扰，永远也无法脱离开这个不得入门的初级层面，也就无法向更高级的身心健康层面进步，而自然地退回到低级的层面，因此就没办法长功夫、出智慧了。这样的对治方法是始终不会把念头降伏下去的，而且还会不断出现更多、更新的念头。所以，当我们认识到生命的、思维的这样一个规律以后，我们就应该放弃对念头的压制，让念头呈现出一个自然而然的流动过程。

其实，人的念头分很多的内容。从生理活动上来看，由心脏气机的动态引起的念头的变化，多数会使人呈现出喜悦的心情；但是，我们肝脏气机动态的变化引起的念头，它主要表现为郁闷、怒气、焦虑不安、烦躁等这样类似的情志活动内容；那么，在我们念头中出现了有关忧、悲的内容时，那就是我们肺脏的气机在发生变化了，所以或忧或悲的情绪产生时，就知道了是由人肺脏的气动现象和动气现象所引起的；当人脾脏之气在发生变化的时候，会使人处于一种思虑的状态，好像总是在思考某一个问题，总是走不出来；当人的肾脏气机发生变化的时候，多数人会出现一些或惊或恐的情志活动反应。大家学习到这里就应该明白了，这些五脏六腑的气机变化，都会引起人的思想意识活动发生变化。

当然，我们每个人在修养身心的时候绝对不会引起某个脏腑单一的气机变化，通常会出现复合的气机运化过程，那么情志活动同样也是复合的反应，杂念也同样是复杂的内容。人生理的这种运化过程，会让我们认识到，宇宙间的任何一个事物都绝对不是以一个单一的现象出现的，而是会以一个复杂的复合面貌出现。

一般来说，在练呼吸操时，会出现一些情志上的反应，这些情志上的反应主要体现在几个脏器的气动和动气过程之中。有时候是肾气和脾气的运动与心脏之气的运动结合到一块儿了，这种现象往往是走中脉形成的，它会使得自己产生一些喜悦的、思虑的、恐惧的、镇静的或者是对两性要求的一连串的复杂想法。要知道，这些都只是生理上的一系列反应而已。所以，对于这样一些思维活动内容的形成和思维活动内容的运动过程，我们都要把它认识清楚。只有认识清楚以后，我们才能认识到杂念从何而来，念头从何处生发；只有在这样认识清楚的情况下，我们才能懂得人生命活动存在的规律性，并且能够自觉地按照这种认识的生命活动运化规律去修证、去生活。对于这个过程，过去修行的人们称之为修道或修佛法。

当我们还没有觉悟的时候，我们就需要自觉地去遵循前人，或者说是过来人的经验，主动去接受明师的指导，主动去服从大善知识的教化，从而使我们能够直接地按照符合生命活动运化规律的要求去看问题、去实践，提高我们的生命活动质量和身心整体的健康水平，这就是一个非常便捷的修证智慧之路。

当人的肾脏气、脾脏气和肝脏气动荡起来的时候，它们就会成为一种复合的或者是综合的情志活动反应。对于这个过程中所产生的各种思想意识活动，我们的古人有这样的一个说法，就是平常的人是很不容易“跳出三界外，不在五行中”的。为什么会有这样的结论？其根本的原因就在这里。

当我们的五行气循行正常以后，出现和合混化、出现合和的状态以后，生命才能够有希望从自然的本能，走向自觉的智能。所以，我们每个人不要单纯去看待某个念头或者说是杂念，不要把念头或杂念与自己的生命活动分开，这就是从理入的过程。如果你把它分开了，那么人的整体的生命特性你就认识不清楚，你就没办法去掌握它。因此对待这样一个过程，就要求我们每个人在碰到杂念的时候，内心要宁静地去观察杂念的产生，这就是古人所说的觉起念消的过程，也是“察照寂”的过程。当念头起来时，一警觉念头就消了，这个过程就是觉起念消的过程。它是个什么样的修证方法？是练习神、锻炼神的过程，也是逐步使自己走向神守一如的这样一个方法。

为什么我们会从实相这个根本的层面来探讨、探索杂念与念头的问题呢？在座的学员当中，因为有很多人的智慧祖窍或上丹田是开了的，当我们的智慧玄关或上丹田打开以后，就必须要密切地去关注自己的神，也就是平常所说的人的起心动念的这个过程。不管是外在的事物引起的起心动念，还是内在的心理或生理状态引起的起心动念，实质上表达的是一个内容——对生命活动的客观或主观的反应。人处在自身的生存环境或者说是社会环境之中的时候，一切思维活动的过程，也是我们反映生命存在内容的过程，所以它不是两个内容。当我们掌握了这个规律，并为我们提高身心健康、开发根本智慧服务的时候，就不会再走弯路了。

人在现实的生活中会有许许多多的念头或杂念，这是任何一个平常人都避免不了的。大家应该知道，社会是人群展现行为活动的处所，不管是什么样的人，都会出现相似的念头或杂念。

其实在思维参照模式和思想活动的内容上，男人和女人的差别是不大的，而且每个人的思维活动过程也不是两样的，只不过在运用意识的方向上存在着差别。男性的思维活动过程比较开放一些，并且大多数人是向外的；女性的思维活动过程比较内敛一些，而且大多数人是向内的。无论其是向外还是向内的，都同时表达了人这个生命活动思维意识特性的存在内容。因为，社会中的每个人，都绝不是某个人的独立存在，而是属于社会群体之中的。人正是由于生活在这个社会群体之中，所以才在有的时候能够感知到他人的思维活动，这种现象的出现都是由社会意识形态所决定了的。

在人的自我意识中，有时候会出现这样的现象：虽然是自己思想中出来的东西，但并不一定是自己所想的内容。这种现象是人人都会出现的，是人本身所具有的一种自然感知功能。然而，自己对这种现象却是不觉知的，这种现象所能够感知到的内容也是属于杂念范畴内的东西，与人的根本智慧没有任何的关系。这只是人在一定的情况下感知到了社会上其他人的思维活动的内容，即被自己感知、复映到的具体内容而已。这种现象就是社会意识形态群体意识的共性特征。

有的人不明是非，不懂得这个社会之中同样存在着五行的生克制化，也不知道人处在自然社会、自然环境之中五行的生克制化关系，所以常常把这种社会群体意识的活动内容，也认同为自身的生命活动，或者说是意识活动，因此受其影响和制约，这也是造成未觉悟之人迷茫的地方。解决此问题最简单的方法就是“不分别”。

当自己要去认识这样一个思维运动过程的内容时，我们就需要去了解人自身的生命活动运化规律。只有了解了自己生命活动的规律性，才能够了解人的智能效应功能特性的内容，才能认识到一个群体生活的意识存在的内容模式，从而使自己能够生活于社会群体之中；那么只有自觉地进行“挫其锐，解其忿”的修正过程，这样才能使自己不受群体意识的干扰，同时还能产生“和其光，同其尘”的整体和谐性。

这些内容是现代心理学范畴中还未涉及的处女地。我现在所讲的内容是非常深刻的、深层次的根本内容，但是这也是需要我们共同努力去践行的内容，是需要一群人去进行共同探索和研究的内容。人们只有从不同的个体出发，探索出社会意识形态的群体意识的运化规律，才有可能共同促进社会意识的整体进化。

以上所讲都是大家以前不曾学习过的内容，所以要求大家共同努力，在学习和践行这个智慧传承教育文化的理论的时候，需要紧密地同自己整体的生命活动结合起来，同我们日常生活中点滴细行的思想言行的应对内容结合起来。关于念头或杂念的本质内涵，其实我们已经讲了若干个层面的内容。

觉起念消的智慧功夫

大家需要进一步认识社会群体意识范畴的这个内涵，即社会是由每个个体的人所构成的，一个人是不可能构成整个社会的，而必须是由一群一群人的集合才构成了整个社会。所以，当我们学习了这些关于思想意识活动的衍生和形成思维参照模式的这些内容时，我们就知道了产生这些念头与杂念的规律，这样我们就可以在修身养性的实践过程中去坦然面对它，去坦然认识它，去呈现映而不应、应而不执的境界，这就应该是大家的共同目标。

其实，人生活在大自然的环境中，会看到很多的自然现象，如花开花落，太阳东升西落，人的生与死等等现象。从这些自然的现象中我们可以发现，任何事物都会经历从开始到结束的过程，这样我们也就应该知道，人自己的念头与万事万物一样，都会遵循这个法则：生灭循环。知道了这个规律，那么你就不会主观地去用新的念头克服旧有的念头。当自己用新念头来换去旧念头时，那个识别过程本身也就是一个杂念。人只有不去识别、不去分别、不去反应，而是自然映现，那么才不会产生执著、分别与妄想心，这样才有可能真正见证到真心自性。

所谓的“前念已过，后念未生”的境界，只有在不与念头发生关系而又能映现其他念头的同时才可能呈现出来；只有经历了这样的过程，才能最终达到不分别的境界，也就是念未起即觉的觉悟智慧境界。但是，这个过程不是通过说理、吹牛讲出来的，而是通过自己具体的意识修养内容和自我净化过程的实践来证明的。

我现在发现，有很多人喜欢写那些好像是禅机的东西，但是这些人的水平还没有达到谈禅论道的智慧功夫层面。所以在这里给大家重新提出一些要求，希望大家不要浪费自己的时间和精力，修证智慧不要华而不实，也不要哗众取宠地把那些好像是让人耳目一新的文字内容拿出来显摆，因为那些东西既不是你自己践行总结的内容，又不是透彻究竟了的理论根据。这种现象于人于己都没有好处，所以请大家不要再犯这种毛病了。

大家也应该明白，自己的这些活动从本质上来看都是自己张扬杂念的过程。现在发现大家日记里所写的内容已经不如从前了，好多内容还赶不上早期写自我分析与自我反省的内容，写的那些日常生活中应对各种念头和思维过程的内容，像那样做，才是踏踏实实地在那儿实修精进，是很踏实的修身养性过程，那才是在用自己的生命活动说话。

我提倡大家学习《金刚经》，但没有要求大家看各种版本的《金刚经》释解内容，大家现在还没有能力明辨哪个版本的内容是透彻的。由于现在流行的很多版本都没有讲透，所以很容易耗费大家的精力，学习没有效率。即使是学习那些已经讲透了的智慧教育文化理论，也要知道学习也是为实践服务的，修证的实践活动是第一位的，而不是在那里单纯地谈禅论道。

通过健身练功的实践活动，使自己的身心健康发生了变化的时候，人可能就会对周围事物的发生发展变得相对敏感。当然，身心出现了不同层面的敏感，其本身就已经说明了人自己生命活动的整体和谐性加强了。但是如果不从净化意识的根本入手，自我参照系里面的内容不变，那就肯定不会产生真正的身心健康，也不会成就高级智能态的整体和谐性。

大家应该知道，内求法践行的内容，不是指责他人的思维意识和行为活动，而是谨小慎微、如履薄冰、如临深渊地去呈现真我之智能效应的映现实相智慧，修身养性是这样的一个实践实证过程。可是我发现，大家总是心想别人的境界如何，而不能睿智地肯定自己的进步，否定自身不足或影响自己停滞不前的毛病。大家需要一如既往地走自己成长智慧的觉悟之路，如果单纯去模仿人家产生身心变化的现象，那么自己肯定是不会从根本上获得进步的。只有把念头和杂念的内容理解清楚了，包括生理方面的内容和心理方面的内容以及从社会群体意识范畴上的内容，都认识清楚，那么大家才有希望通过践行走向内求自性，而不是他求、外求。

大家常常把练气的内容当成内求，实质上练气的内容只是属于对能量事物层面的一种内求，这种层面的内求，只能使人的身心健康发生量的变化，或者说一定物质层面的变化，而不会引起人身心整体行为活动的最根本的最智慧的质变，不会引起人思想意识活动、思维参照模式内容的质变，但只有这样的质变才具有兼容遍透一切生命活动存在的特性，这才是我希望大家进入的内求诸己的境界。

这样就要求大家，重视自己从根本上去践行见证思维的运化规律，去践行这个规律与自己个体产生意识活动的同一性，这个过程才是真正的内求过程。如果我们不能从根本上去做意识涵养的智慧功夫，其他的活动都将是没有根基的。所以，每个人只有像这样去认识清楚，才有可能循序渐进去改变自己的身心健康梯度。

面对杂念或念头，我们都应该像面对自然中其他的客观事物一样，让其自然流逝。如果杂念升起，一警觉就行了。当人能够映现念头或杂念的时候，那么一切的所谓杂念也就失去了意义，自生自灭。对此，如果你不是一个觉悟智慧的映现者，那么你就是一个陷入其中者；你如果深入其中了，那么你也就已经同流合污、随波逐流了。这时人的生命活动不是神为主宰，而是神为念奴的境界。

这堂课所讲的内容——如何正确面对杂念和念头，如果把其中的内容做好了，那么实质上就是进入到炼神还虚的层面了。只要把我所讲的这些理弄清楚，我想以后身心修证的难度就不大了。

我以上所讲的内容，大多是对自己实践的总结。人进入到高级的禅定之后，就可以认为没有杂念了，但人还是定在了一念的境界中。在这种境界之中，人的智能映现效应可以知道周围环境的各种变化内容和过程，但就是不产生主观的反应。不过人在低水平的练功阶段，其杂念还是很多的，但是一定要做到这个“我”不追随杂念的起一落、起一落……而只是映照着它而已，这样杂念就自生自灭了。

只有像这样从根本上去践行，人才有可能成就清灵明睿的无我境界。像这样去持之以恒地精进，一直到自然呈现主人翁，这样人的觉悟智慧就展现出“念未起时神清明，念即起时能妙觉”的炼虚合道之境界。但是，这些智慧功夫，是人通过日常生活中几十年的砺炼才展现出来的内容，而不是空谈理论的结果。

人住在自己的生存环境和生活习性中去修炼、去应对，那么肯定就会出现不是心魔就是外魔的现象，这种所谓的心魔即是外魔，外魔也即是自己的心魔的根本缘由。魔与人的念头和杂念一样，不是产生于内，那就必然来源于外，但究其根本，还是内心随外物所转而产生的。只有当自己树立起正信、正念之时，人才会产生正知和正见。所以，讲杂念，讲念头，就是让大家在平时的修养练功当中，应该随时随地注意自我的起心动念，锻炼人在这个层面的警觉性。

如果我们把起心动念的功夫内容做好了，能够在平时的生活当中展现出察照一如的智慧功夫，那就是大觉悟的智慧境界，修这种功夫叫做根本的觉悟智慧功夫。我们不仅要懂得练气的功夫功法内容，更要懂得修养心性的妙要，并能因此而成就人的根本智慧。

讲这节课的内容，只是为了警醒大家不要出离了自己的本性而去外求，不要在那儿空谈理性的东西。告诉大家，修证智慧必须从实证入手，从生理活动的基本层面去积累能量，从心性上去证明人的自我本性的存在，此二者是不可分割的和谐性整体，并且还要将此和谐整体性展现到日常生活方方面面的事物应对中去。

如果大家通过反复地学习这节课的内容，把这节课的内涵弄懂了，那么接下来的工作就好做了，这是大家在未来的修身养性践行过程中所需要遵循的内容和要求。讲这样一节课的目的，就是为了让大家能够从不同的层次、不同的角度、不同的方位、不同的范围、不同的环境、不同的境界来协调，从整体上、从根本上去认识杂念或念头的产生过程，认识这一产生过程的现象与内涵。这样大家就知道了修身养性的关键过程和具体的内容，从而帮助自己从有为的主观世界，进入到自然无为的觉悟境界中去。

这一课非常难讲，内容复杂且不容易讲清楚。如果有不当之处，敬请大家海涵！

分别智直指人心

诸佛所起智即分别说道

身心健康的目标

指着『心』说话

法行于称的分别智

当下契机各不同

『一说即是』的教育法

破迷现觉即当下

诸佛所起智即分别说道

我们应该怎么理解“诸佛所起智即分别说道”这句话？其实这句话的大意是说：一切佛都会顺随不同的因缘而生分别智来讲道。

在“诸佛所起智即分别说道”这句话里，“佛”是指觉悟者，那么我们对这句话就可以这样理解了：一切具有大觉悟智慧的人，都会顺随因缘而生分别智来讲各种使人成就觉悟智慧的道理。也就是说，古今中外的大智慧者，都会随顺因缘的不同而生分别智，并依此来讲帮助人获得解脱人生的方便法，即讲各种各样的使人成就觉悟智慧的下手法。

我给大家讲课，已有半年的时间了，现在已经讲了很多内容，也针对现实生活中不同的人如何修身养性、如何面对生活中遇到的各种问题进行了分析和讲解。但现在，还有不少人不能正常地、正确地理解我讲的净化自我意识方面的东西。其实，在我的讲课内容中，讲了不少具体的下手法，让人不要执著自己的观念、观点和概念，并依此来陶冶性情涵养道德。但是听课的多数人，都迷昧于自己的观念、观点和概念，而这些观点、观念和概念都是障碍自己获得健康的身心活动的幻有幻象之“法”。为什么？因为人的眼耳鼻舌身意之六根，只要一执著感官对象，那就会于不知不觉间住在享受色身香味触法的各种觉受中，这样一来，人的六识就会堕入到色受想行识的境界中了。

我们一定要明白，人住在感官心意、感官对象、感官觉受、感官刺激之中时，心生的种种“法”都叫身外法，这里面所说的“身”，其实是《金刚经》中所说的实相智慧这个“大身”，也指的是人的真心自性这个真我。如果人执著于自己的观念、观点和概念，并按照自己的主观意愿去行，就是在“身”外求法了。这就是说，人从“身”外去证明某一个事物的正确性或谬误性，这样体现出来的，就不符合自觉自性的要求了，也不符合追求智慧真理的那个践证目标了，同时还违背了内求诸己的原则。

有时候大家会说：“刘老师，你这个人也非常执著。你让我们不执著，你为什么还在那里执著呢?”我这就是运用了破执著的方法。实质上，我们会运用一切方法来使你放下自己的执著。你得认识到我只是通过某种方式方法来表达让你放下的这个内涵，而不是让你去分析、分别老师。你分析、分别老师是没有意义的，如果你在那里一味地去分析、分别，那样便是身外求法了。

人修养身心的目的意义在哪里？就在于践行见证虚寂实相这个根本智慧，而不是寻找老师或他人的错误。即使是分析他人身上存在的问题，也只是作为前车之鉴，是用来做镜子的，就好像西游记这个故事中的照妖镜一样，是为了照见自己身上的毛病，是为了帮助自我净化意识的反思和反省的方法，是为呈现人的那个真我之主人翁服务的。所以说，大家在运用意识的过程中，有时搞转向了，搞了半天却认错了对象，搞错位了。老师通过对这些内容的讲课，来调整你们的思维意识状态，但大家还是不明修养身心的方向。

其实，修正思想意识不是对外，而是要把方向锁定在自己的那个真心自性上。在实修的过程中，如果不明理或明理不透，那么就会出现这样的情形，比如践行了一段时间之后，被别人发现自己又搞错位了。这是修身养性的人经常犯的错误，也是个很普遍的现象。就是说我们在座的可能有90%以上的人，还不能正确理解老师所讲的智慧教育文化。如果大家不能正确地认识和理解老师所讲的这些内容，那么你就不可能真正地回归到自然的质朴之性上来。

“一切觉悟了的人，都以缘起所生的分别智来说各种让人呈现真心自性的根本法、使人走向觉悟智慧的法。”对于这句话，我认为非常重要。现在提供给大家，有必要让我们从这个层面上去认识一下践行智慧的捷径与切实的内容。这句话是从哪里来的呢？是《楞枷经》第四卷里面的内容：“诸佛所起智即分别说道。”这个文体语言，是南北朝、隋唐时期的语言文句，它比较精炼。如果我们用现代的语言习惯和思维方式去理解过去的语言文字，恐怕是不大好理解的。

在那个时候，译者对佛经原文的翻译，于现在看起来真是很难懂的。如果我们现在想解读出古文言文中包涵的智慧性，哪怕只是其中的一两首偈子都是很难的，何况这还是佛学经典中阐述开发般若智慧的根本内容呢？但如果把这些内容释解成通俗的现代文体、现代的语言，那么读起来就比较通俗一些、容易上路一些。虽然是比较通俗，但是每个人由于智慧践行的层面不同，所理解的内容还是有很大差异的。所以请大家对这句话谈谈自己的见解，这样有利于帮助大家理解这句话中包涵的智慧性。

身心健康的目标

那么，我们下面就讲一讲“十一”国庆节期间我的所感所想，以及由此获得的一些关于生活方面的、也可以是其他方面的一些收获。我在这里可以和大家开诚布公地交流一下。

学生：老师节日好！

昨天的月亮今天才圆，所以咱们今天才团圆。

学生：十五的月亮十六圆！老师，我刚受一次磨难。上个月比较忙，锻炼受点影响，本来想节日好好调整，结果回老家了。回老家也没有时间练，又没有场合练。我以前一到秋天胃就不舒服，很难受，这回又犯了一次。犯病后我是练了两个小时的呼吸操才明显好起来的，今天上午看了一会儿《金刚智》，感觉到突然就好了。

通过这个事，我的体会还是很深的。现在是确实认识到了呼吸操增长内气快，这个方法确实是很有效，而且还有治疗效果。另外咱们这本书——《金刚智》的作用确实是非常大的，前天中午我把书放在胸部，睡了两个小时的觉，胸部的痛、不适感就真的消失了。

实质上我们每个人总是在给自己树立目标。但是，我们树立的目标，如何才能符合自身的生命活动？如何才能符合自身的生命运化规律对自己的思想观念和行为活动提出的要求呢？通常大家会这样认为：老师怎么讲并不重要，自己的感觉才是第一重要的。这是第一个方面的内容。第二个方面的内容就是：不管老师讲的是个什么目标，我只顾树立起自己主观想象的那个目标，那么我的目标就是身体健康，就只围绕着自己非常肤浅的健康观念服务。要知道真正的健康对于我们每个人来说，都是一个很大的课题。通常大家认为，想要健康就随便锻炼一下，或随意找个方法活动一下就行了。其实，人要真正获得身心活动的整体健康是非常不容易的。

一个人要获得身心的整体健康，就应该知道健康是由两个方面的内容构成的：心理的，生理的。另外健康还是由不同层次和不同梯度的健康内容构成的。如果说在这个层面上的健康建立起来了，那么在更高层面上来衡量，你还算健康吗？如果更高层面的健康也建立起来了，那么在身心整体这个生命根本的层面上，你还符合健康的要求吗？

健康也是一个层次一个层次建立起来的。那么，我们谈到的修身养性，就是让大家建立起高级的觉悟智慧的健康心理状态和生理状态。这种心理和生理状态的同一性和统一体关系建立起来之后，才能够称之为圆满的智能健康状态。

很多人对自己提的要求比较低，所以在生活当中就会遇到这样或那样的疑难问题解决不了。把目标稍稍定高一些，严格要求自己，我们才可以获得一个健康的身心状态，实质上是这样的一个过程。想指望大家既要把自己的工作搞好，又要把自己修身养性的事做好，而且还要符合那些古智慧经典所揭示的根本真义，以及通过健身锻炼来达成我们自身生命活动的整体和谐性，恐怕我们在座的99.99%的人都很难做到，都很难做到啊！

因为修身养性不是一天两天的事，在修养身心方面应该需要做到几十年如一日。如果是真正要走超凡入圣的觉悟之路，非一般常人所能及。就是说，如果按照一般常人的心理要求，想自己把超凡这个事完成，那肯定是不可能的。为什么？因为世人不愿意付出，这样怎么可能获得与付出不相符合的结果呢？想超凡吗？必须是这样的：超越凡人的健康，超越凡人的思想境界，超越凡人对生命的态度，超越凡人对智慧生命的认识，并且还要进行非凡的人生实践，去证明人这个生命本真的自然存在，只有这样你才能脱俗。

在超凡脱俗的践行智慧真理的过程中，你生活在这个现实的社会中，自然会遇到很多矛盾、困惑和挫折。这些矛盾、困惑和挫折会不断阻挠着你，你想超凡脱俗，那就超脱不了，想把俗气脱下来，那也脱不了。在这样的情况下，你怎么可能做到入圣呢？所以，我们须要为自己树立目标并提高要求，只有提高了对自身的要求，严格要求自己，才有超凡脱俗的希望；只有产生了为之奋斗的目标或理想，并能够全然地朝这个目标去努力践行，这样才有那种超凡脱俗的可能。

世上很多人都有这样的想法：“假如我达到了某个健康层次，会不会出那个层次的特异思维?”我们不是为了追求某种特异功能而使自己感觉到是超常的。告诉大家，没有什么是超常或是不超常的，在这个世界上就没有“超常”这么个事物，只有什么？只有是与自然规律相符合的、还是不相符合的。我们在以前的十几年中学习、生活、工作以及锻炼的内容，一步步践行过来的内容，已经给我们讲述了这些道理。

其实，在社会上空谈人生、盲修瞎练的人也是比较常见的。就拿练武术来说，过去有多少青年人向往着成为武术大师，成为某一方面的冠军或某一方面技能的拥有者和实践者？但事实上很多人打拳，打了多少年也打不出功夫来。有的人打几个月，其身体的体质就不够用了，身体素质不行。那么看上去很壮的人，是否身体素质就很好了呢？回答同样是不能肯定的。

过去练武术都要选人才，看看身体骨骼的生理基础够不够，即使是符合了要求也同样是很难练成功的。何况是每个人都想按照自己的想法练？如果每个人都按照各自的想法练功，或按照自我感觉去健身养生，怎么可能保证自己的想法都符合生命运化法则呢？如果自己的想法经常处于背道离德的状态下，那么按照这样的方式修养身心，结果自然是可想而知的。如果自己练得不得法，那还有可能适得其反，没有因此培补起生命力，反而还消耗了自己的精气神。即使自己做得很认真，在修养身心的过程中也能够符合生命运化法则的基本要求，那么像这样来培养自己，也至少需要几十年的时间。这绝对不仅仅只是靠说说而已就能达到的。

在我们这里，虽然有些人在不到半年的时间里已经开了一个丹田，还有人开了两个或三个丹田，甚至还有人开了中脉，但是，难道打开了丹田，甚至说有了中脉，就什么事都解决了吗？不是这样的。因为大家开的丹田或中脉都属于顿开的，是在老师的帮忙下顿开的，不是大家慢慢练、慢慢地积累能量而渐修呈现顿开的当下。在这种情况下，所开的丹田或中脉还需要有一个培补基础的时间和过程。即使是在继续开、继续通的过程中，还要学会把持自己的心性，这样才能呈现出丹田与中脉的生命活动效应。

这就是在说，任何人在开了丹田与中脉以后，想呈现出丹田与中脉的生命力效应，那还得需要至少精进六年以上的时间，而且还得做到持之以恒地精进才行。为什么？虽然人的丹田与中脉被打开了，但是还需要和五脏六腑以及上行下行的气机、左行右行的气机、前行后行的气机联系起来形成整体性运化的机制才行。只有这样，人的丹田与中脉才能合成一个整体；只有形成了这个整体，才能使生命活动的各种运化功能得到贯穿与统一，人的生命活动才能成为一个和谐的整体。只有到那个时候，才能成就“中脉一开百病消”的功夫；只有到那个时候，人体里中脉的智能效应才可以体现出来，中脉的生命力效应才能展示出来。

开丹田也是分带开的和顿开的，虽然现在很多人都开了丹田，为体质提高奠定了良好的基础，但是要获得真正的健康，那还是需要有个生命力基础的。人的生命活动需要有这样的生命力基础，而且这个生命力基础也是净化意识活动的基础。因此，人在应对任何事物时，其思维活动方式，同样需要有个符合生命运化法则的基础模式。所以，仅仅开个窍、开个脉还是远远不够的，我们要把这些身心健康所需要的基础全都建立起来才行。每个人的基础不同，所获得的进步是不一样的。

在我们中间，有几个人的身心变化是特别大的。大家可以了解一下，这几个人为什么会产生这样大的变化呢？其实大家在下面可以和这些人聊聊天，去认识一下他们的感受。比如说王先生，他那个进步是很快的；像小谭，他的进步也是比较大的。不过大家的进步也都比较快。

他们为什么会发生比较大的变化？通过交流发现，人变化的大小与心态有关。比如像这位张女士的练功时间有时候并不多，但是她反复地学习理论，努力改变思想意识的活动状态。为什么说人的思想意识变了，身心健康状态也随之而变呢？是因为人对自己做的任何事都变得有诚心、有信心、有决心了，所以真心想改变者一定会获得改变。其实别的没有什么，不是口头上多说什么，而是多了改变意识的这种决心和行动。当然一个人如果有了决心，并按照这样的决心去行，自然就会出效果、出感受，这个很重要。这些内容需要大家相互交流，才会了解更多，看看人家是怎么合理锻炼和修养意识的。这个很关键，也很重要。

学生：我现在体会到意识对身体健康的根本作用了，也注重修养意识、改变意识了。

好，就是这样的，顺其自然。请大家多交流。我所讲的并不一定能够让大家完全理解和吸收，所以在私下，请同学们之间多进行自觉的交流，这个确实是很重要的，因为同时代的人有同时代人的共同特征。

指着“心“说话

学生：老师好，我先说一下。这段时间锻炼情况正常，对意识方面的认识又提高了一步。上次我问那个警觉点的问题，是不是应该这样理解：建立警觉意识，每个人和每个人都是不一样的，因为每个人生活的环境、地域都不一样，在不同的时间、地点、环境里面，那个警觉点是不一样的，但警惕性是相同的。经验没法照抄、照搬，也没什么标准，只能结合自己的实际情况，如何使自己思想意识活动主动地去符合修身养性的要求，这样就可以了。

对。所以有很多践行见证的经验确实是不能照抄、照搬的。再说也不能把某个“别人”的经验当作修行实践的绝对标准，只能结合自己的实际情况来定。定什么？定既符合自我意识净化，又符合修身养性要求的方式方法。所以就要求我们大家相互交流来达到这样的目的。

学生：老师讲把目标定高一点，其实定高一点动力才大。刚才那句话“诸佛所起智即分别说道”，我是这样理解的：一切觉悟的人，他所呈现的那个智慧，都是根据具体情况具体说的。因为每个人都有不同的情况，包括他所处的环境，还有他的意识状态、思想的追求等，根据这些具体的情况去帮助他、展现他人的智慧，帮助想要开悟的人，把他们的心结打开，使他们走向觉悟。就是帮助那些没有开悟的人把那个思想的枷锁打破，使未开悟的人的意识，走向自觉自由。我是这样理解的。

这句话的含义是这样的，和你讲的也差不多，但是什么样的具体情况呢？我想是这样的，一个智者在不同的情况下，就会产生不同的教育法。虽然说是这么一句话，具体情况具体分析，具体情况具体对待，这句话理解得可以说是很对的。但是你看，同样是一个具体的方法，我们在对症的时候就未必能有很多人懂得，大家说的时候会说，做的时候就不会做了，其实都是不能真正理解的缘故。

在运用分别智的对症法的时候，能够真正打破旧有参照系内容的人是很少的，当然这确实也是很难的，因为很多人就在那个当下执著自己的道理，住在自己的主见之中。今天早晨就这个事我们有几个人谈了好几个钟头。我们几个学员在这里交流，通过交流所表达的含义是什么？

例如，有时候老师就某个人提出他身上所存在的一些问题，实质上这些问题不仅仅只是这一个人身上的问题，而是在座所有的人身上都有、都存在的问题。因为总是提出来，经常地提出来，你想想，总是提某个人的问题会怎样？

打个比方说，我在这里每天都说高老师的不对，总说罗老师的不对，还说杜老师的不对，如果这几个人自己听的时间长了，自己心里就会起疑问：你怎么总说我们啊？为什么总执著我们呢？怎么总是光说一件事？老师为什么这么执著？你说我们执著，让我们去改，那你为什么还那么执著地坚持你自己的观点来看待我们呢？

大家看，像这样无端地就会升起疑惑。其实原因就在这里，老师总是想选择一个角度，选择你最不愿意放弃、最固执的那个角度去进入，进入你的自性！这是破执的最好时机和最好方法。从禅宗来看这个情况，它是指着“心”说话的教育法。可是，当我指着大家的“心”在说话的时候，我们有很多人是不会服气的。因为说到他的痛处了，他的心里会产生逆反的想法。不觉悟的人肯定是要产生想法的，产生一个想法来掩盖自己的念头：“我不是你说的那样，我没有那样的想法。”他会断然否定的。过去不是有这样一种说法吗？就是老师说的对与不对，你都应该听。老师说的对的你应该听；老师说的这个话不对，明明是错的，你可以不执著老师这个话。有则改之，无则加勉。

要知道，“无则加勉”其实就是警惕性！可是有的人就不会把握这样一个度的问题。“有则改之，无则加勉”，有的人说这话我们都明白，可是事情实实在在地发生到我们自己身上的时候就不一样了，就不能依照自己所谓明白的道理去做。

比如说我，拿我自己过去的情况给大家举个例子。我以前在一个公开的场合，老师批评我。当时的情景就是自己在帮老师圆场，四千多人坐在下边，有一个同学站在台上造气氛，调动大家的积极性，使大家兴奋起来，让台下的学员们气氛活跃一些，结果气氛没有调动起来。看到这种情景我赶快出来圆场，最后问题解决了，气氛也起来了。可是老师却冲着我发火：“你，给我离开，退出场外。”按常理来说，我什么错误都没犯，怎么就让我离开呢？但是在当时的那个当下，我什么也没去分别，老师让我出去，我就赶紧出去。出去之后，就赶紧去体会自己身体里面所发生的变化，还感觉心里挺美的。大家要知道，这也是老师对我的一种爱，用另外的一种方式给我加持。

可现在的这些人，你如果说他，他会不服的，他的脸马上就变了。他不是像我那样安静地到一边去待着，感受着身体的变化。我管它是有问题还是没有问题，自己先体会体会再说，看看意识上有哪些变化，身体里的气机有哪些变化。现在的这些人不是这样的，他就是寻着自己认为的某一个理去执著。

如果有一个人愿意帮助你，那也是因为你这个人还有可以说教的可能，人家才愿意帮助你。如果不愿意帮助你，总提你干什么！是不是这个理？你身上的毛病和存在的问题，对我自己来说又有什么关系？那个时候我自己在体会变化的时候，并没有想着老师说得对还是不对。我就记得老师以前曾经说过：“当老师说你的时候，那是因为爱护你。”所以不管是在什么样的情况下，只要是说到你了，你就受到老师的重视了，那是老师对你的爱。这种教育法，就称为随缘教育法，是“分别说道”的最好时机。这个时候我有一个契机，那就是当下回归自性，察照意识有哪些变化，看看身体有哪些变化。

有人说：“老师，在任何场合，你都会当着别人的面，当着那么多人的面说我，总是批评我，有什么意思？”如果这样去想，那可就大错而特错了，老师不是为了说你而说的。老师为什么一而再、再而三地提醒你呢？老师不是一而再、再而三地说你的那个病的现象，而是说你那个病根——执著心、妄想心、分别心，也就是人在现实的生活中存在着的贪、嗔、痴、慢、疑这五毒，这五毒皆是由“心”而生的，是希望你能于老师提醒之时全然地放下。

因为烦恼即菩提，你得自己回到根本点上来，回到菩提上来，回到真心自性上来。为什么会寻着某一个具体的方法去说呢？是因为这个缘起，有这个因缘来说“法”，好把你拉到顿现自性的路上来，灵光一跃，从而使你自己觉悟自己的人生。这个在过去来说，叫直指人心的根本法。但是，这种方法对于平常人来说是很难接受的，可对于修身养性的人来说却可谓是难得的机会。

直指人心是不给面子的方法，是不受固有场合和情景约束的顿法。通常我们认为要选择一个好的环境、好的方法来进行交流，可是我常常会当着众人的面去说某一个人，就是要破你所谓的那个面子和尊严，破你所谓的那个人格和所谓的感官心意，让你去直证本性。这种教育方式被称为因地制宜教育法。到那一时刻，你就会知道面子、人格、尊严与心性的关系，就会在当下认识假我与真我的关系，真正地去实证烦恼即菩提、快乐即菩提，有即是菩提、空即是菩提。

关于这样类似的内容，我对大家已经讲了很多遍了，但大家还是会说：“老师你不知道，我这个身体的变化不是老师感受到的那个变化，也不是你说到的那一种变化，这个只有我自己才能体会到的。老师你说到的那些……你不了解我。”这样的想法，这样的现象，就说明了一个什么问题？我们之间缺乏信任，这样就很容易产生误解。

这个问题的根源是什么？大家对老师没有信任，是因为大家没有产生诚信，没有升起谦卑心，然后就产生误解。有人就说："老师，你老讲我，一点面子都不给，老讲、老讲。"是这样吧？说多了大家就会烦了。有的时候是烦自己，有的时候可能就是烦老师，像这样的情况是很多的。现在不是已经有人产生了这样的逆反心吗？

法行于称的分别智

那么，今天讲的这句话"一切佛都会顺随不同的因缘而生分别智来讲道"，是非常重要的内容。实质上就是说：一切觉悟了的人都以不同的缘起而生的分别智，来说各种使人觉悟的方法，使人见证真我之主人翁的方法。什么叫做分别智？分别智，就是能够符合具体事物属性的整体和谐的觉悟智慧；通俗的说法就是对任何事物能够量体裁衣、物尽其用、各尽所能的称法行，即是人应对万事万物时，所进行的法行于称的智慧行。

分别智与分别心相对，分别智是智者不执著的、辩证的自然无为的觉悟智慧呈现；分别心则是执著于偏执的、固有的、僵化的、静止的观念或观点的一种心意活动、一种思维参照模式的内容。分别心是人愚昧无知的表现，而分别智则是人觉悟智慧的自然呈现。所以分别智表达的是这样的涵义。

以上所讲的是《楞枷经》里边的内容。《楞枷经》过去是用来印证明心见性的经典，一共有四卷，其内容我们在平时的生活中用得很多，但是为什么单独把这一句话拎出来说呢？就是因为大家不理解。即使我们是朋友，不解朋友之意；即使我们是同学，不解同学之意；即使我们是师生，不解师生之意。像这样你怎么能和我们在一条道上走。

当下契机各不同

今天早晨有个朋友说："刘老师，你为什么非要那么执著于保护地板?"他还说是因为这个地板花了很多钱买的，刘老师才这样重视，这么执著。如果说要保护地板，为什么不对水泥地进行严格的保护？当时又有一个同学说："刘老师说的是对的，水泥地是水泥地的保护措施，地板是地板的保护措施。不同的事物有不同的属性特征，不同事物产生不同的养护方法。"对！针对人的教育法其实也是这样的，也是引导的方法不一样，指正人心的契机不一样。所以，关于这些内容今天早晨就谈了半天。如果我们是一个真正的觉悟者，那就应该懂得善待我们身边的一切，做人要学会善待自己内在的环境，善待一切外在的环境，包括生态环境，善待环境中各种各样的人、事、物。因为道无分别、无内外，真心自性无有内外大小之分别。

善待，什么叫善待？善待就是遵循环境之中各种具体事物的属性特征，应该是符合具体事物内在的这种属性特征的要求，符合具体事物的规律性的内容。比如，前一段时间我也讲了，讲有的学员这个感受不对。他心里边肯定不服，说："老师，我这个感受，是我身体里面的，你不知道，我这是真切的感受。"可是我说你这个不对，是让你不要执著于这种感受，因为这种感受不是我们追求的目的。当我们执著于自身感受的时候，我们修正意识的那个根本点——主人翁就无法呈现出来。不要大家执著于自身的感受，是让真我呈现出来的方法之一，真正去实证"空性即是菩提"，使其当下呈现出来。可是你执著于这种感受的时候，一切的感受皆是虚妄的，与我们的心性、真我是没有关系的。

所以在修证佛法里面，它也是有说道的——"现诸相非相"，就说你感受的这种念头都是不真实的。为什么说不是真实的？因为这一切都是属于生灭法范畴里的内容，是有生有灭的；而根本智则是不生不灭的。你不注意它，这个所谓的感觉就消失了；你一注意它，它就占有了我们人自己的那个真我之主人翁。我们大家一定要行好“无所求行”！

要知道人的那个根本智慧，你注意它存在，不注意它也存在，它不因你是否关注而有大或小、好或坏的分别，它就是这种自然的质朴存在。那么，在你们未见证根本真理之前，你们必须要遵循这样的一些原则；当你见证根本真理之后，你就可以自由自在地认识事物了。所以人的自由，只有在自觉以后，才能够自觉觉他。人只有具备了自觉自性的基础，才有可能运用这个觉悟智慧去觉他，那个时候，自觉觉他的过程就是个自由的过程了。

“一说即是”的教育法

可是我们很多人一提就是“自由自觉”，你上哪儿能自由自觉？你现在的意识境界怎么能够自由自觉？只有觉悟以后的自由，才是自然而然的自由。人在没觉悟之前，自我身心中的任何一个观念都可以绊倒你自己！如果有明师指导，那他就会找到要绊倒你的那个因缘果。只要你把这个内求诸己的观念树起来，他就会寻着这个智能模式去指导你，使你学会克服自己身上的弱点，学会驾驭自己的感官心意。当你能够做到降服一切的观念观点时，那你也就自然地不会犯执著了，到那时才能说明你旧有的那个偏执的参照系内容和模式给破了。一旦真破除了参照系中那种不符合生命存在的思维参照模式，人的思想意识真正一转，即在当下。

禅宗就是这样的教育法。作为教育人的方法，我们可以把它应用起来。我们大多数人对佛学里面讲的很多内容不了解、不认识，有的人看过，仅仅只是看过而已，并没有认真去学；有的人学过，但并没有真正理解其中的奥义、妙义。这种奥妙的涵义是需要靠生命的实践去证明的，而不是靠思维来领悟的、理解的。这绝对不一样，完全是两码事。所以，通过我们不断地学习智慧传承教育文化的理论，使每一个人在这件事上明白过来，老师所说的“法”不是有意为难你，而是让你的思想意识境界发生改变——从贪欲无明、愚昧无知到觉悟智慧，是这样的方法。

可我们有好多人他就不理解！他就想着：老师是不是看到我太聪明了，我的感受太好了，我的观点太新颖了。或者想：老师你不是觉悟了的人吗？你为什么那么执著非要批评我，你放下不就行了吗？……大家看，这样一连串的想法，这种情形是内求还是外求？老师只能是通过很直接的方法来破你那个执著，若老师没有破执著的这一念，如果老师发这个念头的力量不够，它也摧毁不了你那个执著念头的根。如果我害怕得罪你们，那我又何必讲？所以才说了这些东西，希望大家在下面的时候自己多想一想。

破迷现觉即当下

我们于平常当中，不是老师和我之间的关系，而是我和众生的关系、和大家的关系。我们之间，我们相处的这个环境里面，有同事、同学、社会朋友、子女父母……一切的人，有这样人与人之间的关系，还有各种各样与事物之间的关系都存在着。所以就不仅仅只是老师与学生的关系！有的同学说“我什么关系都能处理好”，那你是怎么处理的？你那个处理关系符合真意吗？符合自己的生命运化规律吗？所以我们要学会破自己的“迷”啊！

过去佛说“诸佛所起智”，就是过去的那些觉悟了的大觉悟智慧者，他们对待具体的事物，是根据什么？是根据具体缘起事物的因。他认为一切事物的因都存在着，在种子识里面，那么只要有一个缘，这个事物就会发展起来。老师通过这个因，使这个缘起的事物，通过具体情况下的分别智——根据具体的事，具体的说法来影响具体的人。他不是用什么照搬，不是用文学的语言，不是用佛法里面的经典、某一个经典的语言来告诉大家说你不要这样做；而是有个此时此景——此时此刻、此情此景，有这么个内容在里面。

这是产生起指导作用的一切具体方法的原因，都是当下的！这个叫什么？都以缘起所说的分别智，来说各种使人获得觉悟智慧的方法。你在这一件事上，如果一说就把你拨过来了，破迷，把迷一破就是智，智就呈现出来了。破迷成智，破迷现觉，这是一个当下的内容和过程。所以请大家一定要重视。

如果老师不管你，他也还是那样，没有必要非要揪着谁来说。但是揪着谁说，总是因为老师重视这个人他才说的，不重视说什么说，是不是这样？就没有意义了。天生的谁跟我有什么关系？没有关系的。说你是在帮你，帮助大家，不是我显摆自己当老师……有那个必要吗？我闭上嘴照样过日子。所以我们大家就是要从这个层面上去理解。

两千多年前的老庄都说明白了，两千多年后的我们还执著于自己的观念不放，就是假扮一个修身养性的人而已。只要你是学着做一个修身养性之人，就必须放下自己的观念。不管你那个观念是多么多么的重要，是多么多么的必要，都不要执著于它的对和错，而是需要自然回归到自己的质朴本性上去，认识真我。

我们一定要明白，一个觉悟了的明师，无论是在什么时候，其思想意识或所说的话、所用的方法，都是围绕以真心自性自然呈现出来的当下而讲的因缘。我们要在这个层面上去认识就好办了，一切都好办了，我们改造自己就变成可能了，要不然就很难的。

分别智与分别心

无我的分别智 偏执的分别心

明心见性的智慧功夫

智慧的整体辩证性

事事不著才是『真』

人生的正事与根本事

无我的分别智 偏执的分别心

一个人在日常生活中，在处事应物的过程中，不仅会遇到很多事物，而且还会自然去分别事物。任何人映现、反应、认识和应对任何事物，都不可能不分别其黑白红绿、高低上下、善恶美丑等。但是，只要人不执著于自我的思想观念对这些事物的分别，不执著自己对事物的主观见解，不执著是非得失的分别，那就是我所讲的无我境界。

反之，如果执著于自己对任何人、事、物的分别，那就会堕入到自我感官心意、感官对象、感官觉受的束缚中，成为名副其实的外求者，并同时被这些心意活动、对象及觉受所奴役。简单说，只要人的身心活动不是自然呈现出清净无为的无我境界，不是自然映现和反应事物本然的属性特征，而是执著于对它们的分别，就会被心意活动、认知对象及身体感觉所障碍、所束缚，那就是因外求而导致的结果。

如果人的心意活动与感官欲望相结合，那么人的心——真我之主人翁，就成为了感官心意的对象；如果人能够把自己遇到的所有事情都分别清楚，而且又不去执著于分别的具体内容，那就是觉悟智慧的展现，像这样的人就是合道顺德的了，因为分别不再障碍你。人不执著于自己分别的内容，那么事物就会呈现出自然的存在和运化状态。要想达到这样的境界，关键在于：人在做任何事时需要体现无我的境界。这样就没问题了。

比如说我要走十里路，想完了就去走。在走的这个过程中能够不著它念，就是无我的境界。你走完了十里路，完成了就完了。可能中间会有这样的想法和那样的念头闪现，但只要不停留、不住在这些想法或念头中，并让其自然流过，那即是空性的自然呈现。不管你展现这样的身心行为活动是为了什么，但始终不离目的，不偏执过程中的任何内容，那就是符合道之体性的。

人只要能以无我的境界来呈现身心行为活动，那么所展现的自然是分别智。分别智其实就是觉悟智慧的具体运用。人在面对具体事物时，都需要通过分别来达到了解、认识和掌握的目的，如果在分别以后还执著于分别的内容、过程和结果，那就是分别心的显现。分别心是执著人相、我相、众生相、寿者相而形成的。

所以有很多东西需要自己去悟，需要自己去经历，需要自己去实践。老师在讲课时只能是只言片语的，有很多地方也肯定是讲得不全面的，因为人的语言无法涵盖所认识的一切现象，也无法穷尽其现象的过程和内容。只要人一开口讲话，那就全面不了，涵盖不了所要表达内容的整体性，所以任何人所讲的内容，都只能是某些方面或局部的内容。任何的某一方面的内容，都不可能映现或反应出自己对其他人、事、物的认知全貌及其整体运化的发展状态。

我教你们怎样去理解和践行的所有方法，都只是某些方面的内容。可是你们要知道：世人在平时的生活中，能够有所作为、有所建树，或者是比较顺利地完成任务，等等，这些都与自身处在忘我的状态下有关，但是自己却对此浑然不知，总以为是自己的主观能力所致，以为是那个假我的功劳。要知道世人于某个当下处在忘我的状态下，与觉悟智慧者处在无我的境界中，是具有同一性的。

而人只有处在无我的境界中，才能呈现觉悟智慧的整体性与独立性。人只要执著自己的见解或他人的见解，哪怕是执著老师的见解，那都是形成偏见、邪见、边见的根源。一个人要犯错误，其见解大致有五种：身见、边见、邪见、见取见、戒禁取见。人需要把这些内容认识清楚，不要给自己画圈圈。如果你需要通过分别来了解和认识事物，并通达事物的本质内涵，那就要让自己的假我退出人生的舞台，不要被自我的主观意识所画的圈圈——观念和概念圈住了。

人在运用分别智的时候也是需要画圈圈的，但是具有分别智的人是不会执著于自己所画的这些圈圈的。人只要在与任何事物发生关系时不偏执于那个圈圈，那么分别了就等于没分别，画了就等于没画；如果人一执著，那么这个圈圈就等于是画出了印迹，这个所谓的印迹就是障碍你主人翁呈现的那个东西——偏执性。

任何一个人，在表达自己对其他人、事、物的认识时，或是去经历什么时，都不可能做到十全十美，也不可能应对得没有任何瑕疵。作为一个人，只要你产生意识活动或行为活动，那么无论怎么做，都不可能获得真正的圆满，因为一切“有”的内容都是有限的。

如果人要想见证圆满觉行的智慧，获得符合人、事、物之间和谐关系的结果，那就须要做到不执著分别才行，这样就自然不会产生妄想。这是通达圆满觉行之智慧的唯一途径。所以，布袋和尚在解答什么是佛、什么是菩提、什么是灵山、什么是佛法的时候，他就把布袋包包放下来；如果你还没有明白而接着再问，那么他会把布袋包包提起；如果你还没有明白这个弦外之音，那么他会毫不犹豫地转身就走。为什么布袋和尚会以这样的开示法教人？大家可以想一想，参一参。

明心见性的智慧功夫

人家问什么是禅？有个禅师就用手指着月亮，除此以外，这个禅师再也没有其他的语言声音了。为什么会以这样的方式来回答？如果你看着那只指着月亮的手，那跟月亮没有关系。如果月亮是个目的，禅师的那只指月之手被你盯住了，那么你盯住手的这个内容就变成了一个不可解的问题了；如果你能顺着手的方向去看，那就还得顺势延伸，这样顺势延伸出去的那个内容和过程，与所要达到的目的也是不可分的整体，当你见证到了这个不可分的整体的时候，那么般若智慧便自然现前了。就是这样的，他的意思不是让你认识那个指月亮的手，而是目的——月亮！况且月亮本身又不是最终目的，而是这个事情的发生发展过程与内容整体的呈现。

“千江有水千江月，万里无云万里天”，很多人读了这个禅诗后就认为自己觉悟了。问他什么是觉悟，他就会说“千江有水千江月，万里无云万里天”。这本是人家的一种清净境界，可是你读的时候，你自己能否也出现那种境界？如果你只从文字上去理解，那就是一种大错而特错的境界，因为著相了。著什么相？就著了“千江有水千江月，万里无云万里天”这个文字所描绘的景象之相了。

人家讲这句话表达了自己符合天地自然的那种清净无为的境界，是讲关于自己脑子中能够自然映现出的境界——“万里无云万里天”的境界，看水中的月亮也很自然，不仅能够自然无为地反映天地自然的客观境象，而且还借此来喻指真心自性的清净之性，即人映现和反应其他人、事、物的主人翁——这个主体与客体是处在混然不可分的整体状态下的。一个月亮倒映在千条江河中，应该会有千个月亮的倒影，都是虚幻不实的。这就好像念头的自然生灭起落一样，而人的真我虽然映现反应，但不会执著。

人的实相智慧是能够整体地映现出包括真心自性本身及本身以外的一切可被认识的存在的，是个整体“一”的智慧功能状态。实相智慧又称无师智，对于成就了无师智的人还称善知识。分别智就是由这种根本的实相智产生的。要是分别智在具体事物中去应用呢？它就会有百千万亿个“一”与之相对应，而不会在与具体事物的应对中产生分辨、分裂的心态。

所以，实相般若是可以从四个方面来描述其境界的，这种智慧境界能够反映人生的存在过程中所能涵盖的万事万物的境界。一个人的觉悟智慧境界是什么样的呢？根本实相可以产生境界般若，所谓境界般若就是人智能效应功能的自然映现，是反映和认识事物时的整体智能的觉醒状态；智慧还可以呈现“文字”的表达方式，即文字般若；智慧也可以是在应对事物时所产生的一切方便法，用方便法来表达的大智大慧就是方便般若；其还可以自然展现出大智大慧的智能效应，这种自然无为的智能效应，是既能够和谐自然环境与社会关系、又能够利己利人的智能效应功能态，对此就称之为眷属般若。实相智慧就是通过这四个方面来体现的。

境界般若、文字般若、方便般若、眷属般若这四个方面所能体现出来的智慧内容，就是根本智慧之实相般若的全部内容。可是，大家如果认为人的智慧有五个——实相般若、境界般若、文字般若、方便般若和眷属般若，那你们就曲解了般若智慧的本质内涵。人的根本智慧就一个——实相般若。境界般若也是实相般若，文字般若还是实相般若，方便般若同样也是实相般若，眷属般若还是实相般若，它没有变。只不过你从眷属这个层面来看般若，它就是眷属般若；你从方便智慧去看实相般若的时候，它就是方便般若，给人带来方便①。

就像我们搞棒喝一样，一喝你那身体里边的智慧祖窍就开了，这就是给人带来了方便，这个方便是智慧的方便，也是智慧的境界般若。为什么？人如果要开觉悟智慧，那就须要打开脑中心的智慧祖窍。如果不是通过棒喝的方式来开，仅仅依靠自己练，像这样渐修，有可能努力了几十年都练不开；可如果能够自觉遵循顿悟的规律，并按照“当头棒喝”的根本要求去做，自然会存在一喝即开的可能。想一想，棒喝开悟的方式，能给人带来了多大的方便！文字般若，我讲当头棒喝的整个过程，包括现在讲的这些内容，都属于文字般若、般若文字。大家注意，文字般若是人处在自然无为状态下呈现的语言文字内容。人在呈现文字般若时，其表现应该既符合实相智慧的真实义，又同时符合自己所应对事物的属性特征，而不

① 关于所谓的般若智慧五层面，详见刘战魁先生译解《金刚经》的讲课内容。

仅仅只是语言文字方面的唯美。

文字般若是怎样产生的？是人处在那种不著不住的净寂智慧境界中自然呈现出来的思想意识活动、行为活动，包括语言、文字、绘画、诗歌、音乐和著作经典等，比如古智慧经典《道德经》、《南华经》、《薄伽梵歌》和《金刚经》等。

你们有很多人可能都学过一些唐诗宋词的内容，那里面有很多很好的境界。如李白写的“飞流直下三千尺，疑是银河落九天”，他这个描写瀑布飞落的景象，喻写了一个人的主观心态；毛泽东在《水调歌头□重上井冈山》这首词中写到了：“可上九天揽月，可下五洋捉鳖。”这些只是主观想象表达的文字境界，哪有人真是上九天揽月，下五洋去捉鳖的呢？这只是比喻人的雄心壮志和豪迈的英雄气概。

这些内容是不是境界？是境界，但不是般若智慧的境界；是不是文字？是文字，但不是般若智慧中衍生演化出来的文字。这个文字境界美不美？美。但是它算不算般若智慧？不算。为什么不算？因为我们可以想一想，这种文字境界可不可以展现出来成为现实呢？也就是说，在现实中其有没有与事物的规律相符合，并能够通过其来呈现人、事、物之属性特征的整体性？

你看当头棒喝，它是把不可能的事变为现实，把不可想象的事呈现出来了，而且这个人在棒喝时展现出来的智能状态与行为语言和描述的对象，形成了一个混然不可分的整体，这就是般若智慧，这也是文字般若，也是境界般若。那么用文字来描述事物，仅仅只是一种境界，是文字的境界而已。

智慧的整体辩证性

衡量般若智慧是否呈现的标准，就是看能否展现出事物运化发展中的形式与内容、现象与本质、过程与结果的整体性。这才是决定人是不是般若的境界、般若的文字，决定人是否能呈现般若的方便、般若的眷属。所以棒喝开悟的事例，除了是文字和境界的智慧展现，同样是具有给人带来方便的效能，是方便的智慧境界，这种方便可以使人发生质变、聚变。能够使人发生质变、聚变的智慧，便是眷属的智慧境界。为什么有这样的觉悟智慧境界？那是因为人见证到了虚寂实相这个根本智慧的境界。我们应该这样去认识般若境界。实相般若衍生演化了其他的四般若，并且这四方面的般若智慧与实相般若是一种混然不可分的整体性存在。

可是一般常人的文字境界表达，那就不是混然不可分的整体智慧状态了。比如说李白的《月下独酌》：“花间一壶酒，独酌无相亲。举杯邀明月，对影成三人……”喝酒无人相伴，还有那种孤高清傲之性情，所以就写出了这样的诗句。这样的作品不能带给人智慧的方便，而是有撼人心魄的艺术境界，这就是看到此诗之后的方便收获。所以说，这些内容只能体现一种文字的文学境界，是一种境界当中的文字艺术。

我们每个人学文化，不要执著于文化中的那些内容，就是那些电影电视、报纸画报、月报期刊、文件书信等所谓的文化内容。这些内容虽然也是用文字来表达的，但一定不要让文字语言等形式形成的各种文化模式、概念、观念和观点的内容来障碍你。

觉悟了的人，无论是说话、做事、写文章，还是讲理论等言传身教，都要内敛涵虚，要懂得从整体入手、从根本着眼，要懂得虚实相间、阴阳相合，要懂得辩证为本、和谐为要，必须像这样展现其自然的生命内容和过程，而不要让别人在跟你学习之后形成偏执、分辨和妄想的心意。也就是说，无论是讲多少的话语，还是讲很多的事例，或者是讲多少的方法，都必须符合和谐整体性的智能状态——那还是智慧的境界，还是智慧的方便，还是智慧的文字，还是智慧的眷属。

所以，每个人在认识事物的时候，你怎么样帮助别人，怎么样帮助别人顿悟，这是非常重要的。千古以来，不知道有多少人讲解般若部的经典，但总也讲不整体，其道理就在于这些人没有见证到觉悟智慧，因此无法处在觉悟智慧境界下讲课。这就是人没有见证到主人翁的那个整体性的独立智能状态，没有见证到独立性的整体智能境界。

如果觉悟智慧的整体性没有呈现出来，那就说明践证智慧功夫的层面还不够，还有执没破完，这样人在应对事物的时候只能是有缺陷的。当人见证了实相智慧以后，把智慧的整体性见证出来，这样智慧的独立性就会自然地呈现出来，那么智慧独立性的整体状态、整体性的独立状态同样都自然而然地显现出来了。我讲的这段话可能对于大家来说还比较难懂，这些内容是需要通过实践去亲证的。大家要建立起这样的智慧性的整体辩证的思维参照模式。

一般来说，明心见性不是一次性完成的。人一开悟，通常都只是处在明心的阶段，要想觉悟智慧境界达到见性的水平，那还需要继续努力直至见证到见性的境界才行。在这个过程中，还有若干觉悟层面需要经历和实证。虽然也有一次性完成见证明心见性境界的人，但是像这样的人极少。在古今的觉悟者中，绝大多数人都仅仅只处在明心的境界中，处在或低或高的、不同觉悟层面而已。他们的智慧功夫根本就没有达到见性的层面，所以他们在应对人、事、物时就表现为见地不透。

这样一来，由于见地不透，那么其在说理时，自然会出现理讲不透的现象。关于智慧功夫方面的内容，例如通过见证般若智慧的经历，见证了智慧功夫的本质内涵，其本质内涵的主要表现形式是智慧的整体性和独立性具有同一性的。人在开悟之后，智慧的独立性就有了，但是智慧的整体性却还没践证出来。要想见证智慧境界的整体性，那就必须得见性才行，也就是需要在现实的生活中，在行住坐卧过程的点滴细行中去进行磨砺，这样才能呈现出真心自性的那种周圆无碍的用，这时候就是体用一如了。

明心见性以后，并不是修行智慧功夫的结束，也不是什么都完结了，而只是再一次进入到了新的起点。此后，人的一切生命活动内容都处在了觉行的过程中。通过这个觉悟智慧层面的践行，才能够进一步实证更高层面智慧境界的整体性辩证的独立特征。注意，这种觉悟智慧层面的功夫境界，既是整体的，又是独立的，同时还具有整体的辩证性。

事事不著才是"真"

我现在说过来、翻过去的内容，其表达的智慧功夫层面是不一样的。如果智慧功夫的层面不一样，那么运用智慧去应对事物时的结果就不一样。我们现在开始学习智慧教育文化，学习见证般若智慧的理论，学不懂不要紧，可以通过慢慢学、反复听的方式来达成步步深入的目标，一步步去践证智慧文化里的内容。

但是，如果你执著于古经典里的文字文化内容，想通过对文字文化的理解来认识般若智慧是怎样回事，那么我明确地告诉你：以这样的方式来认识般若智慧，那是永远也见证不了般若智慧的。如果你执著于文字的概念，那同样也永远不会见证到般若智慧。为什么？因为经典中的文字文化内容和各种概念，都与般若智慧无关，它们只是引导你通向般若智慧这一目的的路标和工具，不是般若智慧本身。所以，只要人执著经典中的文字文化内容和各种概念，那么它们必然会成为障碍你呈现般若智慧的绊脚石。你盯着的是指月之手，而不是月亮。如果我们通过学习文字文化去领会和见证其智慧性内涵，而又不受文字文化和各种概念的障碍，那么实相智慧就可以在当下现前。这就是当头棒喝——直指人心的原理。德山宣鉴禅师开悟的公案，以及磨石成镜的公案，就是最好的说明。

现在社会上比较流行的一种说法："你不要执著"。有人会问："什么叫不要执著？当你在反复强调不要执著的时候，你是不是在执著呢？你不是讲课也讲那么多的执著的道理吗？反复地给人解释一个问题，那是不是执著？"其实，那不是执著，那是分别智！分别智和分别心是两码事，我们不能将这两个概念混淆了，因为分别智是世界观与本体论、认识论和方法论的和谐统一。

这一次，我对健身锻炼方面的内容讲得很少，对养生文化、智慧教育文化方面的内容讲得多一些，这就是希望大家从理上开窍，回去践行的时候能自自然然的，不要受环境的影响，不要受自我想象中的家事、国事、天下事的障碍。一般情况下，女性受家务事的干扰比较多，为什么？因为女性总在那里唠叨“这钱不够”，“那个物价涨了”，“油也涨价了，米也涨价了”。

男同志喜欢探讨的天下事，基本上与自己的身心健康不相关。为什么？因为男性的思维模式比较抽象一些；而女性们则对事物的认识就会细微一些。男性的天下事，多是在吃喝闲聊的过程中，没事就漫无边际地瞎侃。讲这些现象的目的，就是告诉大家什么是众生相。

大家一定要明白，世俗的人们关心的各种事，其实都是分别心使然，是分别心引起的执著心与妄想心的体现，而绝对不是分别智。其实你们谈论的所有事，与你们的身心健康有什么关系？事事不著才是“真”。你们每个月就只能挣那么多的钱，那么你们也就只会做那么多的事。但有一条必须要清楚，做事不能不敬业。不敬业就是一个没有责任心的人，不敬业的人肯定没有恭敬心，这样一来做人就很难了。

其实现在就没有什么家事、国事、天下事是需要我们大家来参与管理的。现在家事也是家庭内部的事，国事还是家庭中的事，天下事还是家庭子孙的事。

《道德经》中讲：“修之身，其德乃真；修之家，其德有余；修之乡，其德乃长；修之国，其德乃丰；修之天下，其德乃普。故以身观身，以家观家，以乡观乡，以国观国，以天下观天下。”大家想一想，老子为什么这样说？一个人的身心不健康，那么这个人的生命活动就没修养好，家庭关系没处理好，哪来的天下和谐？没有成就圆融无碍的觉悟智慧，就以你那个狭隘的思想意识去参照事物，可能做到“以国观国，以天下观天下”吗？大家如果连基本的身心健康都保证不了，还感觉自己心怀天下、指点江山，实际上心眼小得跟针鼻儿一样，有事没事就生个闷气、吵个架、得个病什么的，那些好高骛远的想法不都是妄想吗？想一想平常人是不是这样？

人生的正事与根本事

现在有些学佛修道的人，他们学了点修身养性的理论，一说话就是“分别心”、“执著心”的。这已经不是寻常的家庭事了，这是俗人眼中的天下事了，家中事变成了天下事，小事变成了大事。在座的人，在这些方面的表现基本上差不多。可是光说这些口头禅有什么用？只有用自己的身心活动去实践这些理论，并在应对日常生活的琐事中展现出觉悟智慧来，那才是觉醒了的智慧人生！

我说这些可不是说家事、国事、天下事跟我们没有一点关系，而是要你们别著在那些现象上，别纠缠在事上浪费时间和精力。你只要把自己的本职工作干好，每个人都把自己的身心健康搞好，并摆好自身的位置——在家庭中的位置、在社会关系中的位置，这样家事、国事、天下事自然就会调和顺畅。每个人把自己管理好——把自身生命活动打理好，把周围的关系和谐好，那么你在现实中起到的作用就是“家事国事天下事事事关心”，而且还是事事和谐！如果你只在那里发表不着边际的议论，起不到任何实际作用，那么你的“事事关心”就变成了“事事障碍”，障碍了你自己的身心活动，同时也障碍了你在实际生活中发挥应有的作用。

我们学习智慧教育文化的目的，就在于让自己明白做人的道理。我们在学做人的过程中，按照自然道德观的要求去做，这才是人与生俱来所必须做的功课。那么什么是正事和根本事呢？人的身心健康是正事，开发般若智慧才是根本的事。

所以，人不要执著于自己的见解和思想观念。要知道那样因偏执性而产生的后果就是愚昧无知。人如果执著于所求的对象，那就是假我的显现。这样你给自己的人生、给自己的家庭、给社会、给我们生存的这个环境带来的不可能是和谐，不可能是自由、平等、博爱，只可能是破坏与灾难。

所以，人需要通过修养身心、净化意识来获得身心健康，来践行见证根本智慧，来呈现合道顺德的圆满觉行的智慧境界。其实，学习健身理论与养生文化的过程，应该是比较简单的，一点都不复杂。但要注意，人只有通过净化意识的途径，才能符合健康人生与和谐社会关系的基本要求。

我以后会教大家很多系统的方法来强化生理方面的内容。在过去，是等你的修炼水平达到了一定的层次，老师才会教；而且在教你之前，每教一个方法都需要考核一下你心性的修养境界和功夫基础状态如何。过去的老师为什么要这样做？因为只有打好身心健康这个基础，才有可能见证觉悟智慧，这其中的重要性是不言而喻的。现在只要大家愿意刻苦努力地精进，出功夫应该比过去是容易一些了。因为现在我们发现了棒喝开智法的规律，可以通过棒喝法把大家的智慧祖窍、中脉和丹田等部位打开，这为大家践行见证觉悟智慧提供了方便。

在我们这里，有些人是从上丹田往下练的。为什么？因为有些人在棒喝之后，顿开时——一打开就开在了玄关层面。他们是开在上丹田部位，因此可以从上往下练，这样比较快一些、质量也比较高一些，效益和效率也同样会高一些，这样对身心素养方面的要求也就相对要高一些。当然这种棒喝顿开的现象，对于人生命活动的改善是显著的，对于我们来说，就需要大家能够自觉地严格要求自己，这些都是非常重要的内容。

只要你坚持按我们讲的方法去做、去践证就行了。也正是因为有了棒喝开智的技术，我们已经有效地解决了做功夫方面必须要面对的开窍、开脉的基础问题，所以我们才把修养意识作为修身养性的最重要的、最根本的内容来对待。

我们必须重视净化意识的功夫内容，必须要认识到从产生思想意识的源头着眼来做智慧功夫。希望大家能够正确认识分别心与分别智的差别，行在当下放下。

谈圆满智慧

特异思维不是般若智

功夫智慧与智慧功夫

没有绝对的完美

一字未说的圆满智

不执 不著 不停留

特异思维不是般若智慧

人只要活着就不可能是完美无缺的。如果从感觉上认为是完美的，那么像这样的完美，也只能是相对圆满的境界，人是不可能十全十美的。

虽然在有的理论中有关于自性圆满的论述，但圆满自性的觉悟智慧境界，也只是相对于世俗间的平常人来说的。尤其是当般若智慧呈现后，这种圆满智的展现，在特异智能方面，有的智者展现得多一些，而有的智者则呈现得少一些。

你看禅宗千年来的发展，其中有很多高僧大德，他们并没有展现什么特异思维方面的功能，但同样还是能够呈现出高僧大德的智慧风范，以及智慧者应该具有的身心修养状态。由于他们对特异智能的功能态不追求，所以就没有向这方面去发展。

人如果不追求这种所谓的特异思维，那自然就没有显现的可能了；如果有这方面的追求呢？那也是可以出特异思维功能的。但是，古代的智者圣人更注重见证合道顺德的智慧，更强调呈现自然无为之思想言行的重要性。关于这一点，我猜想可能与老庄的自然道德观的智慧哲学思想有关，与呈现合道顺德的智慧境界有关，与个体的生理基础有关，而开发特异功能的意义不大，不合根本，还耽误时间，那只不过是身心修炼的过程中所产生的一种“副产品”，不能把它当成智慧。禅宗悟了道的人是不会特意去追求这些东西的，不会专搞那个特异思维，不会执著追求那种超常功能。他们主要会去修智慧的独立性，直证无余涅槃的境界，走终极解脱的人生道路。

一般人出的特异功能，是属于功夫智能层面的事物。其中有的人是先天就存在这种特异思维的状态，而有的人则是通过后天的修炼，练出来的一种功夫智能境界。像这样的人，如果没有更高的追求，顶多只有个天眼层面的特异功能的智能状态，这样就到头了。当然，在天眼这个层面的智能状态中，也可以包括像搬运和有无相生等层面的特异功能，但那不是觉悟智慧，不属于般若智慧的境界。

功夫智慧与智慧功夫

我们现在需要讲的是关于智慧功夫里的内容。要注意“智慧功夫”与“功夫智慧”是有质的区别的。当然，如果一个人见证了般若智慧，那么其自身是肯定会产生特异思维的这种功能的。但是因人的个体差异的不同，可能会出现这样的现象，比如对于这种特异思维的功能状态会出现有人强、有人弱、有人深、有人浅的状况。

大家通过对智慧传承教育文化的学习就会知道，般若智慧是具有兼容遍透一切存在的属性特征的。所谓兼容遍透天地间的一切存在，当然包括天地之间的无形无相与有形有相的一切层面的事物，所以人的根本智慧与多维空间中不同层次层面事物的能量信息，都存在着信息上的联系。但是人在开悟之后需要不断地精进，然后才能检索到这些不同空间中的信息存在。这种智能检索信息的功能，就是人们常说的特异思维或超常功能。

当证到慧眼观空的境界后，还得努力精修，然后证到法眼的智慧功夫层面，人的智慧所呈现出来的境界就是自然无为的状态，这时智慧的整体性已经展现出来了。以后到了般若智慧的整体性与独立性都证出来的时候，那种多维空间层次的信息出来的时候，那种全息性出来的时候，那个才叫佛眼通，或者说是佛眼的智慧层面。到那个时候，人的智慧就会变得圆满了，各种神通智能的现象也就比较多了。

因此，人的智慧是在见证了根本实相之后而逐渐圆满起来的。比如，从慧眼、法眼到佛眼的般若智慧境界，是逐步圆满起来的。佛眼的智慧境界，就相当于中国古代圣人合道顺德的智慧境界。但是对于人类来说，人的智慧再大，智慧展现的神通再大，也无法超越宇宙自然的运化规律。所以中国古人强调：人一定要顺应自然，通过智慧的修行法去践证自然无为的觉悟智慧境界；在这样的前提下，人会达成自然而然、自自然然的无为无不为境界。

佛学在东汉末年进入中国之后，与中国老庄的自然道德观相结合，才形成了今天中国的大乘佛学思想体系。儒释道三家的哲学思想皆与自然道德观的本质内涵相关，这三者全都依托于自然道德观，因此才能形成辩证统一的整体。

讲到这里大家应该明白，天底下最圆满的智慧、最大的神通就是自自然然、自然而然的无为无不为的身心活动状态。什么叫自然而然？吃饭、做功课（练功打坐等）、睡觉——行住坐卧不离“这个”。“这个”是什么意思？就是人的真心自性，就是心与道的如实存在。很自然地，人就和大自然的环境合为一体了。身心一体，人的身心与自然及社会呈融通和谐的整体关系。

没有绝对的完美

我有十来个老师，包括学中医的。其中有大德，也有高功夫的，还有在山里修行过的。中医方面，有百岁的老中医教过我，有行医比较有心得的中医教过我，也有庸医教过我。所以我知道社会中的那些世俗的庸医是怎么捞钱的。其实这些医生的方法很简单，例如有病人需要止疼，而中药止疼的效果比较缓，他们就会加一些西药在里面。把西药磨成粉，并包几个小包，也不写西药的名称，并吩咐这是祖传的秘方。病人吃药以后感觉好，这时病人就会说：“哎呀，好啦!”怎么好的？疼止住了。还会说这个医生的水平高，一喝下去就止疼了。像这样的中医就是骗人的庸医！当然还有对于其他的疾病，如糖尿病、股骨头坏死等疑难杂症也是一样的，像这样如法炮制。在这里我就不一一举例说明了。

我这个人学东西比较杂，见到行行色色的人也比较多。所以要告诉大家：真正的圆满者，所表现出来的不是我们脑子里的那种概念，不是自我观念中的完美形象，而是那种普通而又平常的、看似不完全的圆满智慧德相，“大成若缺”。所以在这里告诉大家，一定要注意，你们需要通过自己的实践去亲身证明，才能得以破除所谓的圆满智慧相的概念。一定要破除圆满相的这个所谓圆满的概念才行。

就像昨天有个人问我：“刘老师不会写‘脾’字，脾脏的‘脾’字。”脾脏的“脾”我肯定会写，肝心脾肺肾，你这中医连脾字都不会写那就完了。但是我为什么不写，而是叫听课的人上来写？讲课讲究个互动，这在教学中是比较常见的。师生互动的教学模式能够帮助学习者提高注意力。在这种模式下教学，能够活跃老师与学习者的积极性，听课的时候就不会沉闷，很容易启发大家的灵感思维。听着听着，“哎呀!”灵感一现，这样很容易把知识学活、学深、学透。

但是我也确实有好多字是不会写的，这都是由于自己在小的时候，在学习文化的过程中基础打得不牢固而造成的。前面不是讲了吗？任何人在见证了般若智慧以后，其圆满智慧的德相都只是相对的，都是相对的圆满，没有绝对的完美。你们一定要记住这一点！不可以把智者圣人想象为神话中的人物一样。“如果我要明心见性了，我是不是变神了”，“应该这样圆满，那样圆满……”像这样幻想的结果，就是你进入到了精神不正常的境界了，犯神经质了。我们现在有许多修身养性的人，很容易落到这个自我观念之中，落到假我的妄想的俗套里去了。追求这样的圆满相，到哪里去找呢？

为了破这个执，佛祖在《金刚经》里面讲，佛具三十二相，能以三十二相现如来否？因此以见、以相、以色观“我”，如此现

“我”那肯定是不行的，就一定呈现不了圆满的智慧德相。这里说的“我”即是自性真心，也是如来。为什么说呈现不了？因为像这样就是著相了，著了所谓的圆满智慧相。

学生：以三十二相现如来，那是这个人行邪道。

对！你见不着，所谓的智慧德相，就是无相之象。只要大家对智慧德相还有哪怕是一丝毫的念头，那就是“是人行邪道”。所以像这样讲一下，你们大家就知道了。你们可千万别想着刘老师是非常圆满的人，非常什么的……在很多方面，你们看到的都是表面现象，从本质上来讲，我现在的觉悟智慧境界还是不够圆满的。

一字未说的圆满智

你想想，譬如你这个圆满现在有这么大的话——20 公分直径大的圆满，如果再过两年，那么圆满就变成这么大了——60 公分直径大的圆满。那么二者比起来，这个小的圆满智慧境界就是有缺陷的。那要再过几年呢？就变成更大的圆满了。我在这里仅仅只是打个比方在说法。佛祖说法说了四十九年，到最后还说“一字未说”！他是这样讲的，也是这样去做的，边修行，边精进，日月如梭，那么其般若智慧的境界也在不断地升华；到了第四十九年的时候，讲佛法讲了四十九年以后，佛祖的这个圆满智慧已经很了不起了，这时回头看看过去，哎呀！我以前……

所以，大家不要执著于文字，不要著相。佛祖在《涅槃经》里说“我一字未说”。佛说法都说了四十九年，就像平常人说的话，我已经是讲得口干舌燥了，讲了那么多年，怎么会一字未说呢？这就是告诉大家，不要著了我所讲的那个文字，即使是讲了有那么多的内容，也还赶不上现在所说的“一字未说”这句话更符合实相的境界，更符合宇宙自然的循环往复的生生不息之性。

一开始，佛祖的智慧境界还只是有余依涅槃的状态，没达到寂灭的水平、涅槃的水平，随着入道后的精修，其觉悟智慧的境界也越来越高，身心行为也越来越清净，像这样修炼到后来，修到寂灭的净寂涅槃境界，结果寂灭定出来了。寂灭定出来以后，什么也不说了，说什么都不对。佛说法四十九年一字未说——觉悟了的人说法四十九年一字未说！你要是理解成一个人坐在那儿庄严法相、法相庄严地呱呱乱讲，那就错了。如果是觉行圆满的人，那就不会执著任何的形象、概念和各种观念，固执于这些东西的存在就完全不对了。“有形有相皆是假，无形无相方为真”，这个道理要落实到人与事物所发生的一切关系中，落实到具体的事上才行，这样才能做到不偏执、不分别、不妄想。

所以，佛讲了那么多的经文，到最后还收了口子，收口子就是“一字未说”！但是，一字未说那也是不可能的，佛说法四十九年都已经说过了，说到最后，佛祖自己否定自己。这就是呈现智慧辩证法的见地的体现，这就是已经证得了人与自然及社会的智慧整体观，这就是佛祖呈现出的圆满觉行的大智慧。这样的圆满智是符合宇宙自然中任何事物的属性特征的，此即符合道生德畜之性。这样的境界正好符合了天之道的玄德内涵，所以老子说：“故道生之，德畜之，长之育之，成之熟之，养之覆之。生而不有，为而不恃，长而不宰。”佛祖也是像这样遵循了不断运动、变化和发展的规律。

不执 不著 不停留

只要你处在不执著的境界中，那么无论遇到什么事，都不会执著自己的见解。如果在处理事情的过程中出现做过头的现象，那么过了就过了；如果是正好符合呢？那么正好就正好了。不要再因此产生不符合身心行为要求的分别执著妄想心。就像我们生活当中遇到的事一样，有位学员劈猪骨头把刀砍坏了，砍坏就砍坏了，不要因此产生烦恼与障碍。你说我把刀再修复，那就是修复的事。从这个例子中我们可以学会一个道理，这就是要求我们学会顺随事情的变化而变化，对砍坏刀的这件事就需要当下放下，让其自然流过。

什么叫觉悟智慧？简单地说就是事来则应，过去不留！就好像“人不可能两次踏进同一条河流”，因为河中的水已经流过去了。也就是说，当你抬起站在河中的脚，那么这个水就已经流过去了，你再放下去，脚印还是那个印，可是水却流动了，水已经不是刚才的水了，已经挪了位置。

所以讲人践证圆满觉悟智慧的道理，也就是这样的——不执、不著、不停留！

怎样才是觉悟

什么叫觉悟

适应环境的发展

自适其度的和谐

修身养性修什么

妄想与矛盾的根源

当下放下即觉悟

什么叫觉悟

什么叫觉悟？觉悟就是一个人的身心活动再也不受各种关系的障碍与制约。在人与人之间、人与自然之间、人与社会之间所发生的一切关系，不再障碍自己的生命活动，不再使生命活动发生偏颇，而自我又不再受自己的各种感官心意的影响和束缚，当人能够连续不断地处在这样一种祥和安泰的状态中，那就是觉悟的智慧境界。

如果我们强调的是客观环境制约了人生，并使自己偏离了自然展现的生活轨迹，那么这种思想言行的产生，都是不符合生命运化规律的，同时也叫受到了障碍。一切的问题和矛盾，都与我们自身存在的问题有关。

比如，别人对我说了很多难听的话，或者我说了让对方不高兴的话，如果这些都让我产生了难受的感觉，对此即称为不觉悟的状态。如果让我遇到了不高兴的境遇，而我做出了让别人感到困惑的事，自己产生一种难以名状的觉受，那么这种觉受就是愚昧无知的境界。如果因为自己的喜好，出现了因执著感官功能引起的不能割舍的利益与情感，那么因这种利益与情感的自私自利的想法而产生的行为活动，都是贪欲无明的、没有智慧的愚痴状态。

要知道，无论出现了什么现象，只要是这个“难受”出现了，那么这种难受的本身就是不觉醒的状态，不自由的状态。那么这种没有觉悟、不自由的状态，就是因为僵化狭隘的思维参照模式所形成的结果，对此则称其为无知无明的糊涂境界。

无知无明就是没有智慧的境界，为什么会出现这样的现象？因为人们受利益与情感的诱惑，产生了向外驰求的人生观，这种人生观就是我们所讲的参照系的模式标准。当人在追求外在的任何事物时，人的心灵便被事物所牵，为事物所占有，人的心性之睿智就被具体的事物所蒙蔽，成为了具体事物的奴隶。这样人就不可能把握好人与人之间交往时的度。这个度很重要，怎样才能正确去认识这个度呢？不以感官的需求对象为目的，也不因感官的本身功能而产生幻想，那么人就能自然地处在这个合理合度的状态中。这种智慧的觉受，即是如来之不住不著的觉醒状态，只有这样才能于事事之中皆把握住这个度，那么这时的人也就长处于自觉自由的大自在境界中。

所以，我们每个人应该重新去提高认识，认真切实地去把自己的智慧人生观树立起来，凡事要内求诸己。在这个修持的过程中改变，或许我们也还会有困惑，认为办错了事、说错了话，但是能于警觉之时放下，放下那些已经因警觉而得出的固有的、偏执的结论，这样人的智慧就自然地映现了出来。

适应环境的发展

我讲的这些内容都是自己见证的，当然这些内容还需要大家自己去践行见证才行。在社会生活中，人们总希望自己得到想象中的更好的生存条件，或能够事事如意，而实际上客观事物的发生、发展与结果时常会与自己的主观愿望不相一致，因此总是产生事与愿违的情况。

那问题出在哪里呢？其实真正的原因就是人不明自身的这个具体事物的根本真理——实相真我和自然运化法则，所以就在自然与社会的各种活动中，产生了满足感官欲求、对感官对象产生依附要求的人生观，形成这种带有主观偏见的衡量事物的参照标准。这种人生观是在自私自利的思维参照模式里衡量事物、思考各种问题的。这样人的思维参照模式的内容就会在形成的过程中自然地发生偏差，因形成了这种偏差的狭隘思维模式，才导致无数的矛盾、困惑、挫折等问题。

那么人如何才能解决好这些矛盾和问题？只要能够积极主动地去认识人的自我，把感官本具的功能与感官要求和欲求的对象认识清楚，并在这个修证的过程中，把思维参照模式里的那些不符合生命运化法则、不符合自然运化规律、不符合社会发展规律及道之属性特征的内容修正了，把那些认识事物的衡量标准改变为符合人、自然、社会及道的同一性与统一体关系。那么像这样的人生观，在思维参照具体事物的时候，其参照的标准就会自然地符合具体事物的属性特征了。我想只有这样，才能把人这一辈子所纠缠不清的各种矛盾、困惑、挫折等问题，在净化自我、践证自性的过程中自然地化解掉，那时才能获得真正的自觉自由。

懂得了我们以上所述的原理，那么大家就应该知道，每一个人的思想观念和行为活动的标准都绝对是不同的。汉族、壮族、蒙族等各民族，都有各自民族的思维参照准则，处在不同地域的人群，都有不同地域的判断事物的标准；民族与民族之间，对待事物、对待人际关系又有很多的生活标准；各民族国家以及政权主体的结构也是不一样的，其国与国自身的管理法度与文化教育科技的内容，包括历史沉淀所形成的思维方式及习性，都会直接地影响人们的思想观念，也都会因此而形成一套自己的参照标准体系。

比如说汉族与其他民族，在婚姻生活方面所形成的习俗还是存在很大差异的。在民族之间，存在着婚姻制度和生活习俗的不同。在伦理道德方面，有些风俗是有很大差异的，甚至大相径庭。

对于人生命本能需求的两性行为，在今天社会的意识形态中，越来越多的人将此当作是个人及时行乐的所谓的真情挚爱。为什么会产生这样的观念呢？那都是因为崇金拜物导致了物欲横流，因寻求感官享受和感官刺激而形成的贪欲习气，其结果就产生了唯我利己主义的人生观。这也突显出越是物质丰富、科技高度发展，人类对于这些外部条件越是依赖。那么在依赖这些外在物质的同时，必然会导致内心空虚、精神无着的感觉，因此也就更加依恃于物欲来追求个人的安全感。信仰的缺失，必然会造成唯我的个人利己主义。

从现在的消费观念来看中国人与西方人的差别，以家用电器为例，如电视机、DVD影碟机、手机等，很多中国家庭已经使用了几代产品，淘汰率非常高。在西方有的发达国家，其家庭中的这类家用电器，人们并没有跟随市场的步伐进行更新换代，所以在很多的家庭中还在使用20世纪80年代后期的电视机和90年代初期的录像机，尤其是电视机、录像机和手机等家电产品。这些消费观念的不同，正好说明了各不同地域的人们，其在社会意识形态领域是有很大差异的。

以上所说的内容，都是由于不同的地域、不同的自然环境、不同的历史人文环境、不同的社会环境、不同的民族习俗、不同的文化背景和不同的语言体系等，形成了不同的人生观，因而就自然地形成了人不同的思维模式和参照衡量事物的标准，那么也就因此形成了不同的价值观、人生观和世界观，并形成了不同的生活习惯和社会意识形态。但是这些若干个所谓“不同”的内容，都是人自身以感官功能的自然本能需求为对象而形成的，形成人与自然及社会之间所发生的各种关系方面的参照标准体系。

对于这些内容的理解，我们可以这样认为：像这样形成了的思维模式和参照衡量事物的标准，都是以感官需求对象为内容而形成的感官享受之观念、观点和概念。这一切因感官享受形成的观念、观点和概念，就是人们常说的所谓自我，也即假我，而假我并不是人真正的主人翁。人真正的主人翁就是真心自性，真心自性不以感官本能的要求为对象，不以感官享受为目的，而是以真心自性本身的自然存在为主体，并以其所呈现出来的觉悟智慧境界来应对万事万物，这才是我们要见证觉悟智慧的目的。

一切人的行为规范和伦理道德准则，是每个不同的自然环境和社会关系下的产物，都会受其社会意识形态的影响与制约。但是社会在不断地进步，人类文明也在不断向前进化，那么这就要求我们每个人都必须以积极主动的姿态来适应这个社会，去适应周围的环境。对于环境的认识，我们还必须知道其中既有社会的内容，又有自然的内容，这些都是缺一不可的。因此社会的发展、环境的变迁，必然要求在这样社会和环境中生存的人，也得通过自身调整来适应不断变化的自然及社会关系，而不是因循守旧地生活在过去的那种文化和社会背景之中，因为那样没有意义。

一般常人都是活在自己生存的这个社会环境中的，但是如何使自己融于这个生活环境与社会关系中，在联系社会各方面关系的同时而又不障碍于自己的思维活动呢？那就是需要我们不执著，不去分别，不去妄想，而是住在那种住无所住的觉悟智慧的境界中。

自适其度的和谐

我刚才所讲的这些例子，只是要说明人最根本的类本质虽然只有一个，那就是真心自性，那就是道，但是其表现出的现象和内容却可以是各异的。因为生存环境和社会观念的差别，需要人以不同的生活方式去适应。所以从这个层面来看，形态各异的生活习俗与思维方式之间，没有何者对、何者错的分别，只有哪种最适合当下的环境，自适其度，像这样能够和谐地顺应于其所存在的自然及社会关系中，就符合觉悟智慧的展现要求。

因此我们知道了，事物如一的本质与各异的现象，本就是存在于同一整体中的，互相依存，无法割裂。但是人们往往只是分裂地来看待千变万化、形态各异的社会现象，而脱离开那个最本质的东西——整体的自然及社会运化规律。即便是面对这些不同的现象，人们也不知道其是如何形成的，形成的原因是什么，各种不同社会现象之间的关系又是怎样的。

其实不同的地域文化会使人们之间形成不同的思想观念，而这些观念观点的差别是很大的。例如对节气、节日的认可，中国人以春节为大节日，而西方的各国则以圣诞节为主，并且东西方各国在节日期间的庆贺方式也不同。因地域环境形成的差异，各个地方的风俗习性、生活习惯都不一样；随着时间的变迁，每个地域产生的历史文化也不一样。可以说，一切文化的内容，一切社会伦理道德的观念，都是不同社会意识形态下的产物，这些都是对人类存在的不同社会种群的高度概括。但是，我们不可以把特殊的社会种群的现象推理到普遍的社会现象之中，这是不行的。

修身养性修什么

我们每个人在修身养性的过程中，究竟去修什么？从实质上讲，修身养性的关键内容就在于改变自己的思维参照模式，也就是说要改变自身的偏执的意识和行为，把参与自然及社会活动的每一个过程所形成的固有的参照事理的标准给变过来。如果真能把这些固有不变的、障碍我们身心健康的参照事理的标准给改变了，那我们就很容易走向觉悟。

所以，我们每个人都不要执著于自己的见解，不要执著于自己的认知。也许你的认知观点是正确的，但是当自己与别人的意见不能统一的时候，对方完全不愿意接受你的建议的时候，而自己又不是决定者，那么没有必要讨论或争论下去。每个人把自己的事做好，这难道还不是“好”吗？实质上在任何一个群体中生活，人都需要学会把自己管理好，而不要被妄想和幻想所蒙蔽，这既是应对生活的基本方法，又是人根本智慧的最现实的展现。

妄想与矛盾的根源

人生活中所有的盲点，所有的烦恼，都是自己给自己造的，不是别人给我们造的。如果你自己没有真与假的分别，没有高兴与痛苦感受的区别，也没有好与坏的差别，也就是说不执著于这一切，而是自然反映它们的存在状态，那你怎么可能会因困惑而感到不安呢？怎么可能会因执著于分别而选择，因执著于选择而占有，因占有而患得患失，因患得患失而痛苦烦恼呢？

例如，有的人在修身养性的过程中，家里人因不理解而对他做了很多不好的、甚至是平常人都难以想象的事来阻挠他，那么难道说家里人所做的事就不是对他的爱吗？其实，爱与恨都是我们人自己形成的一种概念和某种观念，只有当我们真正地认识到不以感官享受为目的，不以满足感官心意、感官觉受、感官刺激为对象，只有到了那个时候，才能成长起来，才能真正体会到别人对我们所做的一切，那都是爱。

以前，我在朋友面前经常谈到我的父亲，认为父亲的语言对我太过尖刻，非常严酷，就是那种不通情达理的人，甚至于连做父亲的那种姿态都没有。我那时候为什么会那样谈论他呢？因为当时脑子里总想着父亲那种做法不应该，身为父亲就是不能那样做。由于我在分辨什么是好父亲，什么是坏父亲，分辨的结果使自己很痛苦、很无奈，因此我们父子之间这种关系是比较紧张的，有时候是水火不容的。所以分别心是形成妄想和造成矛盾的根源。

我25岁那年结婚，由于20世纪80年代初的工人工资收入很低，而且工作的地方离家很远，需要在外面吃两顿饭，再者是以前有两年的时间住校读书，所以在结婚的时候还没存上500块钱。可是我父亲总是把我同姑妈家的孩子相比较，说他干工作有几年，拿了多少工资，并存了多少钱，而我工作干了多少年仅仅只存了500块钱。我当时上班一个月拿24块钱，每天必须得乘车一个半小时才能到达工厂；我姑妈的孩子就住在工厂附近，上班步行三分钟就到了，而且他每天的三顿饭都是在家吃，又不用花车钱，所以自然有余钱可存。不同环境的两个人那怎么能有可比性？

我当时的确是没有钱的，甚至于连照一张结婚照的钱都没有，还要我家里拿钱出来。我的父亲当时就对我冷嘲热讽，言语非常刻薄，让我感到他作为一个父亲，对孩子是那么的没有慈爱之心，后来还辱骂我说："你活了那么大，有什么用，还不如找个汽车撞死拉倒。"在我结婚前的头一天还吵架。

可我现在对父亲的认识与以前相比，那完全是两个观点。我现在认为，父亲虽然从表面现象上看是对我不公正的认识，但却是通过与普通人的意识观念相反的方面来对我进行帮助。那也是真爱，只是爱的表达方式与平常人概念中的爱的想象方式不同而已。只不过我的父母可能在表达情感的方式方法上还会受到自己的文化素养、社会价值观、人生观和生活环境等方面的影响，但那一定是爱。不是有这么一句话吗？天下父母心！只有不讲道理的父母，哪有不是真情挚爱的爹娘？虽然每个做父母亲的人所表达出来的情感都是对儿女的爱，但父母对爱的表达方式却是千差万别的。

不过在这里，我们还要进一步去了解人生的关键性内容，以帮助我们获得成长的正确认识。

当下放下即觉悟

对于以上所讲的内容，大家能不能从中进一步发现新的东西？例如，刚才讲了我和父亲之间的矛盾，大家听了之后，能否从这些矛盾现象中学到东西呢？任何人的思维模式和衡量事物的参照系标准，其实就是一个概念和观念的问题。人与人之间产生的矛盾，实质上、根本上的问题也就是一个观念的问题。人们总是要用自己的标准去衡量别人，用自己偏执的、僵化的观点来衡量发展中的事物；而对于自身的情况呢？就是认识不到自身存在的问题。当人在衡量别人的时候，把自己的观点强加于人的时候，当别人也同样用这个偏执的观点强加于你时，这样都会给人的自身带来痛苦，带来灾难，带来矛盾，总之是带来了不和谐。所以，只有我们每个人学会了如何放下，那才符合觉悟智慧的要求。

我们每个人都会存在意识盲区和死角，还有很多意识不到的地方，确实需要从根本上去改变；有很多习以为常的地方，也需要我们从本质上去改变。怎样改变？只要自己主动愿意去改变自己，那么修正起来就会变得简单。比如说，也许你在家庭的生活过得是如意的，或者说是不如意的，但是当你来到一个新的环境，不管是如意还是不如意，不管是随意还是不随意，不管是愿意还是不愿意，都应该做到入乡随俗，要能够做到注意此地、此时、此情、此景的变化，而不受个人的情感和观念的影响。如果一个人能够真正地、切实地把握住度，那也就是把握住了当下，那么还有什么能够障碍住自己的人生呢？这就是觉悟智慧者的境界。

当我们破除了参照模式里边的那种偏执的习气，把偏执的思维习惯纠正过来的时候，我们才有可能把自己的真心自性，或者说真我之主人翁，或者说法身，如来……才能把它呈现出来。这是很明白的道理，也是很通俗的道理，需要我们大家去好好埋解，好好践行。

你过来 我过去

谦诚之心
祖德传承的开智法
棒喝当下与智慧突变
正觉为宗 勿倒本末
你过来 我过去

（编者按：2005 年 5 月 6 日晚，刘老师给大家带组场棒喝，有的人开了窍，也有的开了脉。这是第二天下午刘老师与学员交流棒喝体会的讲话。）

谦诚之心

我们这个组场棒喝的方法，是前无古人的。古人没有通过组场做过，我们这是开天辟地的。以前有的老师也想这样做，但是那时候气氛不够，如何进入的规律和方法掌握得也不够。我们现在继承了大德前辈们智慧功夫的精华，踏着他们的脚印才能走到今天，所以我们做出来了也是一样的，是各位前辈们一代代探索的结果，也是对开发根本智慧的智能科学的丰富与发展，是对生命科学的丰富和发展。

以后我们会继续尝试着组场棒喝，帮助练功的人或修身养性的人打开丹田，使其早日康复，开启智慧。但是仅仅只有老师的努力是不够的，你们也需要努力。如果希望把自己的丹田打开，首先要有谦卑诚信的心态才行。人与人之间交往，需要有谦卑心，需要有诚信心才行，何况对待老师？如果你对老师是既有谦卑又有诚信的，那么就一定会与老师心心相印，那样一来，开智慧祖窍玄关、开脉、开丹田就快了。

谦卑，就是要求你必须有谦虚、谦恭、恭敬的心怀；诚信，就是要求你必须从心底里要相信、诚服，那样一来，人无论做什么事都是会很全然，会很灵的。棒喝的目的，就是直接让人见证产生神意活动的那个本体自身，或者是神直接与脏真之气合一，或者是直接与形体之气合一，这样修养身心的效果不就更好了，不就可以突飞猛进了吗？

祖德传承的开智法

你们在以前都是已经练了好多年功的，尽管如此，但自己的那个神，也还是进不到身体里面去。但是现在只要在当头棒喝的那个刹那之当下，就可以使神与气产生同一性，即见证神气合一的境界，这样自身的生命活动就有质变的感觉产生。告诉大家，如果你们头部里面能够出现那么一下，即在当下喝开了智慧祖窍玄关，那么在修证智慧功夫方面就可以节省很多年的时间了。因为祖窍玄关，过去的修行人得练好几十年才有可能打开。能够直接打开神机窍，用修佛者的话说，那得需要好多辈子的努力践行才有可能把那里打开，才能得到顿悟的机会，才有可能在刹那间——当下打开。

当然，这不是说刘老师有什么本事，而是我们的祖师们有智慧、有功夫，是我们老师的老师的老师们，他们有本事，是他们的德、他们觉悟智慧的信息、他们传承能量的智慧效应在起作用，这样才会有昨天组场棒喝实验成功的结果。

我们再做两次，不过昨天的方法我是不会再用了。如果再用昨天的方法，你们头脑中会生一个固定的方法或念头来拒绝呈现那个“真我”，所以我得换别的方法。这个叫什么？叫法无定法，这样万法才能归宗。归到哪个宗？归到那个永恒的性海之中。

头部上丹田中的祖窍玄关打开，就能够帮助自己启开觉悟智慧。如果你想自己练开，即使是刻苦努力地做二三十年的功夫，恐怕也不一定行。如果从下丹田往上练，即使是有老师带你也不一定行，花几十年的时间也是练不出来的，练不出像昨天那样一下子顿开的状态；假如能够顿开那么一个，那么顿开者也属于出格人才。

我们做的这些实验所产生的效果，给大家节约了时间，节约了人的生命力；从另一方面来说，也就是储备了我们人的生命能量。当头棒喝是让人在当下开悟的方法。从古到今，真正会做的人是很少见的。以后会让田老师来给大家带棒喝，她的力量也是非常大的，她的中脉也是开了的，现在开始强化练习中脉了，平时的修养境界和功夫水平非常好，她头里边的智慧窍也开得不错。我会跟田老师商量，让她来帮助大家。我就干自己的事，就是帮助这几位已经有了一定修为基础的人把功夫长好，他们再带领大家，把大家的功夫长好，这样就行了。这就是智慧传承教育的必然发展过程。

昨天开了智慧头窍的几位学员，可以直接走中脉了。人家练功，是通过某些功法，然后再走中脉。你们几个人不用了，你们现在就可以直接走中脉了。能给大家帮帮忙，我也非常高兴，我也非常愿意，也非常欢喜像这样去全然地为大家服务。

棒喝当下与智慧突变

生命本质的进化就是这样的，通过棒喝“咣”地一下，人的神和脑神经的混元气于瞬间产生了“神气合一”的升华，这样人的智能就在刹那间进化、质变、升华了。人之所以不同于动物，就在于进化的过程不同，人的进化可以依赖这种瞬间的突变效应。以后的生命学家会从人的基因里边发现这种升华突变的记忆沉淀，一定是出现了质的突变和飞跃，才显现出人与动物之间身心活动功能的巨大差异。

什么叫突变？有的人是亲身体验到了这种巨大质变的内景变化。智慧性的顿悟突变是怎样发生的呢？一般来说，顿悟的途径有多种，人在顿悟时多是受环境的影响或突然刺激而出现的。人在顿悟时，其巨大的内景变化应该发生在脑中心的空间位置。注意是脑中心的空间位置，而绝对不是指脑的实体组织部分，是此空间位置顿然呈现的虚寂境界。而且人在打开智慧祖窍时，显现出的是刹那间的突变。人能够映象、映现出刹那间身心内外景象的就是实相虚寂的境界。

而这种实相虚寂的境界，就是老子描述的“视之不见，名曰夷；听之不闻，名曰希；抟之不得，名曰微。此三者不可致诘，故混而为一”的境界。这种境界反映出的虚灵寂态是这样的：“其上不皦，其下不昧，绳绳不可名，复归于无物。是谓无状之状，无物之象。是谓惚恍。迎不见其首，随不见其后。”古往今来，任何一个追求智慧真理的人只要见证到这样的境界，都会印证老子所说的这句话：“执古之道以御今之有。以知古始，是谓道纪。”

总之，这种能反映实相净寂境界的功能，就是人脑在刹那间形成的整体性智能效应功能。无论是古还是今，接受棒喝和随缘开悟的人，都会明晰这一刹那的全过程。

而没有进入到那种境界的人会说：我怎么没有感觉到变化呢？大家如果把意识运用好了，有机缘的情况下我再做一次棒喝，那么患有任何疾病的人都有机会好起来。

实际上修养心性和练功这个内容，你要专心地投入，它也没什么了不起的。只要人有恭敬、诚服的心态，想健康身体、开启智慧、走向觉悟都不是很难的问题。

现在有很多人对特异功能非常感兴趣，但那不是觉悟智慧，希望大家能够认识到这一点，不要让这种观念障碍了自己的成长。我在社会上见到了很多有特异思维的人，都固执得不得了，都给人“老子天下第一”的感觉。实际上他们的身体并不好，而且展现出来的功能都很一般，但他们都会觉得自己很了不起。出现这样骄慢心态的人，肯定没有大智慧，肯定没有见证到人的真心自性这个主人翁。

正觉为宗 勿倒本末

希望我们大家不要走弯路。如果有人能够出实相智慧的境界，那么在觉悟之后出点功能，也就算不了什么。佛学里对于这种智慧功夫层面出现的智慧性的功能，或者是觉悟的功能境界，把它叫什么？叫正觉、正智、正法眼。为什么会这样叫？因为从人的真心自性之中孕生的一切应对方式或方法，它都没有歪，是正的。这个正是中正的，即不执著色、相、见的身心行为活动；同时这个中正还包含着整体性和觉行圆满的意思在里面。做修身养性功夫的人要到那个时候，再展现特异思维，那你就没有偏颇了，就不会有差错了。

和我一起来的这些人中，他们如果要出特异思维的话，老早就可以出来了，他们的状态一直不错。但是我个人认为，他们现在没有必要出。通过这样的引导——“没有必要”，所以他们好长时间连图像都没有，都不出了。因为我希望大家把这个能量储蓄起来，干什么？继续长功、开慧！以后成为有觉悟智慧的人，为帮助他人、服务他人奠定智慧功夫的基础，这样才能干点正事，才有能力干一点实事。

关于特异功能方面的问题，你的本事长了，功夫长了，你只要觉悟了，有了正见，那就没有这样乱七八糟的东西出现了，这叫正知正觉。其实任何有觉悟智慧的明师，都不会提倡开发特异功能，而是希望通过做修身养性的功夫来出正知正觉。人要想呈现这个正知正觉，就得从产生意识活动的本体源头去开发，要从那个地方开发才行。但是，后来的人都理解不出这层涵义了，变成只追求特异功能，这样就本末倒置了。

昨晚我带棒喝的时候，有的同学开的地方就在脑中心的区域，即开在智慧玄关窍那里。开这个祖窍玄关不容易，刹那间使人之神与脑神经之气混化合一，或者说呈现能觉所觉、能听所听、能看所看同时合一的境界，这是很了不起的。虽然他们已经开了智慧窍，但是现在还不懂得如何去深化这个祖窍玄关，这就要求他们从现在开始去学习智慧教育文化，做好从理上入的工作，做好从行上入的工作，否则没有意义。

对于强身健体的人来说，实际上在开窍的一刹那，你有什么病，你的身心一震动，那么疾病就可以好起来了。从强身健体的层面上来看，开窍和治病其实都是一回事。

昨天的组场完成以后，大家都休息了，可是有的学员可能睡得很好，有的学员可能会因能量信息过强引起兴奋，出现睡不着觉的现象。因为昨天的场不一样，没睡好的不要怕，只要你今天精神很好，那就行了。我不是说过吗，小吴一天 24 小时就只睡个把钟头，你们看她不也挺好？一直都很精神，修行与生活是两不误，什么事都不耽误。所以你们不要害怕。她不是几天展现这样的情况，现在我看她能辟谷，几个月不吃饭都行。我现在为什么能够体现出这么大的力量？那都是因为接受过传承和接受过老师们的能量信息的加持的原因。一路走来，我遇到了好几位老师，我很幸运地遇到了他们，所以才有今天这样的力量。

你过来 我过去

现在讲一个故事给大家听，我也记不全，那就随便讲讲。从前有一个人，在给有智慧的明师做徒弟的时候，觉得自己的师父每天总是让他做一些柴米油盐的杂务事，什么都不教他。只是让他做这个，让他做那个，并没有教他如何成就觉悟、开发智慧的方法，他认为师父一定有藏私。多少年过去了，他感觉一点收获都没有，心理感觉特别委屈，想到自己从小到大跟随这个师父，样样都随顺他的心意，服侍他、帮助他……而自己却没有一丝毫的回报，想到现在年纪已经不小了，一定得让师父把自己的好东西拿出来，传授给自己。

终于等到一天，机会到了：那天，天下着雨，而他躲在师父回家的必由之路旁，路上泥泞湿滑，一边是陡峻的峭壁，另一边是万丈深渊的悬崖，前边是一座只能独行的独木桥，当他看见师父回家的身影走上桥的时候，一下子从旁边跳出来，拦在师父的面前，他把师父堵到那座独木桥上，拿着刀子威胁师父说："我跟了你一辈子，到现在什么都没有学会，你现在必须把觉悟之法传给我，要不然我可不客气了。"

而他的师父却好像没有听见他说的话、没有看到危险的境地一样，平静地牵起他拿刀子的手。风雨中，险境中，师父一如往日的淡然，对于徒弟来说，这是一种怎样的震撼，根本没想到会是这样，刹那间头脑中什么都没有了，也忘了自己拿着刀子……师父就这样一把把他拉过来，说："你过来，我过去。"这位徒弟当下就开悟了。

从今以后，如果大家愿意，那么你过来，我过去！过去即当下进入。

二入四行与六度万行

顿悟与智慧

学生：怎么理解顿悟和智慧的关系？

当头棒喝，能够使人顿悟。顿悟以后，人的智慧修证才开始起步，步入法性之流，才开始由点到面走向整体。在没有顿悟的“咣”那一下之前，我们常人的思维参照模式的信息是一个点一个点地走的，或是线性运动的，不是整体而全面的智能整合状态，所以平常人在考虑和处理问题时就比较随便，比较粗糙，也比较片面，而且显得僵化。只有在顿悟以后，我们才有机缘修正自己偏颇的智能功能态，逐步地展现出整体性的圆满觉悟智慧。但是人整体的智慧信息必须从理入和行入来完成，全靠理入来重新建立新的参照标准的体系，全靠行入才能在生活的方方面面来整合、来充实、来践证思维参照模式的智慧圆满性。只有这样才能使人的智慧变得完满，这样便能产生圆满觉行的智慧。

学生：那为什么要布施呢？

六度万行中的布施，是对我们每个人素质培养的最起码的要求，如果你连布施都做不到，其他的就都不要想了。因为你不能去布施，就不能把自己展现出来，不能把心胸敞开去涵容人、事、物，不能去帮助别人，那么这个假我就会始终存在，无我的境界也就无法呈现出来。

布施可以分几个层面去修：从修养功夫的层面布施；从修证智

慧功夫的层面去布施；从圆满智慧的觉行上去布施，即在现实的社会生活中去布施。在人生的一切活动内容和过程中，围绕着以如何明了自性为中心的思想意识与行为活动的内容和过程，都是布施。

学生：做呼吸操算是禅定吗？

做一切事、行一切法都可以是参禅，也都可以进入禅定，这些道理就不用说了。呼吸操是做禅定功夫的基础内容之一，当然也可以是直接内容之一，不仅如此，还可以是精进的内容之一和忍辱的内容之一。总之与六度般若波罗蜜都有直接的关系。其实做什么事都可以进入禅定，都可以是禅定。

如果呼吸操你练一练，出现了一些如头疼脑热的正常练功反应就又不练了，那你法布施的内容就进行不了。你不刻苦，就不算精进。当然，你如果不能从呼吸的过程中做到与生命产生同一性，与精神活动产生整体性，那么禅定就出不来，这净寂的状态就出不来，般若智慧也就没办法呈现出来。

何为二入四行

学生：二入四行是什么意思？

二入四行是达摩祖师提出来的修行观。二入指一个理入，一个行入。

理入是从理论方面去学习，从生活中和修炼功夫的过程中去学习与印证，学习那些应该怎么做才符合生命活动运化规律、开发般若智慧的传承教育的理论。读修身养性理论的书籍，听觉悟明师的讲课内容等，都是从理入的内容。

行入归结为四点，也叫四行：报怨行、随缘行、无所求行、称法行。四行是把修养意识完美身心的内容具体化了，把修养意识比较难做的地方进行了归纳。

报怨行就是在生活中能够忍受逆境，自己的心里能够接受别人的不满、憎恨和抱怨，并能够在此过程中不动情绪，能够保持中和之气，这就相当于是陶冶性情涵养道德的过程。简单说就是在逆水行舟的过程中，还能保持中和之性的智慧境界。

随缘行，就是要既能够随顺自己的因缘，又能顺随别人他事的因缘，来什么事自然应对什么事，不挑不捡不分别，随遇而安，直到呈现分别智。

无所求行，是要我们离贪离欲，只计耕耘，不计收获，达到无求无住的智慧境界。

称法行，可能就要难做一点，称法行要求我们在做任何事情的时候都要有智慧，这样才能做到恰如其分、恰到好处，这是一个关于如何把握度的问题，从根本上讲就是能不能体现人的圆满智慧境界的问题。

这个度怎么能恰到好处呢？很多时候可能不太容易做到，这需要有相当的智慧能力才行。因为需要人认识自己能够接触到的任何事物的属性内涵，这样才能算是掌握了度的所谓规律。这个规律实质上就是般若智慧，如果没有这样的大智慧，那就不可能掌握度之规律。如果人的分别智没有践证出来，那么脑子里就根本无法判断是与非了，做事情就不可能做到恰到好处。

再说简单一点，就是应对各种事物的时候，既不违背自身的生命活动运化规律，又可以能动地符合客观事物的发展规律，这样达成人与自然及社会各种关系的和谐性，就叫称法行。称什么法？这个法度就是人在应对事物时的整体和谐性。

二入四行，实际上是要人处于一种无我的状态。

六度为一即般若

学生：那六度万行又怎么理解啊？

六度万行是讲智慧学的。实际上也是讲修行过程的每一个应对内容，是否都符合布施、持戒、忍辱、精进、禅定、般若的要求。看上去是六个不同方面的内容，实质上只有一个内容，那就是见证般若智慧。

我们要获得智慧，想获得智慧首先要求布施，就是开阔胸怀，也是做好事、行善积德、利己利人的内容和过程。布施有所谓的财布施，还有就是法布施，实际上这两种布施也就是一个布施，心映（应）行随，同时放下，就是布施。布施如果做到无我的境界了，那就是智慧的显现。

持戒是对修行者的严格要求，是对修行过程的具体要求——注意规范自己的生活，规范自己的思想言行。持戒不是形式上的条文要求，而是持心戒，达到内心清净无碍。持戒进入到无我的境界，那同样就是在布施。例如，即使我们是为了强身健体而锻炼，那么也是需要持戒的，给自己一个规定，每天锻炼三小时，这也是一个持戒的过程。但你如果对这个规定心不甘、情不愿，一边练还一边起情绪，那么即使你照着这个规定做了，戒也等于没持；只有你心里真正接受它，愿意去符合它，而且这样去行动了，思想上和行为上统一了，那才叫持戒。这个接受的过程，放下自己主观情绪和惰性习气的过程，不也是布施吗？

忍辱可以从两个方面来谈。忍辱在生理方面的内容也是比较广泛的，如能够坦然面对练功反应的具体现象——头痛脑热、发烧拉肚子、酸麻胀痛等，还有类似退病现象等就不一一列举了；心理方面，忍辱的主要内容也是根本的内容，就是修养意识、净化自我。而我们绝大部分的人在这些方面就是做不好，是比较难做的。比如说让我埋头苦干可以，但我做了好事你还冤枉我，这就难做，就受不了。如果别人冤枉你，你就想是老师派来考验我们的，老师给你创造这么个磨炼自己的机会，这么一想，心里面就容易安静下来，能够很平和、很坦然地面对它，这样清净就自然而然产生了。忍辱达到无我的境界，那是没有任何忍辱的概念和念头的，也就是无生法忍的智慧功夫境界。

精进就要求我们要有警觉性，要在事物的应对中去树立警觉点，对任何事情都要有灵敏的警觉意识，不断地提高身心修养的理论素养，不断地在生活的各种关系中提高意识修养水平和应对能力。

布施、持戒、忍辱、精进都做好了，禅定就容易了。

因为只有禅定才能现般若，但是禅定是很难修的，为什么？如果一个人私心太重，满脑子尽想到自己的事情，打坐的时候想安静就安静不下来。如果你心中没有我，没有自私的概念，这样打坐、练功，禅定就容易出现了，我们的智慧窍就容易开；再进一步就是行住坐卧都在禅定之中，定能生慧，定慧等持，智慧自然就容易呈现出来。

所以佛学中讲的这六度波罗蜜，是把修养意识和练功的过程进行了具体的划分，但这个划分又不是机械的界定，而是分中有合，合中有分的。从分的方面引导你进入，进入以后你就会发现这些方面其实就是一个整体。

六度与四行的关系

我以前在学习修养意识的理论的时候，老师也讲了很多东西，但是没讲这么细，也讲了修养中和之气，也讲了克除我执，讲得比较抽象一些。现在我们给大家讲解了六度的大致涵义，那么对六度万行的理解就比较通俗了，容易下手，比较容易在生活中去练。六度万行作为一个很重要的身心修养理论，我们应该把它记住，经常不断去反省自己哪条没做好。你们要把二入——理入、行入，四个字；六度——布施、持戒、忍辱、精进、禅定、般若，十二个字，把它们背下来。

在六度的内容中，布施、持戒、忍辱、精进、禅定、般若中若有一个方面能够进入到无我的境界中，那么其余的五方面内容也都在其中了。

学生：老师，我还是有点糊涂，您能不能把六度的内容再讲得具体一点？

布施怎么理解呢？布施实质上就是敞开心扉，放下自己的习惯和见解。敞开心扉，就是把自己的心胸打开，打开心胸最好的办法就是布施。为什么要布施？一个人放不下的就是自己的钱财，放不下的就是自己的情感，这两种利益一个是执著物质利益，一个就是执著情感利益。一个人不仅要放下自己的见解，还要放下自己的观念，不仅是情感利益的观念要放下来，物质利益的观念要放下来，更重要的是还得把自己的知识、观念所形成的思维方式改变过来，把自己参照事物的标准完全翻过来。怎么放下，怎么改变，怎么翻过来？通过布施就可以做到了。

怎样叫布施？布施可分两方面的内容，即所谓的财布施和法布施。其实财布施和法布施是相对的，财布施不仅只是指布施金钱方面的内容，也包括布施物质方面的内容，还包括精神领域的内容。所以说，大家在学理和践行的过程中对布施的理解不能太狭隘，要把它理解得宽阔一些。布施简单一句话，那是什么？敞开，放下！你能真正敞开就解决问题了，你能放下也解决问题。但是放下就需要从理入，只有明理了才能去做放下的功夫。放下也是相对的，千万不要理解为绝对的放下，更不要理解为放弃。

持戒是为了把布施的内容纪律化。我要布施，对我的生命进行布施，我就要改掉自己的习气，改掉自己对待人生的一种偏执观念，就要通过一种纪律来约束自己的身心行为活动。持戒实质上是通过纪律来约束自己，使自己后天形成的那种习气和种种业障，得到改造和改变，同时还需要用纪律的方式来扭转先天的一些因素，从而达到改造自己身心活动的目的，逐步完善自己的智慧人生。

忍辱，比如说大家夸赞你，而你不洋洋自得，还是很平静、很谦卑，那也是忍辱；人家说甜言蜜语来糊弄你，给你下绊子，你自己知道被蒙蔽了，而于此时不动心，那也叫忍辱。忍辱般若波罗蜜，忍辱行，不仅仅只包含逆来顺受，还包括顺来顺受的各种具体内容。忍辱两个字的具体内容，其实包括了四行的内容在里面。忍辱、持戒包含四行的内容，布施也包含这四方面内容，它们都是相互联系、相互促进的。你们想一想，难道不是这样吗？精进是不是也包含了报怨行、随缘行、无所求行、称法行这四方面内容？包含。那么禅定包不包含？同样包含了这些内容。为什么这样说？

学生：四行如果都做到了，功夫就精进了。把所有的东西都放下，心里就没有什么了，它自然就入定了。人的心如果净化下来，那也就自然地进入禅定了。

人在觉悟智慧的境界中，那么无论在哪个方面所能够体现出来的内容都是在禅定的境界中。禅定中难道不可以有随缘行吗？难道不可以有报怨行吗？人家骂你，你不起心、不动念，那就是禅定的境界，那也是净定。都是“思维修”的内容，都是净化思维的过程，所以它一定包含这些内容。

无我 放下

修证智慧肯定是会在方方面面都体现出二入四行、六度万行的功夫内容的。当然，践行这些内容还要懂得方便善巧——懂得放下。只有通过放下，才能把这些内容在生活的过程中展现出来；只有通过这样的理，才能彻底地理解并做好四行、万行。

在行二入四行内容的过程中，如果能够达到无我的境界、放下的状态，那么你就有可能在当下见证到般若智慧。人如果处在无我的境界中，那就是般若智慧。持戒到一定的时候，就会出现无戒可持的境界，这时人的心胸也就无限地开阔了。在无我的境界中，也就无辱忍、精进、禅定的概念了，都是一样的智慧境界。二入四行、六度万行都是让人行如何放下的方便法，是克除假我和偏执方面的具体内容，是展现般若智慧、达到自由解脱的必由之路。

生活中的践证

这个问题很简单，般若波罗蜜行六度与四行的终极目标都是为了践证般若智慧。每一行，在生活中的每一点、每一滴，无一不透出智慧的层面。报怨行、随缘行、无所求行、称法行，每一行在生活中体现的时候，无一不可以体现般若的存在。

布施达到无我了，那就是布施波罗蜜的境界；持戒，无戒可持了，没有戒律、无戒而戒了，那就是持戒波罗蜜；忍辱，无忍无辱，达于无生法忍时，任何的糖衣炮弹，任何温柔的、凶狠的表达方式，都不会使你起心动念，这个时候叫忍辱波罗蜜；精进也是一样的，精进达到最后是无精进可进，连精进这个概念都没有了，能够在行住坐卧、柴米油盐和劈柴担水当中体现出修持方面精进的内容，这个叫什么？叫精进波罗蜜；禅定也是一样，人在这些过程当中是不是要修正意识，在四行过程当中是不是要净化自我？只要人的智慧境界符合这个四行的内容，那就是禅定波罗蜜了。很简单，就是这样。

你们回家以后，最好在聊天室中相互提出一些话题进行交流，把生活当中的例子拿出来讲，大家来讨论，这也是下手法之一。把理切入到生活之中具体化，这个理就跟一加一等于二这么简单。

佛法不深，道也不深。要是你没弄懂，它就很深，深不可测，不可见。如果你在实践当中去证明它，证明了以后，这个境界、这种见地就呈现了。呈现了，就成为参照系里面的标准来参照客观事物，形成了这样一种灵活、机动、自然的标准，那就是般若波罗蜜的智慧。

身心与觉悟

身与心的辩证统一

自己决定自己

一念障本性

弦外之音 话外之意

身与心的辩证统一

学生：老师，人这个意识的变化跟身体变化，它们是辩证统一的关系吗?

是，人的身心变化过程，一定是辩证统一的关系。人思想意识的变化与生理活动的运动，是一个统一的整体。心是人这个生命赖以存在的根本，并与身形成绝对统一的关系。

尤其是修养身心的人，意识的变化如果走在前边，身体的变化走在后边一点，那么绝对不会有问题；但是，如果身体的变化在前边，意识的变化在后边，那就有麻烦了，就有问题了。所以从根本上来说，如果人没有意识的改变，那么身体也就谈不上发生质变，这就是由意识对生命活动起主导作用的规律所决定的，这是必须要强调的事。所以这些内容对于每个人来说，最放不下的就是人的那个意识观念，也就是说，生产意识活动的那个模式需要变。我就等着你们的思维参照模式发生改变，听到没有?

学生：听见了，好像现在变得不错。

当你自己还在夸奖自己的时候，那就还没有做到“不错”的时候。为什么这样说?因为当你知道自己意识变的时候，说明变化的内容还不多，变化的深度还不够大。

大家需要加紧变化自己的意识思维方式，你听我的话是不会有错的。有一条路最简单，那就是改变自我的意识活动方式，它是两点一线的内容，也是最简单的方法，而且这种改变意识的过程是直线的，没有曲折的。只要你去做了，身体的变化就在其中。

你可不要担心，非要有个“我要走在人家前头”的想法。当你有这一个念头的时候，它就障碍你了——“一相一重山”。如果你这样认为：“我为大家做了这么多事，那么我就应该先开智慧。”如果心里边产生了这样的想法，那么我就告诉你，这就是分别心使然，这就是执著于分别心才产生的妄想，这个分别心的想法就会直接障碍你开智慧。一个人如果有了分别心，那么后面一定会出现无数的执著心与妄想心，其结果就会障碍你的进步。

另外，你可要知道有这样一句话：“闻道有先后，悟道无早晚。”每个人的年龄、成长经历等等情况都不一样，所以可能造成对于道之绝对真理认识的时间有先有后。也许你比我早一点儿知道须要去探寻人生真谛，也许你比我晚一些，但你们需要明白的道理是，我们比先秦诸位圣人还晚两三千年呐，比禅宗的那些祖师们，也要晚一千多年。只要你坚定不移地走上证道之路了，那么“进门”是没有先后的，就是入道没有先后，觉悟绝无早晚的意思。因为道是无始无终的，没有办法用时间衡量，道是超越时空界限的寂态存在。这也是《道德经》中所说的“圣人后其身而身先，外其身而身存”的一层涵义。

自己决定自己

这些内容是没办法说的，所以现在是大家做好准备、打好基础的时期。最好的准备工作就是理入与行入结合，像这样来改变自我意识模式和感官心意标准。当你有一念在这横着、挡着自己，那么你就没办法透过这一念而使真心自性呈现出来。就算你决心下得再早，但是有这样的念头障碍自己，那也是进不了觉悟智慧之门的，也就永远落在别人后面了。因为这个念头是你自己产生的意识活动内容。人如果受到什么障碍，首先就是人自己的思想意识活动障碍了自己，也只有自己的观念、观点或概念才能障碍住自己的真我这个主人翁，而不是别人家的。这个听懂了没有？

我们举例子。有一位著名的作家和他的朋友一起去买报纸，他朋友的态度非常友好平和，临走时还非常礼貌地对卖报的人说了声谢谢。可是卖报的人却自始至终都冷鼻子冷眼的，没有好脸色，也没说一句话。作家就向这位朋友抱怨："这家伙态度太差了。"朋友很平静地回答说："他每天都是这样的。"显然心情没有受到一点影响。然后作家又问："那你还对他那么客气干什么？要是我，我一定会很生气的。"这个时候，朋友说了这样的一句话："为什么我要让他决定我的思想与行为？"

你们明白了没有？为什么我们总要让别人来决定自己的思想言行呢？为什么要让别人的言行干扰到我们自己的情绪、思想和行为呢？为什么自己不做自己的主人翁，却去做那个假我——分别、执著、妄想心的奴隶？像那位朋友说的一样，谁能决定自己的思想活动和行为活动？只有自己！

当你内在是平静祥和的时候，那么其外在的事物是好是坏，就都不会影响到你了。任何其他人的思想意识活动，都不可能屏障住自我的那个自性真心，屏障不了！只有你自己的那些固有、僵化、偏执的观念、观点和概念能够障碍自己！

一念障本性

学生：您所讲的这些内容，从道理上来看，我是明白了。

那就请循着这个理去做，认清人生的道路其实就是这么容易。

学生：改变意识是不是有个模式？咱们这个意识就往那个理上头去融合、去圆满，这就叫改变意识，是不是这样？

不是，改变意识是从自身做起的，从净化自我的产生思维的"心"——这个源头开始起修的，可以循理而行，而没有个模式和标准。如果有一个模式和标准，那你就把自己的前后、左右都砌上了围墙！因为你在那个标准里边去改变。而道是没有围墙的！改变意识的过程不是如何去改变，而是不要障碍自己，没有执著便可。

关于意识活动，只要是人谁都有，包括我现在都有妄念，都有杂念，都有念头。即使包括我们所了解的那些高僧大德的老师们都会有思想念头存在。但是如何去“善护念”？这三个字不是在《金刚经》里面说了吗？如何修好“善护念”，这就需要我们在日常生活中去经历、去磨砺、去警觉、去修证。只有这样，才能看出一个人是否践证到觉悟智慧的境界。说护住念头，不是要你去护着它，而是全然地敞开，让它像水一样地自然流动。不要执著于流动过程当中水溅起的浪花，你不要执著那个。

人的实相本体是自然的寂态存在，它是这样的一个属性特征。你把这么长时间以来脑子里边有的障碍自己的和自己产生各种各样想法的那些念头，都把它给放下。如果把那些念头放下了，然后念头就会像流水一样，自自然然地流走了。在这个过程当中，开悟就成为一件必然会发生的事。

如果你不把自己的意识活动训练到这个水平上来，开悟就非常难，因为你总是觉得在老师跟前“我是放松的，我是谦卑的”，可是你有“我是谦卑的，我是放松的”这个想法，其本身就是一念在前边挡着、横着，知道吗？在这样的情况下你是放不松的，因为那个念头已经障碍住了人的真我自性，这就是假我的显现过程。人真正的放松状态是没有念头障碍的，也不受念头障碍，当然也是没有念头能够障碍得住的，它就是这样一个境界。

弦外之音 话外之意

我们现在所讲的内容其实是非常深的，过去对这样讲话的形式叫“讲法”，叫“讲法”而不是“讲经”。讲经，它是遵循经典中佛说的话去讲解、分析如何去认识经文的根本内涵；而讲法不是，讲法是一个过来人的实证经验的总结。因为经文是有限的，讲经是通过经文涵义的有序性来引导你进入的；而觉悟之法却是无限的，也是无定法可循的，所有的觉悟之法是能够随顺因缘而无限应化的。所以，任何一个大觉悟智慧者，他都会知道你错在哪儿，以及应该如何纠正的内容和过程；如何手把手地传递走向自觉自由的随缘教育法，把成就觉悟智慧的这个路径展现给世人，而不是某些观念、观点和概念，更不是讲话的语言本身和演讲的过程。所以大家应该注意，擦亮自己的眼睛，澄清自我的思虑，不要住在我的这些所谓的讲课内容之中。一定要学会听弦外之音、话外之意！

请大家不要僵化固执地依循我讲话的这些内容、去执著假我的某些概念，而应该把自我放在运动、变化、发展的过程中去践行、去检验，这才是学习理论、学习经验的根本要求。而且还要依据自身实践的内容去做归纳总结，并把这些内容上升到理性的高度去讲才行。

其实所谓的讲法，就是把自我践证觉悟智慧的内容与过程及经验讲出来，像这样才能给大家带来效益。我希望你们都能够赶快地入门，别耽误时间，别在那儿做自己的游戏，大家听到没有？

学生：明白，听得最明白的就是这个。

为什么说人会常常出现自己跟自己做游戏的现象呢？例如，自己给自己找方法、寻捷径。如果你自己画了一个圈，就好似一道围墙；你再画一道圈，又似一道城墙。一旦你做上了自我设计、自我制造的这个城堡的主人，到那时候，明心也好，觉悟也好，就一定跟你没有关系。人在这样的情况下，就会与自己的人生目标相背离，与自己成就觉悟智慧的理想相去遥远。

人为了践行真理、想获得身心的整体健康，那么只有把自己建立起来的所有院墙和所有围墙以及所有的城堡，全部拆除干净才行。因为这些都是你自己从小长大，通过学习而建立起来的概念和观念，是那种固有的东西、僵化的内容在屏障你。人只有认识到这些东西已经妨碍了自我灵魂的净化，妨碍了自己获得身心健康的要求，才能做到放下。人如果能够做到践行当下放下之功，那么在你的面前就能敞开一望无际的什么？寰宇。那就是人开阔的胸怀！只有到了那个时候，就没有什么东西能够挡住你了。

你只要有念头在那儿，并住在其中，或执著于它，那么它就一定会按照倍增的数学原理来造出不可量、不可称的障碍来挡住你。如果人不执著于它，那么念头的本身就会像流水一样自然流过去了，这就是“慧能无伎俩，不断百思想”的本质内涵。当然，还可以把这些内容理解为觉起念消的义理内涵，这也是觉起念消的过程。

你们只要主动地像这么去做，那么觉悟就只在当下了。你们准备好了，终会有那么一天“啪!”的一下就开觉悟智慧了。那样所开的觉悟智慧，就可以呈现出万事万物皆为师的境界。也许是在刘老师手上开，或许是田老师，或许是随便哪一个人，或许是自然界中的某种声响……人只要准备好了，什么东西都可能使你在刹那间走向觉悟；或许是一声鸟叫，或许是一个雷声，或许是……什么都可以使你走向觉悟，到那个时候就叫“万物皆为师”。

但是如何走入这个境界，就是我们现在所讨论的问题。如果大家把自我净化的修养功夫做好了，人也开始生清净心了，那获得开悟、成就觉悟智慧的概率，从统计学上来看要大得多。

所以那天我就告诉有的同学，我说不需要统计那些所谓的奇迹，不要用那个狭隘的胸怀去统计什么东西，像那样会越统计越狭隘的，就是这个道理。修身养性可不能用逻辑思维，修身养性需要学会放下！

身口意与三元归一

《金刚经》与三元归一

住无所住的智慧功夫

探讨本身不是道

身、口、意的整体性

《金刚经》与三元归一

学生：《金刚经》是否是讲如何走向觉悟的经典？那三元归一的意守模式的意义又何在？

《金刚经》所讲的内容，是关于开发般若智慧规律的经典，是了义的智慧教育文化。任何人只要能够秉承这种智慧真义，就完全能够通过践行来见证人的虚寂实相之根本智慧，这是毫无疑问的。无论是过去、现在、还是未来的人，只要能够挚诚笃信、谦卑自性、全然地遵循经典中的下手法，就会自然地进入到自觉自性的思想意识与行为活动的过程中，并自觉地展现出人的般若智慧。

所以说，《金刚经》是讲如何践行明心的内容与见性的过程的，而且是已经讲得很好了，完全透彻了。

我的老师所讲的三元归一的意守方法，并没有明说是关于明心见性的内容，但是他讲可以通过眼内视、耳内听以及口腔中的舌尖抵上颚并向内观于脑中心，通过运用这样三元归一的方法进行锻炼是有可能帮助人提高功夫的。

实质上，不管是人的身口意，还是我的老师讲的三元归一法，不管是什么样的下手法，只要是“三元”能够在瞬间同时合一，不到一刹那——其实就是当下，三元能够同时归一，那也就是达到明心的觉悟层面了，开发般若智慧就是这样的一个过程。当然做起来、行起来，不是这几句话能够说得清楚的。从明心到见性，不排除有极少数、极个别的人是一次性完成的，但大多数的已经明心了的人，还是需要经过一个比较长的践行过程，把理与事结合起来，才有可能达到住无所住的智慧功夫境界。

住无所住的智慧功夫

人只有明了为什么要去做、去践行住无所住的智慧功夫，才能见证得到这样去做所能获得的智慧效益；也只有当自己在平时的生活、学习和工作中，能够自然而然地呈现出这样的思想行为活动状态时，才是见证到这样去做的实践内容和过程。如果能够达到这样的般若智慧层面，那就可以了，那就是明心见性了。

一个人如果自己见证了根本的实相智慧，那你的所想、所思、所行、所为就会慢慢地展现出圆满的觉悟智慧来，这样别人也能够认识得到智慧的存在，并从中受益。不仅如此，觉悟智慧者还会在智慧功夫的践行中，慢慢地认识到人与社会的一切关系就是人与自然的关系，包括人生所能够遇到的一切事物，就是这样的。

你们现在对这一事物的认识和践行功夫的水平，以及自己的个体智慧境界，都不能真实地反应出人的真心自性与事物之间的自然和谐关系。想通过文字去了解，想从语言上去了解，想从自己的践行经验中去了解根本智慧的实相境界，那是肯定无法了解的。为什么会这样说？因为有些人的修身养性理论的素养不够，而且践行功夫的层次也相差太远。即使是这些条件都具备了，那也还差那一刹那的顿开、顿悟。这个顿开、顿悟的本质内涵，是人普通智能的一种不可思议的质的飞跃。

大家应该注意，今后无论你们的修身养性理论水平达到了何种层次，哪怕是达到了所谓的解悟的程度，那都不是般若智慧。任何人，只要自己没有见证到那个顿开的当下，而想通过自己的语言文字来表达自己对般若智慧的了解，那都是荒谬的，也是不可能准确的。当然，我说的这个内容，不包括那些通过渐修法门精修所获得成就的人，如通过践证四禅八定之后而获得的根本智慧成就，还有就是通过结丹、演神、面壁九年之后而获得的大智慧成就等。

我们现在倡导的是走精修顿悟的修证之路，也就是帮助那些有缘人去认识开悟的道理，以及应当准备的各种修身养性理论和当下进入的各种方法。不过，这些内容是需要自己从二入四行上进入的，即理入和行入，是从报怨行、随缘行、称法行和无所求行这四个方面进入的。任何修身养性的人，只有从理上入进去了，有了相当的智慧教育文化底蕴，才能为指导自身的修证实践奠定基础。作为一个修身养性的人，你们都需要去学，努力地去学。尽管可能会学不全面，但还是要去学，而且是尽自己最大的努力去学，调动好自己的主观能动作用去学，使自己的身、口、意在行为活动中得到智慧的、和谐的、健康的统一。

即使是通过棒喝把脑中心的智慧祖窍打开了，那也只能算是明心的状态。明心只是见证到了“心”之处所，只是践证到了实相的智慧境界；见性，就是说在日常生活当中，即在应对日常生活当中一切事物以及它们之间的相互关系，都是符合“心”这个源头所自然流露出来的各种智慧的思想言行，那就是见性。从明心到见性，总的来说，大约需要十来年的时间，这是对古人开发般若智慧践行的总结。现在快了一些，如果在有老师带的情况下，最少也还得需要五年的时间来磨砺自己，呈现自性。

探讨本身不是道

就像佛祖拿自己打比方一样：我就是个觉悟者，我所讲的这一切，你们都应该学习，都应该去听，都应该去践行，都应该因此而获得般若智慧的利益。但是你们不要执著我所讲的这一切，包括我的这个形象。他老人家都说绝了，“可以身相见（现）如来不（否）”，就是如来的三十二身相、八十种随形好，包括如来我的一切的一切，一点都不能执著，才可以当下见证呈现如来本来面目。

打个比方，你们现在提问，需不需要？需要。你们所提的问题，对自己的成长有用没用？有用。但离开了那个根本的东西，实际上有多大用？一点用都没有。提问题应该提，问不问？要问。问完了以后有用没有？没有。那还要不要提？还要提，而且还需要问！问了有结果没有？没有！

因为你们提问其实也就是个探讨问题的过程，在那儿探讨。但探讨本身不是道。你们提问的过程，就说明了自己在思考问题。当然，真正的修身养性的人是必须要思考的，只有思考、思考、重复再思考，到了一定的程度，就会出现类似“物极必反”的现象，到时候一返回就是当下进入智慧境界的最好时机了。这个过程不是执著而是追求，如果把追求当执著，那人生就会完蛋了。

身、口、意的整体性

学生：就是表现在身、口、意是一致的吧？

就是身、口、意的统一体！生理活动和心理活动以及展现出来的行为活动的统一体就是身口意的整体性。身心活动和语言要表达的内容，以及思想上所想的东西，如果是“一”的话，那就是和谐性的整体，也就是人的觉悟智慧。如果不是统一体，那就不是整体性了，也就根本无法呈现人的觉悟智慧。就这么简单，人的觉悟智慧就是人身口意的统一体。我现在想的，我就说了；我说的，就是我的想法；我的想法，就是我身心行为活动呈现出来的内容和经历的过程，这就是身口意的觉悟智慧内容。

人的身口意需要统一，不统一那就是三个。执著于生理上的、心理上的、还有就是习气习惯带来的内容，这些都是愚昧的秉性。人如果是情感上的这种想法，那么带来的就会是情感欲望的秉性。那还有什么呢？一个人追求智慧真理，善待自己及周围的一切事物，和谐顿成，那就叫智慧的善良秉性。其实身口意的内容是很简单的，就是每一个细胞连同自己的所思所行都是统一的，都是一个和谐的整体。你的思想言行自觉自然地符合生命活动的运化功能，符合自然及社会环境的要求，这样的和谐整体，就是纯粹的觉悟智慧。身口意用一个纯粹的词就够了，纯粹的忘我，纯粹的奉献者，那就是身口意的统一整体呈现。《薄伽梵歌》中所说的奉爱瑜伽就是这样的涵义，这就是一心向道的内容。你们还有什么不明白的?

学生：那么三元归一与身口意是什么关系呢?

身口意跟三元归一，从精微的方面看是两码事，从粗的、大的方面来看，当然也可以是一个内容。

我们所讲的三元归一，是能听所听、能见所见、能觉所觉的合一，这不仅是生理上的高度集中，而且是人精神上高度统一的当下合一，既是统一体，又具同一性。

悟性与人生

什么叫有悟性

当下放下　平常现觉

映而不应　应而不执

自省自觉当惜缘

什么叫有悟性

人的修身养性过程是需要有悟性的，而且悟性是第一位的。我希望你们都有悟性。一个人一定要有悟性，有悟性你们成长起来就快了。如果你的悟性差了，那就需要通过反复地学理论来弥补自身的不足。

可是我们在座的很多人都受过高等教育，你们是否会在主观的意识形态中有自我感觉很好的想法？当然有些不一定就是最直接的想法，而是一种潜意识的思维状态。是否觉得自己对文化知识有丰富的积累和认识？是否认为有了这样的积累和认识就是最大的悟性呢？如果是这样认为的，告诉你们，那完全是错误的想法，是认识性的错误。

改变意识，如果没有修身养性的理论为基础，那转变起来是很困难的；没有意识的改变，干脆什么也干不了。对智慧追求的方式方法几千年来一直都是这样的，不去做修正意识的功夫，那结果就会是竹篮打水一场空。

刚才讲了，人需要有悟性。你看像我这个人文化水平不高，但是有悟性，脑子不错，总会思考一些问题。六祖慧能也是有悟性的，从二祖到五祖都是有悟性的人。当然有悟性就不一定都有很好的文化知识，但是有文化的人，你们若不执著知识性的文化，不执著自己的习惯，不执著自己好恶美丑的观念，那你的悟性就出来了。所以，人不能把自己已经具有的文化知识基础当作智慧，也不能把这些内容当作自己的优越性。如果自己自恃这些后天所学的知识，那么这就是最大的毛病之所在，因为自恃的结果就直接导致人形成僵化狭隘偏执的思维参照模式，就会执著于这些所知所学。

老子说："自见不明，自是不彰，自伐无功，自矜不长。其在道，曰余食赘形。物或有恶之，故有道不处。"这几句话就是告诉大家，做人不要因自己的眼耳鼻舌等感官功能之所见、所闻、所嗅、所品的影响和干扰，不要因感官功能产生的心意活动障碍了自己的真心自性。如果人执著于自我的主观意识，那么其身心行为的结果就肯定不符合自然法则了，这样人的觉悟智慧就被无知的愚昧境界所遮蔽，为无明的贪欲所迷昧。这些东西对于修身养性的人都是多余的，而真正的有道者都不会停留在以上所说的境界中。如果修身养性一定非要以什么为依据的话，那么人就会在自觉和不自觉的过程中去偏执这所谓的依据，这就是障碍人们修身养性的最痛苦的一件事了。

可是你们自己就会想有依据、有凭据多好，这样简单，所以你们会认为是一件最爽快的事。但是需不需要依凭呢？用根本的道来做衡量修身养性者的标准，那是不需要有依据和凭据的。也可以这样说，需要凭据但不执著于这个凭据，需要文化但不执著于这个文化，那就需要人有悟性。对于这些问题大家一定要搞清楚。

打比方说，你看书看到这地方有点晕，看不进去了，看不进去没关系，你也可以反复听讲课的录音，有事没事的时候录音都放着，等脑子里开窍了，你就能看进去了。我以前学习健身理论和养生文化方面的知识，包括意识修养方面的理论的时候，对教材的学习比较少，只看了一部分内容，不过我倒是把各位老师的讲课录音反复地听过几十遍。为什么时隔了这么多年我还能讲出来呢？一个方面是因为悟性，还有另一个方面就是践行实证，这就是我的学习方法。

关于学习方法，我在以前学习的时候也曾听老师介绍过，让我们在站庄的时候边站边学。我也在工作之余的时间里按照这样的方式去学习。这样我就买了一个录音机，听老师讲课的录音，把耳机往两个耳朵一放，就在那儿站庄，绝了！这种方式的学习效率很高，就相当于看书了。这种方式的学习过程，也叫习练“观音”的学习法，从观音法入门来学习理论文化的内容。像这样坚持学习，时间长了，人就自觉地建立起“紧箍咒”式的警觉点了。一个人如果建立了警觉意识、警觉思维，那么修身养性就可以算入门了。

你们需要不断地接受自己和周围环境的挑战，而不是接受我的挑战。修身养性是为了修自己，不是找别人身上的毛病、去修别人。你们需要记住这一条：非凡的人生需要非凡的努力，非凡的品质需要经历非凡的磨砺。而一点努力都不想付出的人，那肯定是没有结果的，是不行的。你们跟我在一块儿是很难过的，没有用什么好听的话来赞美、恭维你们，但是我没有坏意，总是希望把你们的修养状况、思维方式纠正一下，希望你们变得有自觉性、有悟性。其实真正的悟性就是知错就改，就是这样的。好好努力吧。

当下放下 平常现觉

买卖人随时都在衡量得失，很多时候他们不是有意这样盘算的，而是一种无形的不知觉的状态。问题就在于当我指出了他们的这些思维习惯以后，可他们还是会狡辩的，这就是最要命的。这就是著了相，这就是著了见，这就是舍不得放下的现象。他们因为无知而显现出愚昧的境界，无知使人不晓得如何放下。人在展现自己愚昧的时候，是不可能懂得放下的，因此就会出现狡辩的现象，他们还会说“您讲错了，我说的才对”。

可见六度万行——布施、持戒、忍辱、精进、禅定、般若的内容我是讲了不少，而你们是一丁点也没有学到。修身养性就是从小事上修、从点滴上做起的。为什么经常会讲你们的不是？因为你们在小事上有问题，都不知觉，不能觉察自己在小事上出现的缺失，这就叫不觉悟的状态。这就是说，每个人在很多小问题上是不经意的，是受习气的影响而在不知觉的过程中显现出来的。通常人就是在不经意间出问题的，就会出现蚂蚁溃大堤的现象。

觉悟者要觉悟到什么程度呢？就是任何大事小事，件件不落，甚至于连做梦都还有警觉性。关于这一方面《道德经》中说得非常清楚了，“图难于易，为大于细”，“为之于未有，治之于未乱”。人如果在梦中都还能觉醒、觉察到自己的梦境，做梦之时即觉，边做梦边有觉，像这样随时随地纠正自己的思想行为活动，那就是觉行了。

修正意识是在平时生活的过程中，而不是在有准备的时候，应当在无准备的情况下当下修正。有问题，就要当着大家的面来讲，要通过揭短的方式来提高觉悟，这样才能把你们的所谓面子、人格、尊荣等人之假我破除掉。如果修身养性之人的这些东西不破，你扛着人格、尊荣、面子等过活，那你一辈子都不知如何放下。

一个人是有觉悟还是没有觉悟，就在于人是否在意有面子还是没面子。要做到有面子而不住在面子中、没面子不觉失去面子的境界，也就是不需要人的这种假我面子，这就叫有觉；而在应对具体的事物时，如果有感觉难堪、脸红和心慌等现象产生，那就是掉觉。在我们这里，我经常当着大家的面指出高老师、罗老师和李老师等人错误的地方，而且有时是没事找找茬儿，他们大多能做到逆来顺受、顺来顺受。你们能否做到这些内容，达到这样的境界？如果能够做到，那才是在因循理入和行入。

破相就是要这样直接来破，要把你们存在的问题都讲出来，而且是公布于众，因为你们自己认识不到。如果能够认识得到，那就说明你们已经是具有一定觉悟境界的人了。你们现在理入得不够，也谈不上行入，所以认识不到自身所存在的问题，尤其是在小的方面，更是没有形成警觉意识，这样大家就表现为做这这错、做那那错的现象，没有觉悟。修身养性不是什么难事，但确实是需要注意每个细节的修正问题。我现在所讲的内容老子在几千年之前都说过，“其安易持，其未兆易谋，其脆易破，其微易散”。

当我说这个人有问题时，为什么他自己还不承认错呢？因为他自己觉察不出来，所以他才会觉得自己不是我所说的境界，才会觉得自己并没有这样去妄想。这样人就很容易沉迷于自我思维下的意识状态而不觉，生活在分别执著的妄想世界中而不悟。

只要人有了分别、执著和妄想心，只要在人的内心世界中存在有过去、现在和未来心，那对任何事物的认识肯定就不能实事求是了。因为这时的人处在主观的心态之中，不可能呈现出智慧的检测功能——哪是对的，符合事物的属性特征；哪是不对的，违背了生命活动的运化法则。人的脑子里面已经处在外求的境界中，在那研究着，眼睛在那儿鼓着，耳朵也在那儿竖着，你们说那不是傻吗？需要这样做吗？有意义吗？

万法皆是生灭法，哪怕是思维中的某一个念头。你在这分析什么，分析自己做的是对的还是错的，还是有对有错？人啊，连自己处在愚昧无知的境地都不知道，都不敢当下承认，都不愿当下放下，那人的觉悟智慧又能在哪个地方呈现呢？在这种迷糊的愚痴境界中，人不是显现出个“彪”的境界，就是个“二傻”的境界，大家想想看，自己还能是个什么境界？

人在习气的簇拥下，不自觉地在下意识中去维护自己，这是一种不经意中的习惯，但绝对是一种恶习。在现代的社会中，任何的一个成功人士，他的下意识都会是非常强烈的，不允许自己在众人面前损失自己的形象或者是所谓的尊严，总是极力维护自己那所谓荣誉的形象，这都是虚假的面子，就是假我当家的典型形式。你如果敢于当着这么多人的面损他、说他，那他肯定是不能接受的。

人如果是处在无我的境界中呢？说你了，损你了，无论怎样那都没有关系。说了就说了，一念不生，这就是当下切入。人家一说你，你的内心世界就跟别人的话语动，那你还怎么可能切入进去呢？愚昧生了，智慧就被愚昧占有了。一个人有悟性还是没悟性，就看当下！看当下能否进入，醒觉开智就需要在这些内容上面做文章。做什么文章？从自我心性的净化过程中来改变自己，就是在当下进入，一说即改。不管是有错还是无错，“一切离也离”，改变起来就在当下。

我现在是很客观地在讲你们的事，只是你们觉察不到罢了。这么讲过了，你们以后修养意识的功夫提高了就会觉察到的。修行本是平常事，不离柴米油盐，这都是需要在小事上见的，没有谁的修行内容是从大事上见的。我讲的例子是为了让你们理解、让你们进入的，教你们如何下手的。你有下手的余地了，能够切入到无我的状态中，那就是起觉的状态，修是涵养意识的过程，也是养的过程，还是净化自我的过程；你如果没下着、没切入进来，那就什么也没修着。

任何事物的存在，都是有起有落、有生有灭的。如果人的心是如如不动的，那就无生灭循环可言；如果人之心随缘生境，那就肯定有生有灭。心动与不动，不是人的那种表面的思想言行的显在表现，也不是要你去否定一切或肯定一切。假如我没这个事，那你们怎么说我，我的心也不会为此所动——视而不见、充耳不闻；如果在那儿反应“你们怎么说我都不怕”，那你这个心已经动过了。“你们怎么说我都不怕”就是心动的结果，也是产生愚昧无知的过程。

学生：我要主动去行忍辱，那一般都能做到，就是在不知道的时候就做不到了。

是这样，主动去行忍辱那也是执著。你那是执著于“忍辱行”的理，你执著于自己脑子中已经参照好了的标准——修行人生的道理，是执著于自己主观的做人的道理而出现的结果。这样的思想言行在开始的修身养性阶段还是可以原谅的，但不能停留于这种境界中，停留在这样的状态中是绝对不行的，因为这还只是借假修真的方法，不能入道。

学生：做好了忍辱的准备，心想这件事不行了，肯定要有暴风骤雨，那心里要有准备。

这个不叫忍辱行，而是行忍辱。这跟要求在生活当中去修忍辱的觉悟智慧是不一样的。忍辱行是无为的，行忍辱是有为法。

学生：可是回到家里，很小的一件事情就要发脾气，不是故意的。我琢磨着怎么去找事修忍辱，可是我锻炼完了之后，再遇到不知道的事、没有思想准备的事，还是不行。

修身养性是需要有一个渐进的修证过程的，哪怕是理入的水平很高了也不行。这个问题的症结在哪儿呢？问题就在于理还没有明透，行入不足，还会受无明的习气影响，是我执的表现，是执著于我见的结果，所以理与事没办法和谐统一。

学生：这是自私吗？

这不是简单的自私问题，这是一个见解的问题，是一个习气的问题。你要剔除这个见解，断掉这种习气才行，以后各种各样的愚昧无知和贪欲无明就在剔除的过程中自然地逐渐地消失了。

什么是见解的问题？打个比方说，“我觉得老师应该这样对我就好，老师那样对我就不好”，这就是属于见解方面的问题。解决见解困惑问题的关键要素就是见证实相智慧，这样才能做到识别真我与假我。

学生：那气足了，对修正意识有没有帮助。

有帮助。人的气足了或能量足了，意识是会起波动的。人如果在思想和情绪方面起了波动时还能保持平衡，那就好了；然后气血能量再充足起来，足了以后再保持平衡……像这样波浪式前进，螺旋式上升，一直往上升，直到身心发生质变，这样就会把人的基因结构都改变了，要变得更符合生命活动的运化规律才行。

这时人的修养水平就比较高了，其中和之气的平衡度也就相对稳定了，这样一来，人走的身心修养之路也就不再回头了。那得需要多长时间？最少得七年。修正意识最少得七年，而且第一个七年只是奠定基础，第二个七年才能把这个实实在在的修身养性的内容作为真正的生活内容。所以像你们谈修身养性都是为时过早。你们今天能够出功夫，而且出得这么快，只是因为我们需要通过做棒喝的实验来证明所发现的棒喝的规律性。当然这样的实验也造就了你们现在长功过快的揠苗助长现象。这个“呼”地一下开了，那个

“哼”地一下开了，开多了以后大家不珍惜，也不好好学习智慧传承教育文化的理论。大家只是知道这些开窍、开脉的东西来得快，其实修身养性并不只是那些内容，并不那么容易。

学生：那六祖是怎么回事，他怎么那么快。

六祖慧能当时的生活环境很苦，他从小就能学到很多做人的经验。他不是没有文化的人，他的生存文化和做人的经验较一般的人要深刻得多。他的文化不是用知识表现出来的，他是通过社会经验积累起来的，他就有那种悟性，就有那种善于学习的智慧境界，所以他的学习是没有止境的。他不是像你们大家想象的那样，自己把自己的心性净化到什么程度了。心性没有净化可言，也不需要净化，因为它本来就是清净的。自性本清净，怎么可能惹尘埃呢？是不是这样的？

六祖说的话是实语，是真语，是如语，他的这个偈子说的就是他真心自性的呈现：“菩提本无树，明镜亦非台，本来无一物，何处惹尘埃。”就是这么简单！你们与人接触，就有了生活的内容，但是对于生活中的一切内容，不要去分别是否简单或复杂，就是一心一意勤修苦练、精修巧练，一个人需要有追求，有目标，有实际履行践证的行为活动，这样就可以了。

大家一说六祖没文化，连斗大个字都不识一个，他怎么就修行成功了呢？他没有知识这种文化，虽然写不出字来，但不等于他嘴巴讲不出来，不等于脑子里面反应不出来。大家现在都会写字、写文章，可都不如他的智慧，都讲不出那样透彻的道理来。不要执著于文字，文化的内涵不仅仅只是文字的内容。

你问的这个问题，说明你的思维就偏执在文字上，认为文字表达出来的才算是文化，才是智慧。

学生：改变小事，就可以把参照系改了吗？

事情没有大小。我们说从小处着眼、从细节着手，是一种方便的说法。其实事无巨细，没有大小之分。你认为这是小事，那是你分别的结果。打个比方，我们大家都经过了这个地方，我问大家：

“你们看看，这个地方脏不脏？”你们看了以后回答说不脏，而这地方我一看就知道了是比较脏的，为什么我能够看出来，而你们却看不出脏来呢？如果你们连这点东西都反应不清，连小的东西你都反应不出来，那你们怎么可能把修身养性的工作做好？像这样的惰性、惯性的愚昧无知境界是不可能修出智慧的。

觉悟智慧是对客观事物的正常反映，是对存在的自然映现，能够自然无为地反映，那就叫觉悟智慧。连这一点事你们都反应不出来，那怎么叫觉悟智慧呢？这只能说你们是有一种混沌不可分的无明境界，那就是愚昧。只要是事，就都要应对；只要在事上出错，就都要改变。事无大小，错也无大小，不要去分别，就是去做，去行，去修正！

学生：我看见了，就是没打扫，我脑子也反应了。

在我看来，你这种反应与浑然不知有什么两样？与没有看见的人所得出的结果不是一样的吗？你的这个脑子中出现了反应，但没转化为行为活动使环境发生改变，你那不还是处在惰性习气的境界中吗？

一个人如果能够开悟，那就是因为你能够从所谓的小事上做起，能从每一件事上做起。打个比方说，这条直线是我们连续走的人生，连续起来发展的人生。可是，如果说这个中间少一点，那么你的这个人生之路就断了。这条人生之路的中间断开了，这还是不是连续的人生呢？还是不是生命的整体存在？

怎么践行悟道？比如说从这一点 A 起步，到这一点 Z 就悟道了，可是从起点 A 要到终点 Z，在这中间还有若干个环节。如果缺少了其中的 B、C、D 等环节，那么是不可能达成觉悟的人生的。而你们的现在却正好在其中 C 这个点，还差这么多的环节，而且所有的环节都是由每一个细小的事构成的。如果这好多的细节做不出来，那么你就不可能从修证的起点走到圆满觉悟的净寂。

道是无所不在的，是具有兼容遍透性的，道是无限延展的。可是你中间差很多的地方没有兼容到、没有遍透到，有很多地方没有延展到，那还能呈现道吗？显然你不符合道的这种无始无终、无限性延展的属性特征，在这个过程里边差东西、差零件。你们要是能够把这些都做好了，每一个细节都做好了，那就会呈现出无始无终的无限延展性，只有这样才可能符合道体德用之妙，你才有可能进入到道的觉悟智慧境界。

你现在这个地方也差一点，那个地方也差一点，到处都差，那就不可能展示出这个道的无限延展性，展示不出来了，你怎么能得道呢？肯定就得不了道了。修身养性的道理是很简单的。例如你一个月拿一千元钱，可是这个月却有两天因为家中有一些事没来上班，但也没有请假，这样你没来，我就扣出你两天的工资钱，你就会因为工作日不连续，有休假，而拿不到全工资了。修身养性也就是这么个道理，没有什么玄妙的道理在里面。

你们需要学会通过有意识地去修为来提高自己、净化自己，像这样做的时间长了，就会变成无意识的境界了，到那时自己就形成了符合道之属性特征的习惯，要知道习惯成自然，那以后就有可能顿现根本智慧了。培养一个良好的修养身心的习惯，把符合道之属性特征的习惯都培养出来，那不就是道的品质了吗？还需要你们怎么去用特殊的方法证道吗？如能从自认为的每件事做起，不管大事小事，小能到最小，大能到最大，而且都能称法并符合于道，那么你也就已经生活在道中了，也就已经得道了，哪还有寻道可言呢？

映而不应 应而不执

学生：修正意识，是不是不管外面起什么变化，我们里面的这个心就是不动，不起反应呢？

不是不起反应，而是不住在反应之中。这就是你们修正意识存在的最大的问题，也是最大的谬误。大家一定要听清楚，不是不起反应，而是自己起了反应，但不受此反应的障碍。如果我打你一下，你连疼都不知道，那你就是比傻瓜还傻瓜，是不是这样？人是有知觉的，明明有这个知觉，你不反应，这不代表你有智慧，而是反应了但不障碍自己，这才是智慧！

这不仅仅是你一个人像那样理解，而是有很多的人都犯这种错误，包括我以前也是这样的。这是见地处。处是什么？见地的地方。你见到了没有？没见到。现在包括很多所谓的了不起的大师也都是这样，就是见地不透！他们讲的理很是冠冕堂皇，讲得也对，但讲到生活中呈现智慧真实义的时候就讲不对了。为什么？他们没有践证到！只能在那里装，开始用文化上的知识来装饰自己，把自己装扮成一个有觉悟智慧的人。大家由于分辨不清，所以只能从现象上去看，看样子是挺像的，可是一当要体现实相智慧的真实义时，其觉悟智慧的内涵就出不来了，没得用。

像这种现象，社会中的绝大多数人是看不出来的。所以像这样的人，自己的心性与不修的人一样，没有发生根本的改变，只能借助于语言文字的效应在那里忽悠，好像是能够旁征博引的，所讲的内容无关痛痒，符合大众的心意，所以非常有市场，但透不出觉悟智慧的本质内涵，展现不了圆满觉行的智慧德能！

学生：那应该怎么去反应呢？

反映、反应，饿了就反映吃饭，困了就反映睡觉，疼了就反映“哎哟”，这都是很自然的。下雨了，就反映打伞遮雨。

学生：当有了念头的时候，是不是要把念头给灭了？

不是，不是这样的！想熄火念头是不可能的。像那样你需要不断地产生想灭念头的想法，那么自己就会处在不断的妄想境界中。人的心意念头的起和落，是永远不可能被灭完的。我讲课不是讲了吗？只要你能建立起警觉的那种心，那就不要害怕起念，念头一起即能警觉到它，念头也就自然消失了，那个念头自然消失的过程也可以叫熄灭，在所谓的前念已灭而后念未生（升）的这个中间，就是寂灭的实相智慧境界，也称净寂。

但不是真的没有念头了，而是前念已灭而后念未起的这个中间，也有很多念头在自然地生灭着，只是这时的主人翁——真心自性处在映而不应的境界中，开悟就是悟到这种映而不应的境界。所以脑子中的各种念头与生理活动的各种兴奋点如行云流水般地过去了，没有哪一点你住在上面。除了这个映而不应的实相境界以外，其他的思维意识存在都不在根本上。所以才有慧能祖师的“不断百思想”之说！

学生：那怎样才能修正好意识呢？

那得把人的思维模式和参照系的内容和标准调整到符合生命活动的运化规律才行。如何去改变自己的思维模式和参照系，整体观理论中不是也总结了吗？就是用损、用忘、用谦、用虚、用顺其自然。为了破执，佛家讲了很多内容。人有很多的执，从一个方面的执到另一个方面的执有很多种，针对破执的方式方法佛家讲得很细致，人有贪的执，有嗔的执，有痴的执，有慢的执，有疑惑的执，等等。

那应该怎么去破这些执呢？那是有很多具体的对治方法的。我讲的方法，就是要求大家必须首先从你们的内心世界中升起谦卑诚信的心态。这种谦卑与诚信不是对老师的，而是对自己的，是对自己的那个真我之主人翁的，是对自然存在的万事万物的。如果你对自己都没有谦卑的诚意和这种诚信的信念，想改变自己的心性，那是绝对不可能的，也绝对没有办法能够使其得到改变。千万注意：与人交往的礼节、礼貌与我讲的谦卑诚信的异与同。

自省自觉当惜缘

我这只左眼睛的视力差一些，也就能达到 0.6 或 0.8 的水平，这是因为工伤造成的，可是我因祸得福了。因祸得福什么意思？因公致伤，把这个眼睛打了，这样我就休工伤假了，也就有了专业的时间习练健身方法和学习传统的养生文化。就是这么个因，让我与修身养性结下了缘，所以才出了今天的成就。

当时我的眼睛被打进去了一个铁角，打在眼底的地方，离黄斑就差两毫米。做手术时医生说，如果打在眼底的黄斑上，眼就会瞎的。当时是很吓人的，以为会瞎一只眼，结果没瞎眼。你们现在看我多好，还“长”个智慧眼。但是，人的这个视力如果要使其真正地恢复起来，那是比较慢的，需要练功刻苦一点。我这个受伤的眼睛以后是经常性地发烧，因为眼睛的后背处有焊接的痕迹，焊接处的异物痕迹是引发发烧的根由，即使是这样，我也走到今天来了。

一个人的转运有时候是通过因祸得福来完成的，而我和大家之间也是因你们的病而结缘的！你们可千万不要怪自己的疾病，也许正是因为有了这个疾病，你寻医寻到这儿了，我们才有机会走到一块儿来，这个因缘才可以和合。你的病是我们彼此能够相聚的因，习练智能呼吸操是我们得以相见的缘。因此你懂得了生命的可贵，懂得了健康的可贵，懂得了做人的生命意义，那就会自觉地去珍惜这个因缘。你说这难道不是因祸得福吗？所以什么叫好？什么叫不好？

来我们这里的很多人，大都有奉献精神。说实在的，大家身上有很多的内容都是值得我学习的。因为我自己身上也还有很多的毛病，我看到你们此时此刻的真诚，这无疑地在感动着我，也都在教育着我，激励我向更高的智慧功夫层面努力奋进。在大多数时间内，我总是想着大家的，而且是全心全意地投人，当然也会在想大家的同时，想到自己和家人。

所以一个人要学会自己反省自己，这是能够帮助人长智慧的非常重要的方法。我觉得我们大家之间有缘分相聚，那也是来之不易的。我和大家现在能够见一面，今后见面的机会可能就少了，为什么？因为有的人来的时候很激动，回去之后热情下去了，可能就同我拜拜了、再见了。

我为什么会很珍惜与大家的每一次见面？过去有句话就是：觉悟了的人既帮助了别人，同时也受了人家的帮助。其实大家能够帮助，那都是相互的。还有一句话说起来很简单，也很容易理解，就是“佛度众生，众生度佛”。所以人与人的帮助都是相互的，他的存在，就意味着你的成长。我看到你们，就像一面镜子照着我一样，一照，“哎呀，我身上有这么多的毛病，我怎么能大意？要警惕啊。”

所以我有个观点，那就是只要你能看到对方身上存在的缺点，那么在你自己的身上同样还存在这样的缺点。为什么会有这样的说法呢？因为任何人的这些缺点，能够有机缘展现在你的面前，那么你能看到的这些缺点，能够发现的这些缺点，都是说明在你的生命活动里也同样有这样的错误现象。这些缺点就像是一面镜子照着你，才会展现在你面前的。

你如果认识不到这个问题，以为别人身上的毛病是人家的，跟你没关系，那你就跟那“丈八台灯”似的，只照得见别人，照不见自己。你要能认识到这些，并提高警觉性，如履薄冰，如临深渊，那么你就自然地会获得长足的进步。这样你就会从这些缺点和错误事情当中学到很多的内容，对自己的成长是大有好处的。一个人如果能够因此而避免错误，那就一定会赢得智慧的光明。

大家以前做人的状态是很差劲的，所以才会得了病。虽然得病会由很多的因素造成，但不外乎就只有两种因素形成疾病：一种先天的因素会影响人的健康，还有一种就是后天的因素造成的身心不健康。得病对人的成长而言，并无好坏之分，就像现在的大家一样。大家现在通过在这里修身养性的理论学习和呼吸操等健身方法的习练，身体开始好起来了，生命也能迸发出很大的力量去帮助别人了，那么这个因缘是从哪个地方接起来的呢？就是所谓的疾病。

我也是因祸得福的人，你们想想是不是这样？所以我们得共同努力。如果你们想把这个缘分、这个福报福德和我们相聚的缘延长一些，那就得主动去改造自己的思想观念，改造自己的思维参照模式，这样才能砺炼人的品德，是这么个过程。

只有把以前的观念放下来，你的人生才能得以改变，健康才可以获得。如若不然，今天你获得了现象上的健康，而你们的意识不转变，一样又会回到从前的疾病状态。所以我们一起来做共同的努力，这就是续缘的最好的方法和过程。懂得因祸得福的缘起，懂得共同追求对健康、对生命存在的这种热爱的缘起，我们才能走到一起来。共同的缘起，共同的人生目标，一步一步地带着我们往前走，我们才有机会在更高层面上相会。

有的人在来，也有的人在走，这我已经习惯了。就像旧的事物需要被淘汰，新的事物不断要诞生一样。我们有很多老学员以前挺愿意听我讲课的，可是我们一搬到这个地方来，他们就消失了，但是又有新的人在增加。为什么？他们在选择，现在新来的人也在选择，但是就看谁有能力把修身养性之功做到最后，这是最重要的。

我能走到今天，也是信心、决心、诚心、耐心、恒心——这五个心支持着我。如果一开始太热心，而没有其他几个心的支持，最后就会怎样？热心越大，人的情感和意志就消失得越快。有很多人来到我这里以后，又是高兴，又是流泪，又是欢欣，又是鼓舞，又表态：我一辈子怎么怎么着。结果走了以后呢？消失得很快很快。

我希望并祈求你们能坚持走这条身心健康之路、觉悟智慧之路，能坚持下去。这是我个人的心愿，还有一半是需要你们自己有这种心愿才行。只有两个心愿合在一块儿，那才是一个共同的祝愿。

开发智慧需要聚变

聚变就是这样发生

当下开悟的整体映现

棒喝效应与身心聚变

上无片瓦遮天 下无立锥之地

学我者生 像我者死

命功与性功

天道酬勤

（编者按：2007 年 5 月 5 日那天，有 40 多位学员来到汉阳，参观老师的旧居，参观当年老师开悟的地方。老师当时在现场回答了学生的提问，给大家介绍了自己开悟的经历。）

聚变就是这样发生

学生：请老师谈谈自己开悟的经历好吗？

那是 2000 年 10 月的一天，我下夜班后，吃完早饭，就躺在床上休息。躺下来就想体内、想虚空，想体内、想虚空……像这样来放松自己。我的床头那边有个桌子，桌子上放了个小瓷碗，小瓷碗上放着一支筷子。我爸爸当时就在房间中进进出出的，不知什么时候，也不知他在干什么，他无意中碰了一下碗上的筷子，那筷子与瓷碗发生了一次撞击，瓷碗顿时发出了“铛”的一声清脆的响声，同时把我从明灵混沌的境界中“吽”醒。（编者按：“吽”，佛教咒语用字，如出现在六字真言中。此处借其音义来形容作者开悟当下的那种不可思议的震撼效应。）在“铛”的同时，以脑中心为中心的聚变，遍透了整个寰宇；在这个不可思议的同时，呈现出的是不可思议、无法描述的内外无别、动静一体的瞬间……

现在道场门口的那棵青桐树，是从汉阳这边搬过去的，它也是见证者之一，当时它就在我所住的这个房间的窗前。

学生：您在这房子里住了多少年啊？

我家是从1986年搬过来住的，直到1989年，这几年是一直住在这里的。我是在这个房间里结的婚（站在客厅里指示着），我的父母也住在这个一室一厅的厨房里边，还有弟弟是睡在客厅这个阁楼的上边，有时我姐姐回来就睡在客厅里，而煮饭烧菜的厨房则搬到了这个客厅的窗户外边。在这一室一厅的套房里，就曾住了6个人。当时我家里的住房条件就是这样的。

2000年的时候，失业的我又回到这个地方来，就睡在客厅的这个地方。这张床是我办培训中心时用过的上下床，这有个小桌子。我开悟时的那天，这桌上面有个小瓷碗，碗上放有一支筷子。那个刹那的呈现既突然又简单，就是在躺下之后的不久，事情便发生了，筷子撞击了瓷碗，那一声就如同敲击磬的声音，这声音就好像震撼了整个宇宙，无量的聚变就这样发生了。在这之后，我的身体就发生了不可思议的质变。

学生：聚变发生的当时，家里人很多吗？

当时就是我和父亲俩人。我父亲住在那个里间，我就住在这个客厅里。在床头的另一侧，还挂了个太极五行图。

当下开悟的整体映现

学生：您开悟的时候，内景是什么样子的？

开的那一刹那，就是呈现了所谓的圆坨坨、光烁烁，其小无内、其大无外的境界。境界中产生的无量光，就好像充满了无限的寰宇，跟你们开的那一刹那所展现出来的景象不一样，但都是那个根本的实相所顿现出来的内容。关于这个内景，一般的情况下是不应该说的，当然古人讲过，其他老师也讲过，现在是我在讲。

其实人在开悟的那一刹那，所呈现的智慧境界——虚寂实相，不是那个映现的圆坨坨、光烁烁的景象，而是瞬间产生的“能看所看、能听所听、能觉所觉”的映而不应的智慧映现功能。当时的当下所产生的景象只是三元归一时整体映现的结果，当然也是实相智慧映现的结果。人在开悟的一刹那，所展现出来的三元归一的整体性——智慧效应功能态，那才是整体的觉悟智慧状态。眼睛看、耳朵听和实相境界映现出的觉醒态是同时的，既能看到，也能听到，又能觉到，在刹那间都必须是同时的，那才是虚寂实相映现出来的整体，是一个智慧生命的整体。

如果仅仅只有能觉所觉的功能合一了，那开的层面要差一些。你要想以后再把能听所听合上是很不容易的，你即使是能把能听所听、能觉所觉合上了，要想把能看所看再合上，那也是挺难得的。为什么棒喝的力量大呢？棒喝的时候，它是刹那间合一的，这时候产生的效果是无与伦比的。我为什么把这个规律找到了？因为我开了后就总结了之所以开的缘由，然后再做实验，田老师就是我第一个成功的试验对象，以后还有罗老师等人。

棒喝效应与身心聚变

学生：那筷子的声音不是很大吧？

不是很大，但很清脆。我们棒喝也不要大声。那我在睡觉的时候，这个罗老师处在明灵的境界中，我就“吭”咳嗽了一声，她也就开了。

学生：我听老师棒喝时，拍的那一巴掌也不是很重。

对，别以为开悟有什么神秘的，没有什么神秘的。

学生：是吓了一跳吗？

那可不是吓了一跳，那与吓了一跳的本质内容完全不一样。就是这个刹那的整合。有的人是能听所听合一，有的人是能听所听和能看所看二合一，还有的人是能听所听、能看所看和能觉所觉三合一。当人真正见证了圆满的觉悟智慧的时候，应该是眼、耳、鼻、舌、身、意、末那识与阿赖耶识形成了一个整体性，它是一个八合一的整体性的智慧性的智能效应功能状态。人处在这个整体性的功能态下，智慧境界与生命活动、身心活动是不可分的整体，是没有先后、没有主次、没有大小之别的整体。即使呈现的是八个识的合一境界，也仅仅只是圆满智慧的开始，那么从圆满智慧要走向彻悟、大彻大悟的圆满觉悟智慧，那还需要一个相当漫长的践行见证过程。

当然以上所讲的内容也只是勉为其难的说法。如果仅仅只是听觉合一，或只是视觉合一的境界，那么开得就比较差；如果是能听所听、能觉所觉、能看所看在一瞬间“啪”的一下打开了，那么这样开的量级就很大了。

其实在打开的各种层面中还包含有很多不同的层次。从实相智慧的境界中呈现出来的景象，是从不可见光，到能看得见里边的那个整体性放射的光点—光团—光球，它呈现的是圆坨坨、光烁烁，其小无内、其大无外的，而且是无边无际的，以至于充满整个寰宇，这其中有无数个层次和无数个层面的存在。在2002年以后，我又开了一次，不过那一次是坐在公共汽车上开的。当然，在以后的过程中又开过很多次。

从功夫的层面来看开发智慧，是要经历好多次的，不是只开一次就完成的。但是大家别以为觉悟了就什么都了啦，不是那么回事。悟后方修行，那才是刚刚开始。

学生：当时您知道发生了什么了吗？

当时知道。当时的我就觉得这个太奇妙了，这个应该是发生质变、聚变了。那时我知道自己质变了、开悟了，但是没人印证，后来在2001年的时候得到了印证，就是这样的。从2000年的10月第一次开了之后的几年中，我的身体发生了翻天覆地的变化，尤其是2002年农历四月初六的那次变化之后，使我理解了什么才是日新月异的涵义，每天都处在不可思议的变化之中。

上无片瓦遮天 下无立锥之地

学生：您的心情呢？

没有什么特别的心情。我的心情就是平静安和，啥也不牵挂。

1999年初，我失业了，虽然没有工作，但还是能通过办康复班来维系生活。到了2000年之后，国家对健身理论和养生文化这方面进行了整顿。从那以后的几年中，社会中的人们对健身活动的认识也就进入到了混沌期。

从20世纪80年代对健身理论与养生文化的盲目追逐，到本世纪初谈气色变、弃如敝屣的地步，社会上的多数人根本就没有认识到健康地发展养生文化对全民健身活动的重要意义。俗世中的人们要是认为某些东西好，那一点毛病都不让说；认为它不好，那就会形成无一可取之处的观点。人们总是这样行于极端，随风便倒，那怎么可能展现出传统养生文化的真正价值呢？不只是对养生文化，对于其他任何的文化也都是一样的，包括中医、国学等等。人没有智慧就只有愚昧和偏执了，再好的事物到你那里都没办法得其所用。

由于当时的养生文化进入到重整阶段，这样我自己的专业特长也就没有用武之地了。除了康复方面的临床经验和操作技能以外，当时也不愿意搞中医，为什么会出现这样的观念呢？因为自己固执于老师在讲健身理论和养生文化过程中所讲的某些观点：中医不能帮助更多的人……。

除此以外，我这个人就再也没有维系生存的一技之长了。一个人是既没有工作，又不能挣钱，那就没人瞧得起了。因为女儿上初中，需要交改制赞助费。自己找弟弟借钱，他说没钱借。后来与弟弟商量把自家的私房卖了，分得3万块钱，才解决了孩子的这个学费问题。

弟弟看我失业了，在4个月的时间里给我赞助了不到1000块钱。不过在第三个月的时候，因为替我担心，或因我的失业给他也造成了压力，就开始对我发脾气了。在这样的环境下，我实在是感到了前途暗淡，自己三十八九岁的年龄，是既不大又不小，找工作就显得非常困难了。当我处在那种无能为力的尴尬境地时，确实是没有能力抚养孩子，所以我就给妻子做了三天的工作，我们俩就协议分手了，这样我就又回到了这里来住。

人生就是这样的，非要等到你什么都没有了，事业的前途和养家的“钱途”突然变得找不着北了，那时的我真是一筹莫展而又渺茫无助的；人生就是这样的，非要等到你所谓的人生理想完全破灭，人生的目标没有希望，才会出现转机。现在想想看，阴阳规律是无处不在的。

为什么这样说？那是因为人在很多年的时间里，都处在一种非常成功的生存环境之中，可是这一切就在突然之间消失了，这样因自己追求那些所谓的理论与事业而形成的偏执性，就在没有任何心理准备的情况下也随之消失了。人偏执性的支撑点在自然环境、社会关系和生活条件的突变下，就这样从眼前消失了。当时的我是平静的，也是无奈的，但同时又是自然的。在那38年的生活中，我尝到了自己这个个体生命在人世间应该尝到的酸甜苦辣……

在世俗的社会中，我经历了一个幸福的童年时期，贫困的少年时期，浪漫、幻想、困惑、曲折、蹉跎的青年时期，开始走向成功的中年初期。可是这一切就这样突然消失了，什么道理都明白，但却无能为力。在这个无能为力的过程中，过去、现在、未来心被摔碎了，贪嗔痴慢疑的各种惑也与“支撑点”共存亡了，妄想、分别与执著心也随理想被埋葬了，色受想行识也进入到了一种“辟谷”的状态，这样人生最美妙的时刻——净寂的实相就这样悄然无声地呈现了。如果不是自己亲身的经历，哪能够品尝得到这不可思议的甜蜜？

从此我就知道了，自然无为不需要贪欲的偏执，般若智慧帮我告别了愚昧的分别，身心和谐远离了妄想的无明。这就是物极必反、否极泰来的自然规律所展现的自然之性。这也应验了我另一位老师的话，“上无片瓦遮天，下无立锥之地”的境界。所以说这个时候能够顿开，应该是瓜熟蒂落的事。

学生：那您当时“咣”的一下，出现圆坨坨、光烁烁的景象，您是怎么想的呢？

啥也没想，那时脑子就是很清灵的，没有什么想法。

学生：老师，您开了以后，这个意识的生灭起落……

因为我开的那个时候，道气不像现在这么强，但是身心的变化却也是不可思议的。那时的我身心疲惫，光睡眠这一项的生理反应就有两个多月，完全是昏睡的情形；每天照样三餐，而且在吃完饭后倒头便睡。当然还有其他的变化，如在看书时，书本上的字会自动跑到我的眼里去、跑到脑中心去……

你们现在多好啊，如果你们今天开，那么今天的身体就会发生变化，所以你们来得更快。

以前出现什么情况呢？我那一打坐，意识随时随地可以收进去。以前听老师说，能于脑中心的区域意守黄豆那么大，那就是高功夫了。我自那天以后的不长时间，就出现了能够意守黄豆大小的光点，有意守一守，比黄豆小比绿豆大一点，就绿豆大那么一个光点还能守进去；然后过了有半年，又小一点了，像缝衣服的针鼻儿那么一丁点小，很亮；以后就守针尖那么小了，一定是在脑中心的位置。

我身体发生质变以后，在床上躺着睡觉，一躺下，“哗”一下类似痰一样的东西就滑下来了，我就顺势咽了下去。以后经常咽，所以就提高了警觉性，有时候就吐出来，看是什么样的，基本上好似肺里排出来的那种很清很淡的痰，没有那么稠，应该比那个还稀还清一些。那都是从脑子里、从中间一下就滑下来的，就是这样的。所以我才说，开悟一定会在生理上出现反应。如果是真正的开悟或明心以后，没有这些生理方面的反应，那肯定不能叫明心。如果仅仅只是从理上顿悟的能觉所觉境界，像这样的开悟，其生理的变化是肯定没有这么快的，得需要很漫长的时间才能出现生理方面的去浊留清的反应，因为言下顿悟的境界与轰然中开的顿悟境界相比，在智慧功夫的层面上那相差好几个量级。

学生：老师，人在开悟了以后，办事或想问题是不是就变了？

肯定是变了。但是智慧所展现出来的变化不是一蹴而就的，还是需要通过继续精进来展现。当然开悟的层面不高，而且悟后不精修、不努力，那么也会因掉觉而掉下来的。

开了之后，过了不到三个月，我看了一本践行实修方面的书，人的整个思维参照模式就变了，思想意识也翻过来了，即过去的那种僵化狭隘固执的思维参照模式被打破了。当然在意识模式翻过来之初，肯定是翻得不全面、不圆满的，这就是悟后方修道的根据。从2001年开始，参照系模式整个翻过来之后，我大约经历了五年的磨砺，到2007年才开始初现觉悟智慧的境界。

大家不要认为开悟之后一切便了啦，不要认为意识的参照标准和思维模式翻过来就百分之百地完成了任务。其实不是。我这基本上翻过来了，那么还有更高的要求，人对宇宙自然和社会的认识还需要践证。圆满人道的过程，我已经完成了一部分内容，那圆满天道还需要更加努力践行，智慧功夫也是一步步做出来的。

你们现在的路就简单多了，而且比我的进步也快太多了，因为现在的道场不一样，还有老师带，手把手地教，我那时哪有你们现在的条件？

学生：老师，您是怎样翻过来的，能不能再讲得具体一点。

我讲课都讲了，就是那么些东西，一步步走过来的。当时意识模式翻过来就觉得什么呢？就觉得对人生充满了信心，这东西还没办法说清楚，你实证出来就知道了。有一天我在家里跟妻子开玩笑说：“我得道了，这是世界上少有的，是很稀有的事。一人得道鸡犬升天哪。”她听了问：“得道是什么东西啊？”我说：“得道就是……得道了。”（众大笑）

学生：老师，您那时候在哪上班？

那时我的朋友给我在药店里找了一个工作——值夜班。开悟那天值夜班，上午下班回来，冲个澡以后坐一会儿，差不多10点多钟、11点的样子，就躺下想睡觉。我这样躺着，这就是桌子，桌子上面放了一个碗，碗大体放在桌子的中央，筷子就这么横着，因为我躺下的时候扫了一眼桌子。其实我是闭上眼感受开合和虚空的，意识一开出去就停住了，那时的境界可能就是停住了、定住了。我能感觉到爸爸在屋里边走动，也感觉到自己跟虚空合到一块儿了。突然之间，这筷子……

因为在这顿开之前，十几年前，也就在这屋子里曾看到过一本漫画。说有个香严禅师在院子里边扫地，有一块石头，他拾起来往后一甩，石头往竹子上一撞，他就开悟了；还有一个大诗人黄庭坚，也因落枕有响而开悟的。当时我想，他们怎么可能呢？开悟开什么悟呢？就是得了道了，就像老子一样，见首不现尾。

那开悟是个什么东西？怎么响了一下就叫开悟了呢？以后到康复中心学习和工作时也看过一些禅宗公案。为什么指月亮就能开悟呢，一说话就开悟了呢？开悟到底是个什么东西？老师讲了一些故事，讲了我也还是不懂。那时我认为自己在那里工作的期间，涵养道德的理论学得不错，而且按照理论的要求去做，也做得很好，在带康复班和讲养生报告会的过程中，出了不少的奇迹性变化。那么这样能否算是明心了？可是自己左思右想之后，感觉又不像。

当自己开了之后，很平淡，开的时候也没有觉得什么很特别，就觉得很正常。

学生：应该是很高兴的。

我就是告诉自己，我会变得很有智慧的。因为这是很少见、很稀有的。我相信在这之前所学习的系列理论内容是真实可信的，就是那种信念。因为在这之前，老师所讲的有些功夫的内容已经被我证明了，像这样的质变，也就证明了老师的理论是对的。

还听过一位老师讲，“修行如果修好了，那么命穷则会变富、歹命会转福命的，这就叫转命。”要不怎么说一人得道鸡犬升天呢？鸡犬都跟着升天那一定很好。2000 年的时候我已经学过一些修身养性的理论了，但觉得这些理论有些方面是讲得不够深的，而且也模模糊糊地觉得不透；还认为有些方面的内容比较粗糙，需要后人来发展。

人在获得了大智慧之后，总会被大家神化，但即使是被传说得再圆满，也还是会存在一些缺陷的。总之，人的圆满智慧是相对的，不是绝对的和想象中的圆满。但是需要有人通过自身的见证，对这些理论的内容进行必要的肯定与否定。如果不能这样去做的话，生命科学、智慧教育文化就没办法发展了。

如果对那些已经成型了的理论不通过实践的检验而一味去执著，那么再科学的理论，再圆满无缺的经典，都会被人为的观念所歪曲。这样一来就很容易走进迷信宗教、愚执神学、痴迷玄学的泥潭，那大家就不是按照智者的理论修正自己的人生、净化自己的人性了。其实到最后是既误解了智者的理论，又祸害了自己的身心。

然后还会在你们所谓的善良心态下，在愚昧的思想意识与行为活动中影响别人，这种影响祸害自己的同时，还在帮助别人的过程中，也使别人跟着一块儿走岔道。这种现象的结果，就是在不知不觉中坑害了周围的人。这是最不好的一种现象，这种因无知而引起的愚昧，便是业力显现的所谓无明的善良。宗教智慧性的内涵，就是在那些理不明、践行又不彻底的人的慢慢折腾下，丧失了智慧宗教教育性的本来原义。

所以我们走这条路，就是要敢于肯定自己，敢于否定自己。在不断否定和不断肯定自己的践行过程中，人对自然及社会的认识才能得以波浪式地前进、螺旋式地上升。

学我者生像我者死

大家应该明白，在开悟的这一瞬间就决定了你成就时境界的智慧功夫层面。现在看到你们开的情况，与我开时的境界不一样。当时的我一开，就呈现出圆坨坨、光烁烁的境界，而且均匀无别。那种境界映现出来的无量光，既好像银白色又好像是金黄色，这个光展现出来的内容就是一种无内无外、均匀无相的整体。现在你们已经有几十个人开了，虽然开的境界不一样，但还是比较粗一些的。

以后希望大家在看到我介绍的这些具体内容时，不要断章取义！也不要以我介绍的内容作为判断开悟的标准，只能作参考。大家应该明确地知道：对任何关于开悟的描述，都不要执著。

虽然开悟的过程极短，连一刹那的时间都不到，但还是有个过程，不过这个过程与开悟的当下所发生的景象的内容是一个不可分的整体存在状态。只不过在讲的时候是需要有个先后的次序，有个讲解的时间，有一个被描述的内容。但开的时候这一切就是一下子完成的，即能看所看、能听所听、能觉所觉的功能呈现出“此三者不可致诘，故混而为一”的智慧境界，这种境界是一个不可分的整体功能状态，在那一刹那间是和合的整体状态，根本就没有介绍内容中的先后次序和时间概念，就是当下呈现。总之，我讲的这些只是个类比，你们听了以后不要妄想这个过程，也不要幻想这种境界，更不要执意模拟这种过程。

曲艺界师徒传承有这样一句教训后辈的话，叫“学我者生，像我者死”。你可以学这些经验，它给了你一个方向，等你把老师的经验、别人的经验融入自己的生命活动中的时候，通过自己的实践使它成为自己的东西、带有自己特性的时候，那它才是活的。因为你抓住了本质性的东西，而不是那些表面的现象。可能开始的时候会有一个对现象的模仿过程，但那只是为你进入做准备的，为掌握规律和本质内涵打基础。你不能执著于这个现象，要不然就成长不了。

人只有通过活学活用，这样在你遇到不同的事物时才能举一反三。你要是只模仿，模仿得越像，就越是固执于、停留于现象的层面上，它没有成为你生命中的一部分，那它依然是外在的，也就是没有生命活力的。所以只要妄想、幻想和模拟模仿的念头一闪，即是障碍现前，不能得现真心自性之“真我”的智慧境界。

对于开悟的具体内容，是千古以来得道的智者圣人不方便讲的内容，而且我所讲的这些境界中的内容也绝对不是智慧真谛实相的第一义。开时的那个所谓的第一义——觉悟时的实相境界，你们大家如果没有经历这个当下，那肯定是虚拟的幻想；即使是自己亲身经历了开悟时的当下，那么对此也同样是没有办法讲得清楚的。只要有描述的内容和描述的对象，哪怕是描述的第一个念头还没有起完，那已经不是第一义了，那也不知有多少个妄念夹杂在其中了。

命功与性功

今天所讲的这些内容，仅仅只能是我个人对那些景象境界的描述，希望大家不要执著。

对于能看所看、能听所听、能觉所觉的三元归一的境界呈现，我们认为就是开悟的智慧功夫层面。虽然我讲的这个开悟的智慧层面境界与理上顿悟的说法从本质上来说没有差别，但是在开时的智慧功夫境界上是存在很大的差异的。从马祖的“吼”，到德山的“棒”，再到临济的“喝”，应该都包含了这样的智慧功夫内容于其中。请大家注意，在学习禅宗公案的时候，千万不要为文字所困。古时候的“周金刚”——德山禅师，在未开悟之前的那种有识而无智的境界，便是偏执于文字而障碍了真心自性的典型案例。

所以过去的练功人，如果功夫做不到玄关窍的层面，是不会撒手的。到了玄关的功夫境界，是玄关窍一开永开的功夫境界，即是终身有所得的功夫成就。玄关的功夫境界层面尤以开上丹田的智慧祖窍玄关（脑中心区域）为机要。现在大家一定要明白这样的道理，不管是修性的，还是修命的人，打开玄关这个智慧要窍的功夫层面是非常关键的内容，是决定修慧命功夫的入门点；修性功，还必须从理入，达到理法圆融，理、事、法圆融如一的境界才行，理上顿悟，即完全明理，并在日常生活的应对中常保中和之性的无为境界，此当属性功入门。这种命功与性功是不可分割的整体。只有当命功中的智慧祖窍玄关打开，并与中和之性的生命活动内容及过程产生了和谐的整体性，那样才能算是成就了明心见性的智慧功夫境界。

天道酬勤

玄关功夫层面的境界内容是“人不练法法炼人”的功夫层面，它是人处在一种自动与宇宙自然中能够同自身混化的信息能量内容进行自由混化的过程，是全自动的运化过程。希望大家从现在起能够认真地对待自己，从理入，自觉提高对智慧生命科学生命观的认识，并与生活中的行入结合起来。能够走到今天，我就是像这样去做的，所以才形成了我们这个时代的苦行、实练与巧修的内容，形成了我们这个时代的棒喝顿悟。

希望你们在以后的践行过程中，把这些内容与自己的生命活动过程结合起来。希望大家做好基础，把二入四行的内容贯穿于自己的生活过程中，为以后开悟奠定基础。如果能够主动做好修养意识，净化自我的心性功夫；如果能够打开玄关窍，不管是身体的哪个地方打开，奠定好生理基础，那么开悟即在未来的任何一个当下。

但是，如果修养心性的功夫不能做好，或是没能打开玄关窍，想开悟？那是非常难的，更别说这两个层面的功夫都还没有完成。如果大家不能做好这些准备工作，只是一味地等着我为大家做棒喝开智慧，那是痴心妄想，是不可能的。即使是我想帮助大家，想帮你喝开，那也是无能为力的。大家要记住：天道酬勤！

附 图

大脑结构图

大脑结构图

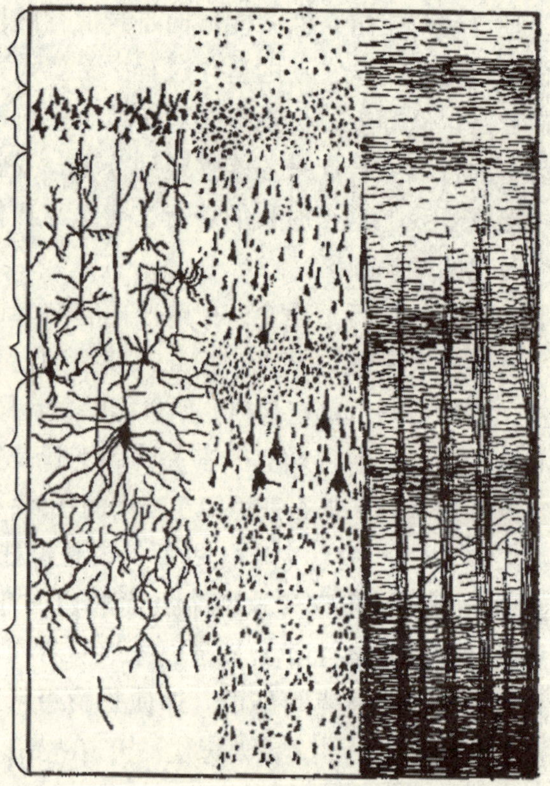

大脑皮质六层结构图

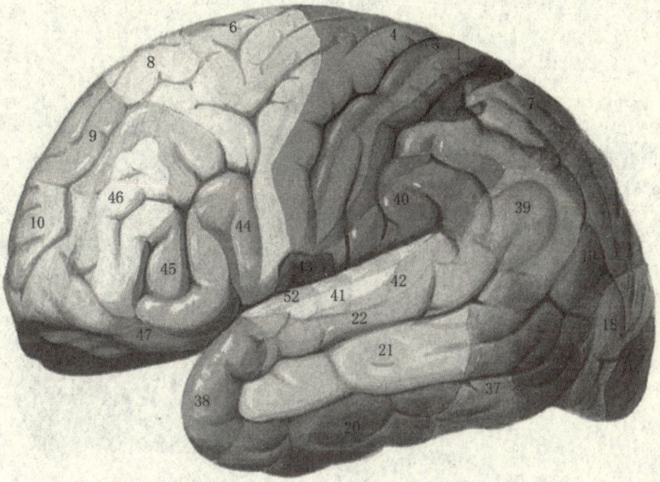

大脑皮质细胞构筑分区（外侧面）

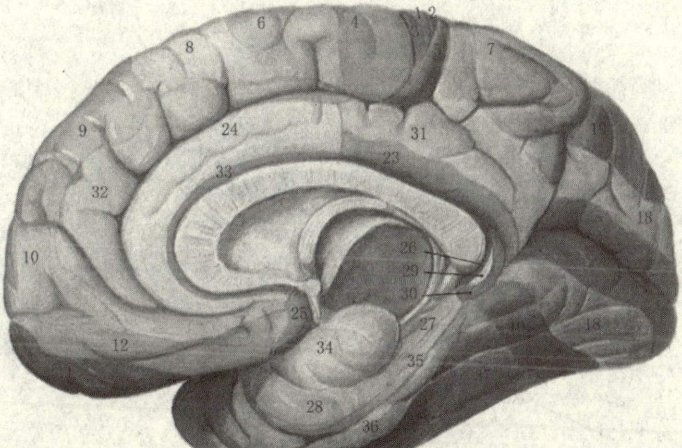

大脑皮质细胞构筑分区（内侧面）

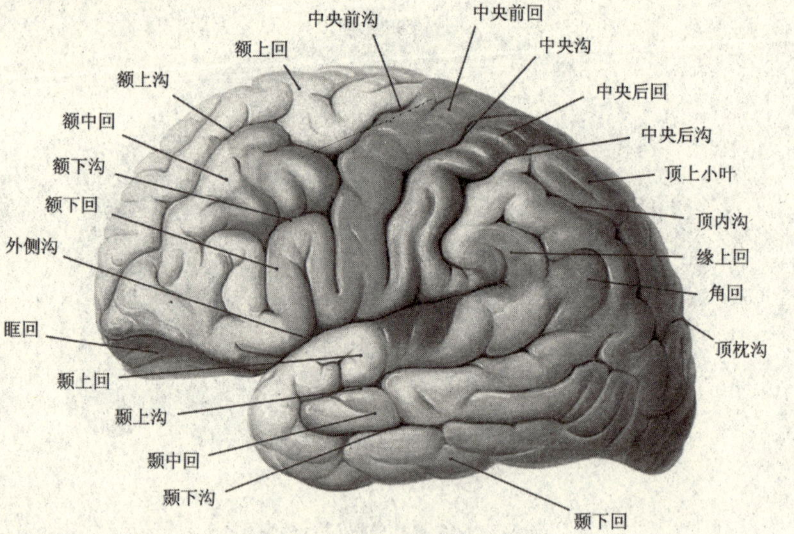

大脑半球结构（外侧面）

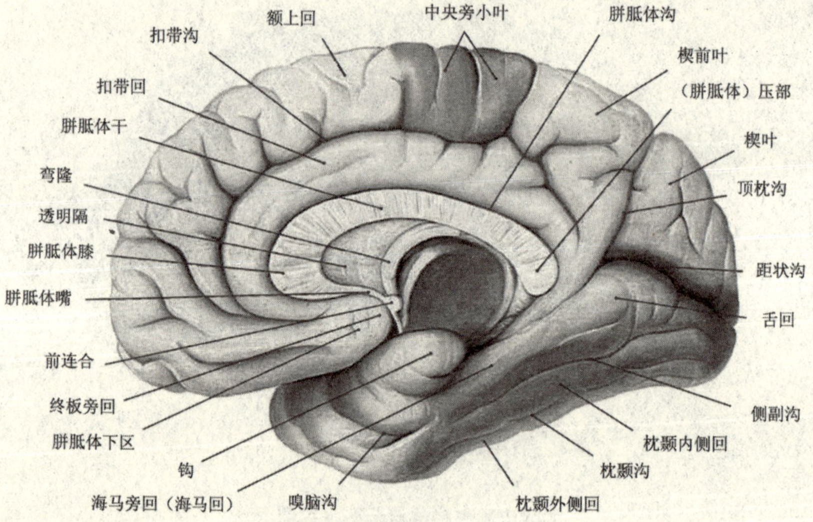

大脑半球结构（内侧面）